Sitzungsberichte des Plenums
und der Klassen
der Akademie der Wissenschaften
der DDR

4
1973

Zu theoretischen und praktischen Problemen der weiteren Vervollkommnung der Planung der Volkswirtschaft entsprechend den Beschlüssen des VIII. Parteitages der SED

AKADEMIE-VERLAG · BERLIN

Sitzungsberichte des Plenums
und der Klassen
der Akademie
der Wissenschaften der DDR

Jahrgang 1973 Nr. 4

4. Tagung des Wissenschaftlichen Rates
für die wirtschaftswissenschaftliche Forschung
bei der Akademie der Wissenschaften der DDR
am 9. Februar 1973

Zu theoretischen und praktischen Problemen der weiteren Vervollkommnung der Planung der Volkswirtschaft entsprechend den Beschlüssen des VIII. Parteitages der SED

Verantwortlich:
Prof. Dr. sc. oec. H. Koziolek
Vorsitzender des Wissenschaftlichen Rates
für die wirtschaftswissenschaftliche Forschung
bei der Akademie der Wissenschaften der DDR

AKADEMIE-VERLAG · BERLIN
1973

Herausgegeben im Auftrage
des Präsidenten der Akademie
der Wissenschaften der DDR
von Vizepräsident Prof. Dr. Heinrich Scheel

Redaktionsschluß: 31. März 1973
Erschienen im Akademie-Verlag, 108 Berlin, Leipziger Straße 3–4

Lizenznummer: 202 · 100/326/73
Herstellung: IV/2/14 VEB Druckerei »Gottfried Wilhelm Leibniz«,
445 Gräfenhainichen/DDR · 4129
Bestellnummer: 752 4768 (2010/73/4) · ES 5 B 2
Printed in the GDR
EVP 12,–

Inhaltsverzeichnis

* Ergebnisse der Diskussion sind berücksichtigt

* Referat zur konstituierenden Sitzung des Wissenschaftlichen Rates für Fragen der Vervollkommnung der Planung und wirtschaftlichen Rechnungsführung am 21. April 1972 (überarbeitet)

** schriftlich eingereichter Diskussionsbeitrag

1. Thesen

Zu theoretischen und praktischen Problemen der weiteren Vervollkommnung der Planung der Volkswirtschaft entsprechend den Beschlüssen des VIII. Parteitages der SED

I. Die Hauptrichtungen der weiteren Vervollkommnung der Planung entsprechend den Beschlüssen des VIII. Parteitages der SED

1. Auf dem VIII. Parteitag der Sozialistischen Einheitspartei Deutschlands wurden die herangereiften Entwicklungsbedingungen analysiert und, gestützt auf die Erkenntnisse und Erfahrungen der KPdSU, insbesondere die Beschlüsse ihres XXIV. Parteitages, die Aufgaben bei der weiteren Gestaltung der entwickelten sozialistischen Gesellschaft in der Deutschen Demokratischen Republik festgelegt.

Einen hohen Rang nimmt dabei die weitere Vervollkommnung der Planung der Volkswirtschaft ein. Sie ist gerichtet auf die Durchsetzung der vom Parteitag beschlossenen Hauptaufgabe, die in der weiteren Erhöhung des materiellen und kulturellen Lebensniveaus des Volkes auf der Grundlage eines hohen Entwicklungstempos der sozialistischen Produktion, der Erhöhung der Effektivität, des wissenschaftlich-technischen Fortschritts und des Wachstums der Arbeitsproduktivität besteht. Diese Einheit von Hauptaufgabe und Vervollkommnung der sozialistischen Planung ist von der 8. Tagung des ZK nochmals mit aller Eindeutigkeit unterstrichen worden.

Die Erfahrungen der letzten Jahre zeigen, daß die Vervollkommnung der Planung entscheidend davon abhängt, wie es gelingt, die ökonomischen Gesetze des Sozialismus in ihrem komplexen Zusammenwirken bei der Planung bewußt auszunutzen. Es geht hierbei nicht nur um dieses oder jenes ökonomische Gesetz, sondern um die Gesamtheit der ökonomischen Gesetze unter Beachtung der entscheidenden Rolle des ökonomischen Grundgesetzes des Sozialismus.

Das erfordert:

– die tiefgründige Erforschung der Gesamtheit des Wirkungsmechanismus der ökonomischen Gesetze des Sozialismus,
– die volle Ausnutzung der objektiven Erfordernisse der ökonomischen Gesetze des Sozialismus in der Wirtschaftspolitik,

– die konsequente Ausrichtung der Planung auf die Umsetzung der Gesamtheit der ökonomischen Gesetze des Sozialismus.

Im Kern geht es darum, durch eine qualifizierte Leitung und Planung eine bewußte, den Interessen der Arbeiterklasse entsprechende Ausnutzung der ökonomischen Gesetze des Sozialismus zu gewährleisten.

Dementsprechend bestehen die Hauptaufgaben der sozialistischen Planung in der

Realisierung des Produktions*zieles*, das sich aus dem ökonomischen Grundgesetz des Sozialismus ergibt;

Gewährleistung der Erhöhung der *Effektivität* entsprechend den Erfordernissen der ökonomischen Gesetze des Sozialismus;

Wahrung der *Proportionalität* (Bilanziertheit) der volkswirtschaftlichen Entwicklung.

2. Der VIII. Parteitag der SED hat in unmittelbarer Einheit mit der Wirtschafts- und Sozialpolitik für die Jahre 1971–1975 die Hauptrichtungen der weiteren Vervollkommnung der Planung in der DDR beraten und beschlossen. Hierzu gehören:

a) In der Planung ist konsequent von den Bedürfnissen und dem Bedarf der Menschen auszugehen. Dementsprechend sind die Bedürfnisse und der Bedarf ein entscheidender Ausgangspunkt der Planung.

Vor allem durch die sozialistische ökonomische Integration muß dabei in zunehmendem Maße der Bedarf der anderen sozialistischen Länder im Rahmen der internationalen Arbeitsteilung und des Tourismus bei der Planung zugrunde gelegt werden. Von den Bedürfnissen und dem Bedarf der Menschen in der Planung auszugehen, erfordert ein neues Herangehen in der Planung sowohl in der konkreten Gestaltung der Proportionen als auch im System der Planung. Die Hauptaufgabe beeinflußt somit die gesamte Planausarbeitung. Sie ist die prinzipielle politische Orientierung für das Herangehen an die Planung. Bezüglich der weiteren Vervollkommnung des Planungssystems erfordert dies eine entscheidende Qualifizierung der Bedürfnisforschung, die exakte Analyse und Begründung des Bedarfs, die Ermittlung, Ausarbeitung und Durchsetzung einer solchen Struktur und solcher Proportionen in der Volkswirtschaft, die die Erhöhung des materiellen und kulturellen Lebensniveaus des Volkes auf der Basis einer allseitigen Intentivierung des gesellschaftlichen Reproduktionsprozesses gewährleisten.

b) Die Pläne der Volkswirtschaft, Zweige, Territorien und Betriebe sind so auszuarbeiten und durchzuführen, daß dem objektiven gesellschaftlichen Erfordernis der allseitigen Intensivierung des gesellschaftlichen Reproduktionsprozesses mit volkswirtschaftlich höchstem Nutzeffekt voll Rechnung getragen wird.

Dazu ist vor allem die Planung der Intensivierungsfaktoren, wie Wissenschaft und Technik, Grundfondswirtschaft, Materialökonomie und gesellschaftliches Arbeitsvermögen weiter zu verbessern. Eine besondere Rolle spielt hierbei die Vervollkommnung der Planung der Effektivität. Von zunehmender Bedeutung für die Intensivierung der Volkswirtschaft ist die planmäßige weitere Entwicklung des Prozesses der sozialistischen ökonomischen Integration. Die Planung muß in ihrer Grundanlage dem Prozeß der intensiv erweiterten Reproduktion, einschließlich der sozialistischen Rationalisierung, entsprechen mit dem Ziel, die Effektivität des gesellschaftlichen Reproduktionsprozesses zu erhöhen.

c) Die Planung hat die proportionale Entwicklung der Volkswirtschaft bei zunehmender sozialistischer ökonomischer Integration der Mitgliedsländer des RGW zu sichern. Dazu sind vor allem die volkswirtschaftlichen Verflechtungen durch die Anwendung der Verflechtungsbilanzierung besser zu beherrschen sowie die Koordinierung der Zweig- und Territorialentwicklung und die Bilanzierung der Pläne auf der Grundlage wissenschaftlich-technisch und ökonomisch begründeter Normen und Kennziffern entscheidend zu verbessern.

d) In der Planung ist konsequent von den Erfordernissen der sozialistischen ökonomischen Integration der Mitgliedsländer des RGW auszugehen. Das erfordert vor allem die internationale Plankoordinierung zu vervollkommnen, insbesondere durch den Übergang zur Koordinierung der Pläne für eine längere Perspektive, die weitere Vervollkommnung der Fünfjahrplankoordinierung und den Übergang zur gemeinsamen Planung einzelner Zweige und Produktionsarten durch die interessierten Länder sowie die weitere Qualifizierung der Planung der Außenwirtschaftsbeziehungen. Insgesamt ist die schrittweise Angleichung der Planungssysteme der sozialistischen Länder erforderlich. Zugleich wird es notwendig, die nationale Planung so zu vervollkommnen, daß die Ergebnisse der internationalen Plankoordinierung, die internationalen Vereinbarungen und Verträge sich voll in den nationalen Plänen niederschlagen und das Planungssystem selbst eine immer intensivere sozialistische ökonomische Integration erzwingt und stimuliert.

e) Die weitere Erhöhung des Niveaus der Planung der Volkswirtschaft verlangt, die Einheit von lang-, mittel- und kurzfristiger Planung immer besser herzustellen. Einen zentralen Platz nimmt dabei die Einführung der langfristigen Planung in der Volkswirtschaft und in wichtigen Zweigen und Bereichen ein. Als Bestandteile der langfristigen Planung sind die Hauptrichtungen und Grundproportionen der volkswirtschaftlichen Entwicklung bis 1990 (langfristiger Plan der Volkswirtschaft), die Entwicklungsrichtungen und Proportionen der Zweige und Bereiche bis 1990 sowie „Komplexe Aufgaben“ zur Lösung ausgewählter, volkswirtschaftlicher Probleme mit einem hohen Verflechtungsgrad auszuarbeiten.

f) Im Rahmen der weiteren Vervollkommnung der Planung ist der demokratische Zentralismus in der Planung konsequent zu verwirklichen und weiter zu vervollkommnen. Das erfordert die Weiterentwicklung der Wechselbeziehungen zwischen der zentralen staatlichen Planung der Volkswirtschaft, der Planung in den Ministerien, VVB, Kombinaten, Betrieben und Territorien. In diesem Zusammenhang kommt es auf eine weitere Vervollkommnung des Systems der staatlichen Plankennziffern an, mit denen die gesellschaftlichen Erfordernissen und Aufgaben in Planaufgaben umgesetzt werden sowie die Leistungsmessung der Werktätigen und der Wirtschaftseinheiten im Rahmen der wirtschaftlichen Rechnungsführung verbessert wird. Die Vervollkommnung der Planung erfordert die Einbeziehung der Werktätigen in den gesamten Prozeß der Planausarbeitung, Plandurchführung und Abrechnung der Planerfüllung auf einer neuen, höheren Stufe, was die Organisierung von Wettbewerben zur Erfüllung und Übererfüllung der staatlichen Aufgaben sowie die stärkere Berücksichtigung sozialer Aspekte und Prozesse in der Planung einschließt.[1]

g) Die Qualifizierung der Planung erfordert die Festigung der Einheit von materieller und finanzieller Planung. Im Interesse einer bedarfsgerechten Produktion und Versorgung ist die Übereinstimmung von wertmäßiger und gebrauchswertmäßiger Planung besser zu sichern. Das erfordert die Erhöhung des Niveaus der materiellen und der finanziellen Planung sowie ihrer Koordinierung unter Ausnutzung der aktiven Funktion der Finanzen. Gleichermaßen ist die Einheit von Planung und wirtschaftlicher Rechnungsführung zu festigen.

h) Der Planungsprozeß ist weiter zu rationalisieren bei gleichzeitiger Erhöhung der Qualität der Planung. Dazu ist eine langfristige Stabilität der methodischen und organisatorischen Grundlagen der Planung herbeizuführen. Hierzu erfolgt die Ausarbeitung langfristiger stabiler Ordnungen zur Volkswirtschaftsplanung (Planungsordnung) und Betriebsplanung (Rahmenrichtlinie zur Betriebsplanung) für den Zeitraum 1976–1980. Das ist zugleich eine wichtige Voraussetzung für die Anwendung ökonomisch-mathematischer Modelle und die nutzbringende Anwendung der elektronischen Datenverarbeitung, die für die Erhöhung der Qualität der Planung und ihre weitere Rationalisierung von großer Bedeutung sind.

3. Seit dem VIII. Parteitag der SED wurden eine Reihe konkreter Maßnahmen durchgeführt bzw. eingeleitet, die die praktische Realisierung der Hauptrichtungen der weiteren Vervollkommnung der Planung zum Ziel haben. Zu diesen Maßnahmen zählen vor allem:

[1] In der Sowjetunion wird der Leitung und Planung sozialer Prozesse große Aufmerksamkeit gewidnet. Es entwickelt sich ein System der Sozialplanung, das sowohl die Planung als auch die Leitung dieser Prozesse im breitesten Sinne einschließt.

– Die Ausarbeitung des sozial-politischen Programms zur Entwicklung des materiellen und kulturellen Lebensniveaus des Volkes.
– Die schrittweise Einführung der langfristigen Planung und in diesem Zusammenhang speziell die Ausarbeitung von Bedürfniskomplexen und komplexen Aufgaben mit großer volkswirtschaftlicher Verflechtung im Rahmen der langfristigen Planung.
– Die Verbesserung der gebrauchswertmäßigen Planung der Konsumgüterproduktion durch die Erweiterung der Nomenklatur für die zentrale Bilanzierung.
– Die Planung von ausgewählten Konsumgütern nach unteren und mittleren Preisgruppen.
– Die Anwendung von Toleranzen bei der Plandurchführung im Bereich der Konsumgüterindustrie und des Handels.
– Die Qualifizierung der Bedarfsbegründung insbesondere durch die schrittweise Anwendung wissenschaftlich-technisch und ökonomisch begründeter Normative.
– Die Erweiterung und Qualifizierung des Planteiles Arbeits- und Lebensbedingungen in den Betrieben, Kombinaten und Wirtschaftsorganen.
– Die Ausarbeitung und schrittweise Anwendung von Bestwerten, Normativen und anderen Kennziffern des Arbeitsaufwandes, des Material- und Rohstoffverbrauches sowie des Grundfondseinsatzes (Normativbasis des Planes).
– Die Qualifizierung der Planung von Wissenschaft und Technik durch die Einführung solcher Planteile wie Überleitung, Qualitätsverbesserung, Lizenznahme und -vergabe.
– Die weitere Vervollkommnung der wirtschaftlichen Rechnungsführung.
– Die Weiterentwicklung der Preis- und Finanzplanung.
– Die Ausarbeitung und Erprobung einer Rahmenrichtlinie zur Betriebsplanung bis Ende 1973.
– Die Ausarbeitung einer Planungsordnung für den Zeitraum 1976–1980 bis Ende 1974.

4. Eine zentrale Stellung in den Maßnahmen zur weiteren Vervollkommnung der Planung nimmt die Ausarbeitung einer Planungsordnung für den Zeitraum 1976–1980 ein.

Im Beschluß des Politbüros des ZK der SED und des Präsidiums des Ministerrates vom Mai 1972 über „Vorschläge zur weiteren Durchführung der Beschlüsse des VIII. Parteitages der SED über die Planung und Bilanzierung, beginnend mit der Planausarbeitung 1973“ wurde die Aufgabe gestellt, *bis 1974 eine „Ordnung der Planung der Volkswirtschaft der DDR“* auszuarbeiten, in der die Ergebnisse und Erfahrungen zur weiteren Vervollkommnung der Planung in Durchführung der Beschlüsse des VIII. Parteitages der SED enthalten sind.

Entsprechend dem Beschluß sind in einer solchen Planungsordnung „. . . die staatlichen Grundsätze der Ausarbeitung der Volkswirtschaftspläne, der einheitliche Aufbau des komplexen Planes der Volkswirtschaft festzulegen. Damit soll die auf dem demokratischen Zentralismus beruhende Verbindung der zentralen staatlichen Planung mit der Planung in den Betrieben, Kombinaten und VVB gewährleistet werden. Gleichzeitig ist dadurch eine, verbindliche Grundlage für eine stabile Planungs- und Abrechnungsmethodik für den Zeitraum eines Fünfjahrplanes zu schaffen.“

Im Unterschied zu den bisher jährlich neu erarbeiteten Planmethodiken zur Jahresplanung, sind mit der Planungsordnung der Volkswirtschaft für die Staatliche Plankommission, die Ministerien und alle anderen zentralen Staatsorgane sowie die Räte der Bezirke, Kreise und ihre Plankommissionen verbindliche methodische Grundsätze für die koordinierte Ausarbeitung der Jahresvolkswirtschaftspläne festzulegen, die über den gesamten Fünfjahrplanzeitraum 1976–1980 Gültigkeit haben.

Diese Planungsordnung enthält auch die Grundnomenklatur von Planinformationen, den Grundaufbau von Bilanzen und der anderen Planungsunterlagen. Sie wird jährlich ergänzt durch die für die jeweilige Jahresplanung noch notwendige Konkretisierung von Nomenklaturen, Terminplänen und anderen organisatorischen Festlegungen. Die Planungsordnung muß dazu gleichzeitig die methodischen Grundsätze für die Ausarbeitung des Fünfjahrplanes der Volkswirtschaft unter Berücksichtigung des Zusammenhanges mit den methodischen Regelungen zur langfristigen Planung enthalten. Mit einer solchen Planungsordnung sind für die Betriebe, Kombinate und VVB die an sie gestellten Anforderungen bei der Ausarbeitung des Volkswirtschaftsplanes festzulegen. Die methodischen Grundsätze für die Ausarbeitung der Pläne der Betriebe, Kombinate und VVB sind in Abstimmung mit der Planungsordnung in der Rahmenrichtlinie zur Betriebsplanung ebenfalls für den Fünfjahreszeitraum 1976–1980 festzulegen.

II. Bedürfnisse und Bedarf als ein entscheidender Ausgangspunkt der Planung

5. Der VIII. Parteitag der SED beschloß die Hauptaufgabe, die von prinzipieller Bedeutung für die weitere Gestaltung der entwickelten sozialistischen Gesellschaft ist.

Damit wird die Wirtschaftspolitik unmittelbar auf die Verwirklichung des Zieles der sozialistischen Gesellschaft und die Umsetzung des ökonomischen Grundgesetzes ausgerichtet, das seine grundlegende Rolle im System der ökonomischen Gesetze des Sozialismus immer tiefer ausprägt.

Die Befriedigung der Bedürfnisse der Menschen ist zugleich ein entscheidender Faktor für die Leistungsentwicklung der Volkswirtschaft. Genosse E. Honecker konnte auf der 8. Tagung des ZK feststellen: „Von dem Ziel, das materielle und kulturelle Lebensniveau der Menschen weiter zu erhöhen, gehen starke Impulse für das Wachstum der ökonomischen Kraft unserer Republik aus."[2] Davon zeugt nicht zuletzt die vielfältige Initiative zur Erfüllung und Übererfüllung der Volkswirtschaftspläne 1972 und 1973 und die dabei bisher erreichten Resultate. Dabei ist wichtig festzustellen, daß die Bedürfnisse und den Bedarf der Menschen zu einem entscheidenden Ausgangspunkt der Planung zu machen, stets untrennbar mit der zweiten Seite der Hauptaufgabe, d. h. der allseitigen Intensivierung und Steigerung der Effektivität des gesellschaftlichen Reproduktionsprozesses, verbunden ist. Für eine ständig bessere Bedürfnisbefriedigung der Menschen müssen entsprechende Voraussetzungen in der Produktion, Zirkulation, Distribution und in der Konsumtion selbst geschaffen werden.

Die Bedürfnisse und den Bedarf der Menschen zu einem entscheidenden Ausgangspunkt der Planung zu machen, ist von grundlegender Bedeutung für die Wirksamkeit und die Gestaltung der Planung insgesamt. Es müssen daraus prinzipielle Schlußfolgerungen sowohl für den konkreten Inhalt des Planes, also für die Entwicklung des gesellschaftlichen Reproduktionsprozesses, seine Struktur und Proportionen, als auch für das Planungssystem im umfassenden Sinne gezogen werden.

Die Umsetzung der Linie des VIII. Parteitages erfordert die Vervollkommnung solch wichtiger Elemente der Planung wie z. B. der Bedürfnisforschung und Bedürfnisprognosen, der Bedarfsanalyse und Bedarfsforschung, der Bilanzierung einschließlich der Verflechtungsbilanzierung und der Anwendung von Normativen sowie die Weiterentwicklung der wirtschaftlichen Rechnungsführung. Sie macht gleichfalls neue Überlegungen zur Zielfunktion in der Planung, zur Weiterentwicklung der volkswirtschaftlichen Gesamtrechnung und zur Erhöhung der Flexibilität und Reaktionsfähigkeit der Betriebe und Kombinate durch eine entsprechende Gestaltung der Planung notwendig.

Die Aufgabenstellung geht jedoch noch darüber hinaus. *Im Grunde genommen geht es um ein neues Herangehen an die Planung.* Mit aller Deutlichkeit wird das vom Genossen Erich Honecker auf der 8. Tagung des ZK zum Ausdruck gebracht. Ausgehend von der prinzipiellen Möglichkeit, unter sozialistischen Bedingungen Bedarf und Produktion planmäßig in Übereinstimmung zu bringen, geht es darum, ausgehend vom Bedarf der Be-

[2] E. Honecker, Das Volk der DDR kann mit Zuversicht die Schwelle zum Jahr 1973 überschreiten, Berlin 1972, S. 5/6

völkerung an Konsumgütern und Dienstleistungen die volkswirtschaftlichen Proportionen zu gestalten. „Das Konzept der langfristigen Entwicklung der Konsumgüterproduktion ist also als ein Ansatz für die weitere Entwicklung der gesamtgesellschaftlichen Proportionen zu verstehen.“[3] Daraus folgt zwangsläufig, daß „... die Entwicklung der Bereiche der Volkswirtschaft noch stärker aus ihrem inneren Zusammenhang bei der Lösung der Hauptaufgabe zu bestimmen und nicht nach allgemeinen Wachstumsraten, die Ergebnis, aber nicht Ausgangspunkt der Arbeit am Plan sind.“[4]

6. Die Bedürfnisse und den Bedarf zu einem entscheidenden Ausgangspunkt der Planung zu machen, wirft die Frage nach der Erfassung der Bedürfnisse und ihrer Behandlung in der Planung auf.

Die *Bedürfnisse*, die stets unmittelbar an den Menschen gebunden und beeinflußbar sind, gesetzmäßig aus der Dialektik von Produktion und Konsumtion entstehen, sich ununterbrochen entwickeln und den Produktionsmöglichkeiten vorauseilen, sind durch Bedürfnisforschungen zu erkunden und im Rahmen von Bedürfnisprognosen zu erfassen. Dabei ist wichtig, die sich ständig stärker herausbildenden typischen sozialistischen Bedürfnisse aufzudecken und an sozialistischen Lösungen für ihre Befriedigung zu arbeiten.

Für strategische Berechnungen und Entscheidungen sind die vielfältigen Einzelbedürfnisse in Form von *Bedürfniskomplexen* zu erfassen, die typischen Eigenarten ganzer Gruppen von Einzelbedürfnissen entsprechen, die häufig voneinander abhängen (z. B. Wohnung, Wohnraumausstattung, Kinderbetreuung, Versorgung mit Waren und Dienstleistungen usw.). Die Bedürfniskomplexe selbst sollten auf Grundbedürfnisse bezogen werden.

Nach dem bisherigen Stand der Erkenntnisse und Erfahrungen kann mit folgenden Bedürfniskomplexen den Anforderungen an Prognosen bzw. der Zielbestimmung langfristiger Pläne entsprochen werden:

Arbeit	Kultur
Ernährung	Gesunderhaltung
Bekleiden	Erholungswesen und Sport
Wohnen	Kommunikation
Bildung	Verkehr

Mit den gegenwärtig im Rahmen der langfristigen Planung auszuarbeitenden „Komplexen Aufgaben“ werden diese Bedürfniskomplexe weitestgehend erfaßt. Im Rahmen der langfristigen Planung muß, ausgehend von Bedürfnisprognosen, ständig an den Bedürfniskomplexen und an der Umsetzung der sich daraus ergebenden Planaufgaben für die Verantwortungsbereiche sowohl für die lang- als auch für die Fünfjahrplanung gearbeitet werden.

[3] E. Honecker, Das Volk der DDR, . ., a. a. O., S. 27
[4] Ebenda, S. 25/26

Bedürfniskomplexe als planmethodisches Instrument sollten nur für Prognosen und langfristige Pläne Anwendung finden, nicht aber für Fünfjahr- und Jahrespläne.

Für die volkswirtschaftliche Gesamtrechnung wurde der Vorschlag unterbreitet[5], eine Verbindung zwischen der gegenwärtigen Gliederung nach Produktionszweigen bzw. Erzeugnisgruppen zu den Bedürfniskomplexen herzustellen. In dieser Richtung die volkswirtschaftliche Gesamtrechnung zu vervollkommen, hieße Auskunft darüber zu erhalten, wieviel die Gesellschaft direkt bzw. indirekt für die Befriedigung der verschiedenen Bedürfniskomplexe aufwenden muß.

Aus dieser Verbindung von Produktionszweigen bzw. Erzeugnisgruppen zu den Bedürfniskomplexen werden neue Erkenntnisse über die Proportionen der volkswirtschaftlichen Reproduktion gewonnen und fundiertere Entscheidung zur planmäßigen Verteilung der gesellschaftlichen Arbeit auf die einzelnen Zweige bzw. Erzeugnisgruppen mit höchstem Effekt für die Befriedigung der Bedürfnisse möglich.

Im Rahmen der Fünfjahr- und Jahresplanung müssen die differenzierten konkreten Bedürfnisse der Menschen Grundlage für die Planung der Produktion und die Entwicklung der Produktionsstruktur sein. Dabei spielt für die Planung einer bestimmten Etappe der wirtschaftlichen Entwicklung die gesellschaftliche Anerkennung der Bedürfnisse und die Rang- und Reihenfolge ihrer Befriedigung eine entscheidende Rolle. Grundlage hierfür muß ein entsprechendes sozialökonomisches Programm sein, was im Rahmen der langfristigen Planung auszuarbeiten ist.

Für die Sicherung der Bedürfnisbefriedigung der Menschen in ihrer Komplexität ist neben der Arbeit mit Bedürfniskomplexen im Rahmen der Prognose und langfristigen Planung weiterhin notwendig:

- die Bilanzierung der Pläne auf allen Ebenen,
- die Koordinierung der Bilanzen entsprechend den Erfordernissen des Reproduktionsprozesses, d. h. die Koordinierung der Bereitstellung von Arbeitskräften, Grundfonds, Materialien in der notwendigen Größenordnung, Struktur, Qualität und am jeweiligen Standort,
- die volle Funktionsfähigkeit des Vertragssystems.

7. Der *Bedarf* ist die Gesamtheit der in einer bestimmten Entwicklungsetappe gesellschaftlich anerkannten Bedürfnisse, die jeweils konkret zu befriedigen sind. Die Kategorie Bedarf ist stets mit der Leistungsentwicklung der Volkswirtschaft verknüpft. Der Bedarf wird dabei zunehmend auch durch die sozialistische ökonomische Integration und damit von den Bedürfnissen

[5] Vgl. G. Knobloch: Bedürfnisse und volkswirtschaftliche Grundproportionen, in: Wirtschaftswissenschaft, H. 8/1972

der Menschen und der ökonomischen Entwicklung in den anderen RGW-Ländern bestimmt.

Unmittelbare Voraussetzung für das Ausgehen vom Bedarf ist eine genaue Analyse und Begründung des Bedarfs. Dabei kommt es sowohl darauf an, die verschiedenen Methoden der Bedarfsermittlung für die jeweiligen Zwecke der Bedarfseinschätzung noch differenzierter anzuwenden, als auch die Informationen der verschiedenen Wirtschaftseinheiten und Leitungsorgane so zusammenzuführen, daß begründete Entscheidungen gefällt werden können. In der sozialistischen Wirtschaft sollten drei Ebenen der Bedarfsforschung unterschieden werden:

Erste Ebene: die Entwicklung der volkswirtschaftlichen Gesamtgrößen der Konsumtion (Konsumtionsfonds, Geldeinnahmen der Bevölkerung, Bevölkerungsverbrauch, Warenfonds, Kauffonds usw.),

Zweite Ebene: die Entwicklung des Verbrauchs nach Bedürfniskomplexen und Hauptwarengruppen,

Dritte Ebene: die Entwicklung des spezifischen Verbrauchs einzelner Positionen, Verbrauchergruppen, Erzeugnisgruppen und Erzeugnissen.

Transformiert man diese Ebenen der Bedarfsforschung auf Planungsebenen, ergibt sich:

Erste Ebene: Staatliche Plankommission

Zweite Ebene: Staatliche Plankommission, Ministerien

Dritte Ebene: Staatliche Plankommission, Ministerien, VVB, Kombinate, Betriebe

Die Bedarfsanalyse erfordert auf den verschiedenen Ebenen der Bedarfsforschung unterschiedliche Methoden und Instrumente. Während zur Ermittlung des Bedarfs an einzlenen Erzeugnissen Befragungen, Warentests, Marktanalysen, Bedarfsprognosen usw. durchgeführt werden, erfordert die Bestimmung der makroökonomischen Bedarfsgrößen, des volkswirtschaftlichen Konsumtionsfonds und seine Aufteilung sowie davon abgeleitet des entsprechenden Bedarfs an Produktionsmitteln Bedürfnisprognosen im Rahmen der verschiedenen Bedürfniskomplexe, Entscheidungen über die Rang- und Reihenfolge der Bedürfnisbefriedigung auf der Grundlage eines sozialpolitischen Programms, Angaben über die volkswirtschaftlichen Ressourcen und die mögliche Leistungsentwicklung der Volkswirtschaft unter Berücksichtigung der volkswirtschaftlichen Verflechtung der Produktion.

Die Kompliziertheit der Bestimmung der Bedarfsgrößen besteht vor allem darin, daß einerseits die Bedarfsentwicklung der verschiedenen Erzeugnisse und Erzeugnisgruppen untereinander sowie mit der Leistungsentwicklung der Volkswirtschaft insgesamt und davon abgeleitet der Einkommensentwicklung eng verflochten, und andererseits die Bedarfsentwicklung durch den wissenschaftlich-technischen Fortschritt sowie die sozialistische ökonomische Integration ein außerordentlich dynamischer Prozeß ist.

Entscheidende Bedeutung für die Ermittlung und Begründung des Bedarfs in erster Linie an Produktionsmitteln gewinnen die Verflechtungsbilanzierung und Normative. Der VIII. Parteitag hat deshalb ihre beschleunigte Entwicklung und Anwendung mit Nachdruck gefordert.

8. Die Verwirklichung der vom VIII. Parteitag beschlossenen Hauptaufgabe erfordert neue Überlegungen zu dem bereits seit längerer Zeit vor allem in der Sowjetunion diskutierten Problem der Fassung des Inhalts und stofflichen Ausdruck des Ziels der sozialistischen Produktion im Rahmen der Volkswirtschaftsplanung.[6] Die Lösung dieses Problems ist von großer theoretischer, vor allem aber von entscheidender praktischer Bedeutung, weil davon letzten Endes die Planungstätigkeit maßgeblich bestimmt wird.

Das Ziel der sozialistischen Produktion ist im ökonomischen Grundgesetz formuliert. Es besteht in der immer besseren Befriedigung der wachsenden materiellen und kulturellen Bedürfnisse und der allseitigen Entwicklung der Menschen. Probleme treten bei der Fassung des Inhalts und stofflichen Ausdrucks dieses Ziels in der Volkswirtschaftsplanung auf. In der sowohl in der DDR als auch in der Sowjetunion und anderen sozialistischen Ländern noch nicht abgeschlossenen Diskussion um das Zielkriterium in der Volkswirtschaftsplanung spielen in der DDR vor allem das Nationaleinkommen, das Endprodukt und der Konsumtionsfonds eine Rolle.[7]

Von einer Reihe Ökonomen wird das *Nationaleinkommen* nach wie vor als das Zielkriterium im Rahmen der Volkswirtschaftsplanung angesehen. Tatsächlich ist das Nationaleinkommen die entscheidende Quelle und (materielle) Grundlage für die Befriedigung der materiellen und kulturellen Bedürfnisse der Menschen. Außerdem bringen Volumen und Wachstum des Nationaleinkommens in synthetischer Form die Effektivität des gesellschaftlichen Reproduktionsprozesses und damit in hohem Maße die Leistungen der Werktätigen zum Ausdruck. Deshalb darf keine Vernachlässigung oder

[6] In Umsetzung der Beschlüsse des XXIV. Parteitages der KPdSU ist insbesondere in der Sowjetunion die Diskussion zu diesem Problem erneut belebt worden.
Vgl. u. a. N. Fedorenko: Sozialökonomische Ziele und Planung, in Sonderinformation des ÖFI H. 6/1972, V. Čerkovec: Das ökonomische Grundgesetz des Sozialismus und die Hauptaufgabe des Fünfjahrplanes, in: Sowjetwissenschaft, H. 3/1972.

[7] In der sowjetischen Literatur werden noch das Mehrprodukt, das notwendige Produkt bzw. das Realeinkommen und die zahlungsfähige Nachfrage diskutiert.

Unterschätzung dieser wichtigen Kategorie der sozialistischen Ökonomik zugelassen werden.

Dennoch treten bei Anwendung dieser Kategorie als Zielkriterium in der Volkswirtschaftsplanung folgende Probleme auf:

- Im Nationaleinkommen und damit auch im Konsumtionsfonds ist der Dienstleistungsbereich nur sehr unvollständig enthalten, obwohl gerade dieser Bereich eine immer größere Rolle bei der Befriedigung der Bedürfnisse der Menschen spielt. Der Dienstleistungsbereich stellt politökonomisch Umverteilung von Nationaleinkommen dar. Die Zielfunktion orientiert dann auf die maximale Entwicklung der materiellen Produktion, während die richtige Entwicklung der Dienstleistungen eine Frage der Umverteilung des Nationaleinkommens ist. Im Zielkriterium der Volkswirtschaftsplanung wird dann das Ziel der sozialistischen Produktion nicht eindeutig und vollständig zum Ausdruck gebracht, und es treten auch praktische Probleme, z. B. bei der Anwendung von Optimierungsrechnungen, auf.
- Die Akkumulation als Bestandteil des Nationaleinkommens ist kein unmittelbarer Ausdruck für die Befriedigung der Bedürfnisse der Menschen. Zwar ist im Sozialismus der Antagonismus zwischen Akkumulation und Konsumtion aufgehoben und die Akkumulation dient letzten Endes der Steigerung der Konsumtion. Dennoch bleibt die Tatsache der unterschiedlichen zeitlichen Wirksamkeit und auch des differenzierten Konsumtionseffektes einer bestimmten Akkumulationsmasse bestehen.
- Das Nationaleinkommen kann praktisch nur wertmäßig erfaßt werden. Eine wertmäßige Vergrößerung des Nationaleinkommens braucht bei den gegenwärtigen Preisen jedoch nicht unmittelbar Ausdruck einer besseren Befriedigung der Bedürfnisse der Menschen zu sein. Eine bestimmte wertmäßige Erhöhung des Nationaleinkommens kann einen sehr unterschiedlichen Effekt in der Bedürfnisbefriedigung auslösen.

Mit dem *Endprodukt*, das ebenso wie das Nationaleinkommen bedeutsam für die Charakterisierung des Nutzeffekts der gesellschaftlichen Arbeit ist und insbesondere im Zusammenhang mit der Verflechtungsbilanzierung Bedeutung gewonnen hat, treten die gleichen Probleme auf wie beim Nationaleinkommen. Im Gegensatz zum Nationaleinkommen und zum Endprodukt wird beim *Konsumtionsfonds* nur die tatsächliche Konsumtion erfaßt. Nicht gelöst bleibt jedoch auch hier die Erfassung des Dienstleistungsbereiches.

In jüngster Zeit wird von sowjetischen Ökonomen als Zielkriterium im Rahmen der Volkswirtschaftsplanung die Größe *Konsumtionsfonds + Dienstleistungsbereich* (insgesamt, d. h. im Sinne der Erfassung des tatsächlichen Leistungsumfanges) vorgeschlagen.[8] Mit diesem Kriterium wird der un-

[8] Vgl. V. Čerkovec, Das ökonomische Grundgesetz . . ., a. a. O.

mittelbaren Widerspiegelung des Ziels der sozialistischen Produktion im Rahmen der Volkswirtschaftsplanung offensichtlich besser entsprochen. Die Befriedigung der materiellen und kulturellen Bedürfnisse der Menschen wird mit dieser Größe realer zum Ausdruck gebracht als mit anderen Kategorien.

Dieses Zielkriterium ist jedoch ebenfalls umstritten, weil hier Produktion, Verteilung und Umverteilung des Nationaleinkommens, produktiver und nichtproduktiver Bereich der Volkswirtschaft nicht klar abgegrenzt sind und dabei Doppelzählungen auftreten können. Dieser Gefahr kann jedoch begegnet werden, indem neben diesem Zielkriterium dem Nationaleinkommen als entscheidendes Kriterium für die Entwicklung der materiellen Grundlagen der Bedürfnisbefriedigung und Effektivität des gesellschaftlichen Reproduktionsprozesses nach wie vor große Aufmerksamkeit gewidmet wird.

Ungelöst bleibt bei diesem Zielkriterium die Problematik des wertmäßigen Ausweises und auch der Veränderungen im Verhältnis von Arbeitszeit und Freizeit. Eine Veränderung dieser Kennziffer braucht ebenfalls nicht unbedingt Gesamtausdruck für einen höheren Effekt der Bedürfnisbefriedigung zu sein. Deshalb sollte dieses Zielkriterium durch gebrauchswertmäßige Kennziffern (Repräsentanten aus Bedürfniskomplexen) ergänzt werden, die den tatsächlichen Effekt für die Bedürfnisbefriedigung der Menschen punktuell real widerspiegeln (z. B. Wohnungen je Haushalt, deren Größe und Ausstattung, Anzahl und Dauer der Erholungsreisen, Betten in Krankenhäuser je 10000 Einwohner, Einwohner je Arzt usw.). Insgesamt bedarf die Problematik des Zielkriteriums im Rahmen der Volkswirtschaftsplanung weiterer wissenschaftlicher Arbeit.

9. Das Planungssystem hat Bedingungen zu schaffen, daß die hergestellten und angebotenen Konsumgüter in Menge, Struktur, Preis und Qualität, aber auch zeitlich und am jeweiligen Ort dem Bedarf entsprechen. Ausgehend von der Forderung des VIII. Parteitages, daß Handel und Produktion beweglicher auf Bedarfsveränderungen reagieren müssen, wurde die Anwendung von Toleranzen bei der Plandurchführung in der Konsumtionsgüterindustrie und im Handel im Jahre 1972 eingeführt. Sie erstreckt sich auf die Produktion und Zirkulation wichtiger Konsumgüter und gestattet, von den Jahresplanaufgaben in einem festgelegten Toleranzbereich abzuweichen, wenn damit nachweisbar ein höherer Grad in der Deckung des Bedarfs durch das bereitgestellte Warenangebot erreicht wird.

Es bedarf weiterer Untersuchung, inwieweit die Plankennziffer Warenproduktion in Verbindung mit der Einhaltung der Verträge und der materiellen Stimulierung in der Konsumgüterproduktion ausreichend auf ein bedarfsgerechtes Sortiment orientiert. Gegenstand der Diskussion ist, inwieweit die Vertragserfüllung stärker zum Maßstab der Bewertung der Leistungen der Betriebe der Konsumtionsgüterindustrie gemacht werden muß, um zumindest den schematischen Ausgleich von Vertragsrückständen und Vorauslieferungen zu überwinden.

Besonders in den Zweigen, deren Produktion in starkem Maße modischen Gesichtspunkten unterworfen ist, müßte der Bedarf, der sich hier in neugestalteten Erzeugniskollektionen äußert, konsequenter den Ausgangspunkt der Jahrespläne bilden. Es muß in diesem Zusammenhang auch geprüft werden, ob auf der Grundlage der Vertragsabschlüsse eine Planfortschreibung möglich ist mit dem Ziel, die im Vertrag fixierten Bedarfsgrößen in Menge, Sortiment und Struktur, im Jahresplan zu verankern. Diese Vorschläge entspringen der Notwendigkeit, den Betrieben und Kombinaten in Produktion und Handel eine größere Beweglichkeit zwischen den Zeitpunkten der Kaufhandlung, der Planvorbereitung und der Bestätigung des Planes einzuräumen.

Bei der Umsetzung von Ergebnissen der Bedarfsforschung in Plan- und Kaufentscheidungen zeigt sich – bedingt durch die ökonomischen Regelungen zu den Beständen – häufig bei Industrie und Handel eine unterschiedliche Interessenlage, die aber in gleicher Richtung wirkt und im Grunde auf ein „risikofreies Wirtschaften“ hinausläuft. Um das Gewicht des Handels bei der Sicherung einer bedarfsgerechten Produktion zu erhöhen, sollten folgende Maßnahmen erwogen werden:

- Normierung der Bestände in Groß- und Einzelhandel in Übereinstimmung mit dem wachsenden Grad der Bedarfsdeckung sowie einer höheren Verkaufsbereitschaft.
- Konsequente Anwendung des Fonds Handelsrisiko, um saison- und modeabhängige Bestände am Ende des Saisonzeitraumes entweder auf dem Binnenmarkt bzw. über den Konsumgüteraustausch abzusetzen.
- Vergrößerung des Spielraumes für kurzfristige Umdispositionen von seiten des Handels, was den Aufbau von Reserven (schnell einsatzfähige Halbfabrikate, Rohstoffe und Hilfstoffe, technische Reserven vor allem in der Veredlungsstufe sowie finanzielle Reserven in Form von Vorzugskrediten) erfordert.[9]

[9] Zu weiteren Fragen der bedarfsgerechten Produktion im Zusammenhang mit der wirtschaftlichen Rechnungsführung siehe Abschnitt V der Thesen.

III. Die Steigerung der Effektivität des volkswirtschaftlichen Reproduktionsprozesses durch allseitige Intensivierung und die Konsequenzen für die Planung

10. Der VIII. Parteitag der SED begründete umfassend die Notwendigkeit der allseitigen Intensivierung des gesellschaftlichen Reproduktionsprozesses. Damit befinden wir uns in voller Übereinstimmung mit den Erfahrungen der UdSSR. Genosse L. I. Breshnew forderte in seiner Rede anläßlich des 50. Jahrestages der Bildung der UdSSR „das Schwergewicht auf intensive Methoden der Wirtschaftsführung zu verlagern und damit eine ernsthafte Erhöhung der Effektivität der Wirtschaft zu sichern“.[10]

Die Intensivierung der Volkswirtschaft ist ein grundlegendes Erfordernis der entwickelten sozialistischen Gesellschaft. Die intensive Reproduktion ist der Grundtyp des Wirtschaftens, mit dem die Vorzüge des Sozialismus voll zur Wirkung gebracht und der Übergang zur 2. Etappe der kommunistischen Gesellschaft vorbereitet werden.

Der Prozeß der Intensivierung sowie die mit ihm verbundene Dynamik der sozialistischen Produktionsverhältnisse führt zu grundlegenden Veränderungen der Wirkungsbedingungen aller ökonomischen Gesetze. Vor allem die mit den Produktionsverhältnissen der kommunistischen Gesellschaftsformation unmittelbar verbundenen Gesetze, wie das ökonomische Grundgesetz des Sozialismus, das Gesetz der planmäßigen proportionalen Entwicklung der Volkswirtschaft u. a. erreichen unter den Bedingungen der Intensivierung neue Realisierungsmöglichkeiten.

Die Intensivierung der Volkswirtschaft ist ein gesellschaftlicher Prozeß, der sowohl alle Bereiche der Wirtschaft als auch die anderen Bereiche der Gesellschaft unmittelbar berührt. Die Intensivierung ist der Hauptweg zur Erhöhung der Effektivität des gesellschaftlichen Reproduktionsprozesses und auf dieser Basis für die Realisierung des Ziels der Hauptaufgabe, der weiteren Erhöhung des materiellen und kulturellen Lebensniveaus des Volkes.

Die zentrale Stellung im Prozeß der intensiv erweiterten Reproduktion nimmt der wissenschaftlich-technische Fortschritt insbesondere die wissenschaftlich-technische Revolution ein, deren Errungenschaften organisch mit den Vorzügen des Sozialismus verbunden werden müssen.

Schwerpunkte der Intensivierung sind vor allem:

- die Vertiefung der sozialistischen ökonomischen Integration der Länder des RGW entsprechend der Aufgabenstellung des „Komplexprogramms“,

[10] L. I. Breshnew, Das Sowjetvolk zeigt der Menschheit neue Horizonte und neue Ideale, Neues Deutschland v. 22. 11. 1972, S. 6

- die Vervollkommnung der Struktur unserer Volkswirtschaft im Rahmen ihrer proportionalen Entwicklung und der weiteren Entwicklung der internationalen Arbeitsteilung zwischen den RGW-Ländern;
- die Erhöhung der Kontinuität der Produktion, Sicherung der Proportionalität der volkswirtschaftlichen Entwicklung und Bilanziertheit des Planes;
- die Vervollkommnung der Leitung der Volkswirtschaft auf der Grundlage des Prozesses der Konzentration, Spezialisierung und Kooperation der Produktion;
- die Entwicklung und Anwendung neuer Erzeugnisse, Technologien und Verfahren und die Erhöhung der Qualität und Gebrauchseigenschaften der Erzeugnisse, die Einsparung von lebendiger und vergegenständlichter Arbeit einschließlich der Erhöhung der Materialökonomie;
- die sozialistische Rationalisierung, die die Modernisierung der vorhandenen Technik, die Mechanisierung, die Teilautomatisierung und Automatisierung ausgewählter volkswirtschaftlich bedeutsamer Vorhaben sowie eine hohe, effektive Schichtauslastung der Grundfonds, die Materialökonomie und die wissenschaftliche Arbeitsorganisation umfaßt; sie schließt auch die territoriale Rationalisierung ein;
- die Sicherung des Gleichgewichts von Arbeitsplatzschaffung und Arbeitsplatzeinsparung (Arbeitskräftefreisetzung) durch die vorrangige Durchführung von Intensivinvestitionen;
- die weitere Erhöhung des Bildungsniveaus entspechend den Zielen der sozialistischen Gesellschaft sowie die Erhöhung des Qualifikationsniveaus der Menschen und eines demgemäßen Einsatzes entsprechend den volkswirtschaftlichen Erfordernissen;
- die weitere Vervollkommnung der Arbeits- und Lebensbedingungen der Menschen;
- die Sicherung der Umweltbedingungen der Gesellschaft einschließlich der Intensivierung der Umweltnutzung.

Zwischen diesen einzelnen Schwerpunkten bestehen vielfältige Abhängigkeiten.

11. Der Prozeß der allseitigen Intensivierung hat entscheidende Konsequenzen für die weitere Vervollkommnung des Systems der Planung. Dazu gehören insbesondere:

- Die Weiterentwicklung der *Ermittlung und Planung der Effektivität* der gesellschaftlichen Arbeit;
- die Einführung der *langfristigen Planung* als wesentliche Voraussetzung für ökonomisch begründete Entscheidungen im Prozeß der Heranführung der real existierenden Struktur und Proportionen in der Volkswirtschaft der DDR an die volkswirtschaftlich effektivsten, mit denen die Bedürfnisse

der Menschen am besten befriedigt werden, bei konsequenter Realisierung der sozialistischen ökonomischen Integration und unter Berücksichtigung des wissenschaftlich-technischen Fortschritts;[11]

– die weitere Vervollkommnung der *internationalen Koordinierung der Volkswirtschaftspläne* sowie der Zusammenarbeit auf dem Gebiet der Planungstätigkeit in organischer Verbindung mit der Erweiterung und planmäßigen Nutzung der Ware-Geld-Beziehungen zwischen den Ländern des RGW im Rahmen der sozialistischen ökonomischen Integration;
– die Verbesserung der *volkswirtschaftlichen Struktur und Sicherung der Proportionalität des gesellschaftlichen Reproduktionsprozesses unter den Bedingungen der sozialistischen ökonomischen Integration* durch Entwicklung und Anwendung der Verflechtungsbilanzierung, Vervollkommnung der Bilanzierung sowie der internationalen Plankoordinierung. Hierin ist eingeschlossen, die volkswirtschaftlichen Proportionen ausgehend vom Bedarf der Menschen an Konsumgütern und Dienstleistungen und der dazu notwendigen Konsumgüterproduktion zu entwickeln, so wie das vom Genossen Erich Honecker auf der 8. Tagung des ZK gefordert wurde;[12]
– *die Qualifizierung der Planung der Intensivierungsfaktoren* Wissenschaft und Technik, Grundfonds und Investitionen, Material und gesellschaftliches Arbeitsvermögen einschließlich der Koordinierung dieser Prozesse. Einen besonderen Schwerpunkt bildet hierbei die Erhöhung der ökonomischen Wirksamkeit des wissenschaftlich-technischen Fortschritts[13] vor allem durch die volle Integration des Planes Wissenschaft und Technik in den Gesamtplan auf den jeweiligen Ebenen und seine Bilanzierung mit anderen Planteilen sowie die Sicherung des effektivsten Einsatzes des wissenschaftlich-technischen Potentials;
– die Weiterentwicklung des *demokratischen Zentralismus in der Planung*, insbesondere durch die wirksamere organische Verbindung von zentraler staatlicher Planung mit der Planung der Kombinate, Betriebe und Territorien sowie die stärkere Mobilisierung und Nutzung der schöpferischen Initiative der Werktätigen im Rahmen des sozialistischen Wettbewerbs, die unter den Bedingungen der intensiv erweiterten Reproduktion zunehmend an Bedeutung gewinnt. Insbesondere der sozialistische Wettbewerb entwickelt sich immer mehr zu einer entscheidenden Quelle für die Steigerung der Arbeitsproduktivität, für hohe Qualität der Erzeugnisse, für die weitere Vervollkommnung der Arbeits- und Lebensbedingungen und damit insgesamt für die Steigerung der Effektivität der Produktion,

[11] Vgl. E. Honecker, Das Volk der DDR . . ., a. a. O.,S. 28
[12] Ebenda, S. 25ff.
[13] Ebenda, S. 22ff.

wie die Resultate aus der Durchführung des Wettbewerbs vor allem 1972 und die Verpflichtungen für 1973 zeigen.

12. Die intensiv erweiterte Reproduktion stellt *höhere Anforderungen an die Effektivitätsrechnungen im Planungsprozeß* und an die entsprechenden Kennziffern, Methoden und Informationsquellen.

Da das Ziel des Wirtschaftens im Sozialismus darin besteht, mit den vorhandenen volkswirtschaftlichen Ressourcen einschließlich der Initiative der Werktätigen ein Maximum an Bedürfnisbefriedigung bzw. eine bestimmte Bedürfnisbefriedigung mit einem Minimum an gesellschaftlicher Arbeit zu erreichen, muß die Ermittlung der effektivsten Variante der Bedürfnisbefriedigung und darin eingeschlossen einer entsprechenden Intensivierung des volkswirtschaftlichen Reproduktionsprozesses unter Nutzung und Stimulierung der Initiative der Werktätigen als die *entscheidende Funktion* der Planung angesehen werden. Das ergibt sich unmittelbar aus den ökonomischen Gesetzen des Sozialismus, vor allem dem ökonomischen Grundgesetz und dem Gesetz der Ökonomie der Zeit.

Daraus muß eine hohe Bedeutung der Ermittlung und Planung der Effektivität für alle Bereiche, Ebenen und Phasen der Planung abgeleitet werden. Die Ermittlung und Durchsetzung der effektivsten Variante der Bedürfnisbefriedigung schließt letzten Endes die Planung einer bedarfsgerechten Produktion und davon abgeleitet die Sicherung der Proportionalität des gesamtgesellschaftlichen Reproduktionsprozesses ein, obwohl dies als selbständige Aufgabe der Planung angesehen werden muß.

Im Planungsprozeß dienen die Effektivitätsrechnungen dazu

- begründete Planziele zu ermitteln und dabei den effektivsten Einsatz der volkswirtschaftlichen Ressourcen festzulegen;
- die tatsächlichen Leistungen und Leistungsmöglichkeiten der einzelnen Wirtschaftseinheiten, Abteilungen, Brigaden und der einzelnen Werktätigen nachzuweisen,
- konkrete Zielstellungen für die Entwicklung der Initiative der Werktätigen und die Wettbewerbsbewegung abzuleiten und
- Grundlage für die materielle und moralische Stimulierung der Werktätigen und ihre Kollektive zu sein.

Bei der Berechnung der Effektivität sind zu unterscheiden:

- *Gesamtvolkswirtschaftliche Effektivitätsrechnungen* als Bestandteil der volkswirtschaftlichen Gesamtrechnung;
- *Effektivitätsrechnungen für die komplexe Reproduktion der Wirtschaftsbereiche und Zweige (Ministerien, VVB) sowie der Kombinate und Betriebe.*
  Sie müssen im Prinzip einheitlich, jedoch auf den einzelen Ebenen bis in die Betriebe durch zweig- bzw. betriebsspezifische Berechnungen untersetzt werden. Sie müssen den Verantwortungsbereich in seiner Gesamtheit

(Komplexität) und in den hauptsächlichen Elementen des Reproduktionsprozesses (Arbeitskräfte, Grundfonds, Material usw.) umfassen.

– *Objekt- bzw. vorhabensbezogene Effektivitätsrechnungen (für Erzeugnisse, insbesondere neue Erzeugnisse, Technologien, Verfahren, für Investitionen, für Maßnahmen der Rationalisierung, Spezialisierung und Konzentration usw.)* Diese beruhen auf den gleichen Grundsätzen wie sie für den gesamten Verantwortungsbereich gelten. Sie sind jedoch detaillierter und durch die Spezifik des jeweiligen Erzeugnisses, Vorhabens usw. bestimmt.

In der *Sowjetunion* wird den Fragen der Planung der Effektivität eine zentrale Stellung eingeräumt. Der gegenwärtige Stand und die weiteren Richtungen der Vervollkommnung können wie folgt charakterisiert werden:

– Die Planung der Effektivität erfolgt in einem eigenen Planteil „Planung der Effektivität der gesellschaftlichen Produktion", der von der Staatlichen Plankommission (Gosplan) bis zum Betrieb ausgearbeitet wird. Er faßt die wichtigsten Effektivitätskennziffern in einem Kennziffernsystem zusammen. Mit diesem Planteil sollen bei der Planbegründung und Plandurchführung die entscheidenden Effektivitätsfragen von vornherein komplex und auf einheitlicher Grundlage in die Planung einbezogen werden.
  Dieser Nachweis der Effektivität wird durch spezifische technisch-ökonomische Kennziffern für die Zweige ergänzt, die in anderen Planteilen enthalten sind.

– Ein synthetischer Ausweis der Effektivität erfolgt mit der Kennziffer

$$\frac{\text{Nettoproduktion}}{\text{Grundfonds} + \text{normierte Umlaufmittel} + \text{Lohnfonds}}$$

  Diese Kennziffer wird verbindlich für die Ebenen der Volkswirtschaft, der Unionsrepubliken und Ministerien geplant und von den Ministerien auch den Vereinigungen und Betrieben zur Anwendung empfohlen.

– Den verschiedenen Teilkriterien der Effektivität für die einzelnen Elemente des Reproduktionsprozesses (Arbeitskräfte, Grundfonds, Material) wird einheitlich sowohl für die Ebene der Volkswirtschaft insgesamt als auch für die Unionsrepubliken, Ministerien, Vereinigungen und Betriebe die Nettoproduktion zugrunde gelegt. Parallel dazu wird im Verlauf einer längeren Übergangsperiode weiterhin die Waren- bzw. Bruttoproduktion berechnet.

Ausgehend von den Erfahrungen der Sowjetunion und dem gegenwärtigen Stand in der DDR werden folgende Schlußfolgerungen und Vorschläge zur Vervollkommnung der Planung der Effektivität unterbreitet:

– Sicherung der zentralen Stellung der Ermittlung und Planung der Effektivität im Gesamtsystem der Planung einschließlich der in diesem Zusammenhang zu treffenden Entscheidungen. Es wird vorgeschlagen, in der auszuarbeitenden Planungsordnung einen speziellen Abschnitt „Planung der Effektivität der gesellschaftlichen Produktion" auszuarbeiten, in dem die Funktion der Planung der Effektivität und ein einheitlicher Kennziffernspiegel, einschließlich der Erläuterung der Kennziffern, dargelegt wird.

- Durchsetzung einer stärkeren Komplexität bei der Begründung und Beurteilung der Effektivität durch Einführung eines einheitlichen Kennziffernspiegels zur Ermittlung und Planung der Effektivität. Mit dem verbindlichen Kennziffernspiegel gilt es Schritte zur Beseitigung eines einseitigen, isolierten Vorgehens bei der Beurteilung der Effektivität einzuleiten. Dabei geht es vor allem um die Verknüpfung von Natural-, Wert- und Finanzkennziffern, um komplexe Aussagen zur Effektivität der lebendigen und vergegenständlichten Arbeit, die Einbeziehung der Außenwirtschaft, der territorialen Aufwendungen in die Effektivitätsrechnungen usw.
- Sicherung einer größeren Einheitlichkeit und Vergleichbarkeit der Effektivitätsrechnungen zwischen den Ebenen und Bereichen, Das soll neben dem einheitlichen Kennziffernspiegel durch die Bildung der Kennziffern nach einheitlichen Bildungsgesetzen, durch Anwendung einheitlicher Ergebnisgrößen und durch Anwendung einheitlicher Grundsätze der Effektivitätsplanung erreicht werden. Die Grundsätze beziehen sich auf das Vorgehen bei der Berechnung der Ergebnis- und Aufwandsgrößen, der Anwendung des Kennziffernspiegels, der Durchführung von Variantenvergleichen, auf die Anwendung von konstanten und laufenden Preisen, von Niveau- und Zuwachsgrößen, der Faktorenanalyse usw.
- Untersuchung und Ausarbeitung einer Methodik zur Anwendung der Nettoproduktion als einheitliche Bezugsbasis für Effektivitätskennziffern (bei Beibehaltung weiterer Bezugsbasen). Damit soll ein Schritt zur Erhöhung der Aussagefähigkeit aller Effektivitätskennziffern, der Verknüpfung zwischen den Kennziffern und zu ihrer Aggregierbarkeit gegangen werden.
- Berücksichtigung territorialer Gesichtspunkte durch Anwendung des Kennziffernspiegels in territorialer Untergliederung und Wiedereinführung der bereits vor einigen Jahren entwickelten Methode zur Berechnung territorialer Aufwendungen (Gebietswirtschaftlicher Aufwand) für die vorhabensbezogenen Effektivitätsrechnungen.
- Prüfung und Ausarbeitung von Effektivitätsnormativen.
- Ausarbeitung bzw. Vervollkommnung der methodischen Regelungen für objekt- bzw. vorhabensbezogene Effektivitätsermittlungen.
- Die weitere wissenschaftliche Bearbeitung von Fragen, die gegenwärtig die Aussagefähigkeit der Effektivitätsrechnungen einschränken. Das betrifft die Preisgestaltung, die Bewertung der Ressourcen und den Ausweis

der vollen Ergebnisse und Aufwendungen, weiterhin geht es dabei um die Verknüpfung der Effektivitätsrechnungen von Objekten und Vorhaben mit den Effektivitätsrechnungen und der wirtschaftlichen Rechnungsführung der Wirtschaftseinheiten und VVB sowie der Effektivitätsrechnungen auf der Ebene der Ministerien und der Volkswirtschaft. Zu diesen Fragen gehört schließlich die Überwindung von Widersprüchen zwischen dem Ausweis der Bedarfsbefriedigung, der Proportionalität und Effektivität des Reproduktionsprozesses auf der Ebene der Volkswirtschaft und der einzelnen Wirtschaftseinheiten.[14]

13. Der VIII. Parteitag beschloß *„schrittweise zu einer langfristigen Planung in der Volkswirtschaft* und in wichtigen Bereichen und Zweigen überzugehen".[15] Gleiche Beschlüsse faßte der XXIV. Parteitag der KPdSU und auch in anderen sozialistischen Ländern ist mit der Ausarbeitung langfristiger Pläne begonnen worden. Die große Bedeutung und die Notwendigkeit der Einführung einer langfristigen Planung hat Gen. Honecker erneut auf der 8. Tagung des ZK der SED unterstrichen.[16]

Langfristige Planung bedeutet nicht schlechthin langfristige Vorausschau, sondern im Rahmen der langfristigen Planung, die den Zeitraum bis 1990 umfassen soll, gilt es vielmehr die perspektivische Grundlinie der Befriedigung der materiellen und kulturellen Bedürfnisse der Menschen und die dazu notwendige Leistungsentwicklung der Volkswirtschaft zu bestimmen, Entscheidungen zu treffen und die entsprechenden wirtschaftlichen Prozesse einzuleiten. Daraus leiten sich folgende Ausgangspunkte für die langfristige Planung ab:[17]

- Die Erhöhung des materiellen und kulturellen Lebensniveaus der Menschen der sozialistischen Gesellschaft entsprechend den sich entwickelnden Bedürfnissen.
- Die Beschleunigung des wissenschaftlich-technischen Fortschritts, des entscheidenden Faktors zur Intensivierung der Produktion und Steigerung der Arbeitsproduktivität und Effektivität des gesamten Reproduktionsprozesses und damit zur besseren Befriedigung der Bedürfnise der Menschen.
- die Verwirklichung des Komplexprogrammes der sozialistischen ökonomischen Integration.

Die langfristige Planung setzt eine qualifizierte, zielgerichtete analytische und prognostische Tätigkeit voraus, mit der (Entscheidungs-)Grundlagen für die langfristige Planung geschaffen werden. Dabei wird entsprechend

[14] Vgl. hierzu auch Abschnitt V zur Einheit von materieller und finanzieller Planung
[15] Dokumente des VIII. Parteitages der SED, Berlin 1971, S. 63.
[16] Vgl. E. Honecker, Das Volk der DDR . . ., a. a. O., S. 28ff.
[17] Vgl. insgesamt K. Steinitz, Wie wird der langfristige Plan 1976 bis 1990 ausgearbeitet? Die Wirtschaft 38/72

dem Komplexprogramm die Prognosearbeit zunehmend zwischen den sozialistischen Ländern koordiniert bzw. für bestimmte Schwerpunktgebiete gemeinsame Prognosen ausgearbeitet.

Die langfristige Planung hat folgende Bestandteile:

a) Hauptrichtungen und Grundproportionen der volkswirtschaftlichen Entwicklung für den Zeitraum 1976/90.

Dieses Material hat die langfristige Entwicklung des volkswirtschaftlichen Reproduktionsprozesses zum Inhalt. In ihm sind deshalb die grundlegenden Zielstellungen zur Erhöhung des materiellen und kulturellen Lebensniveaus des Volkes, die entscheidenden Aufgaben zur Intensivierung des volkswirtschaftlichen Reproduktionsprozesses, die wesentlichen Aufgaben zur Entwicklung der materiellen Produktion einschließlich ihrer Struktur, die Entwicklung der volkswirtschaftlichen Ressourcen, die Grundlinie der Standortverteilung der Produktivkräfte sowie die Erfordernisse der zielgerichteten Verwirklichung der sozialistischen ökonomischen Integration enthalten.

Die Hauptrichtungen und Grundproportionen der volkswirtschaftlichen Entwicklung, die von der Staatlichen Plankommission auszuarbeiten sind, sind die Grundlage und der Ausgangspunkt für die Ableitung volkswirtschaftlicher Orientierungen für die langfristige Planung von Bereichen und Zweigen und für ihre volkswirtschaftliche Einordnung und Bilanzierung.

b) Entwicklungsrichtungen und Proportionen der Zweige und Bereiche

Diese sind darauf gerichtet, die volkswirtschaftlichen Zielstellungen in konkrete Aufgaben mit langfristigem Charakter zu fassen. Der Schwerpunkt liegt hier in der richtigen Bestimmung der dynamischen Entwicklung grundlegender Verflechtungsbeziehungen im Zeitraum des langfristigen Planes. Sie werden auf der Grundlage volkswirtschaftlicher Orientierungen durch Ministerien und andere zentrale Staatsorgane ausgearbeitet.

c) Komplexe Aufgaben

Sie werden ausgearbeitet für bestimmte volkswirtschaftliche Komplexe, die von besonderer Bedeutung sind und einen hohen Verflechtungsgrad aufweisen. Dazu gehören Komplexe, die unmittelbar der besseren Bedürfnisbefriedigung der Menschen dienen, wie z. B. die Entwicklung sozialistischer Wohnverhältnisse, die Gesunderhaltung, die Befriedigung kultureller Bedürfnisse, Komplexe, die auf die Sicherung der Rohstoff-, Energie- und Werkstoffbasis gerichtet sind und Komplexe zur Intensivierung und Rationalisierung des Reproduktionsprozesses. Diese „komplexen Aufgaben“ werden von Arbeitsgruppen der Ministerien und anderer zentraler Staatsorgane sowie der Betriebe, Kombinate, VVB, Territorialorgane und wissenschaftlichen Einrichtungen ausgearbeitet. Die Ausarbeitung der „komplexen Aufgaben“ muß in enger Wechselbeziehung zu den anderen Bestandteilen der langfristigen Planung erfolgen.

Es ist zunächst nicht vorgesehen, daß jeder Betrieb, jedes Kombinat usw. einen eigenen komplexen langfristigen Plan ausarbeitet. Die Praxis zeigt jedoch, daß vor allem von Kombinaten und Großbetrieben an langfristigen Konzeptionen, Programmen u. ä. Materialien gearbeitet wird, weil diese für die zu treffenden langfristigen Entscheidungen insbesondere auf den Gebieten der Kaderentwicklung, von Wissenschaft und Technik, Investitionen unerläßlich war. Diese langfristigen Materialien stellen wichtige Grundlagen dar für die auszuarbeitenden Entwicklungsrichtungen und Proportionen der Zweige und die komplexen Aufgaben, wobei von diesen selbstverständlich auch Rückwirkungen ausgehen auf die langfristigen Vorstellungen der Kombinate und Betriebe. Die Räte der Bezirke haben auf der Grundlage volkswirtschaftlicher Orientierungen Vorstellungen zur Entwicklung der Standortverteilung der Produktivkräfte in ihrem Territorium, insbesondere zur Entwicklung der Bevölkerung und des gesellschaftlichen Arbeitsvermögens, der Produktionsstruktur und der Infrastruktur auszuarbeiten.

Die langfristige Planung erfordert eine Bilanzierung, die dem Charakter dieser Planung entsprechen muß. Es geht hierbei insbesondere um die Bilanzierung der Entwicklung der entscheidenden Verflechtungen des volkswirtschaftlichen Reproduktionsprozesses.

Der langfristige Plan wird nach Fünfjahrplanabschnitten untergliedert, die untereinander wesentliche Unterschiede aufweisen.

Der 1. Abschnitt für die Jahre 1976/80 wird hinsichtlich Inhalt und Kennziffern den Erfordernissen der Ausarbeitung des Fünfjahrplanes für diesen Zeitraum entsprechen. Seine Aufgaben werden nach Beschlußfassung verbindlich sein.

Der 2. Abschnitt 1981/85 wird nach einem gegenüber dem 1. Abschnitt vereinfachten Kennziffernsystem ausgearbeitet. Seine Aufgaben werden orientierenden Charakter haben.

Der 3. Abschnitt 1986/90 wird in noch größeren Umrissen ausgearbeitet. Es soll nur wenige Kennziffern enthalten, vor allem Aussagen zu qualitativen Veränderungen sowie entscheidenden wissenschaftlich-technischen Prognosen.

14. Die Länder des RGW verwirklichen schrittweise die *sozialistische ökonomische Integration*. Das begünstigt die Durchsetzung einer einheitlichen Zielstellung der RGW-Länder in der Wirtschaftspolitik und stellt hohe Anforderungen an die Leitung und Planung dieses Prozesses.

Das von der XXV. Tagung des Rates für Gegenseitige Wirtschaftshilfe angenommene Komplexprogramm für die weitere Vertiefung und Vervollkommnung der Zusammenarbeit und Entwicklung der sozialistischen ökonomischen Integration der Mitgliedländer des RGW enthält die Aufgaben, Methoden und Formen zur Verwirklichung der sozialistischen ökonomischen Integration in den nächsten 15 bis 20 Jahren. Damit liegt die kollektiv ausgearbeitete, einheitliche Grundlinie für die Zusammenarbeit der RGW-Länder für den genannten Zeitraum vor.

Das Ziel besteht darin, durch Ausschöpfung aller Potenzen der nationalen Wirtschaften und durch die allseitige Entwicklung der internationalen Zusammenarbeit ein hohes Entwicklungstempo und in diesem Zusammenhang schrittweise eine Annäherung der sozialistischen Volkswirtschaften der RGW-Länder zu erreichen.

Eine entscheidende Bedingung für die zielstrebige Verwirklichung der sozialistischen ökonomischen Integration ist die Festigung und Qualifizierung der Planmäßigkeit in den ökonomischen Beziehungen zwischen den RGW-Ländern. Davon werden Tempo und Qualität der angestrebten wirtschaftlichen Verflechtung in allen Phasen des Reproduktionsprozesses in hohem Maße beeinflußt.

Für die Zusammenarbeit der RGW-Länder auf dem Gebiet der Planung sind folgende Richtungen bestimmend:

- Ausarbeitung von Prognosen auf wichtigen Gebieten der Wirtschaft, Wissenschaft und Technik;
- Koordinierung der Pläne für eine längere Perspektive für wichtige Volkswirtschaftszweige und Produktionsarten;
- weitere Vervollkommnung der Koordinierung der Fünfjahres-Volkswirtschaftspläne;
- gemeinsame Planung einzelner Industriezweige und Produktionsarten durch die interessierten Länder;
- Erfahrungsaustausch der Mitgliedländer des RGW über die Vervollkommnung der Systeme der Planung und Leitung der Volkswirtschaft.

Die *Prognosearbeit der RGW-Länder* wird von der Aufgabe bestimmt, die wissenschaftlich-technische und ökonomische Entwicklung und dabei speziell die Richtungen der gegenseitigen Zusammenarbeit zu ermitteln und auf ihrer Grundlage das Perspektivprogramm für die langfristige Entwicklung dieser Länder einschließlich ihrer Zusammenarbeit aufzustellen sowie die Integrationsmaßnahmen mit der wirtschaftlichen Entwicklung jedes Landes enger zu verbinden. Dabei ist die gemeinsame Ausarbeitung von ökonomischen und wissenschaftlich-technischen Prognosen zu einzelnen Themen umfassender zu praktizieren. Die hauptsächlichen Themen für gemeinsame Prognosen sind durch Konkretisierung der im Komplexprogramm gestellten Aufgaben der Integration bei wichtigen volkswirtschaftlichen Problemen zu ermitteln.

Prognosen und andere konzeptionelle Materialien sind notwendige Ausgangspunkte für die Ausarbeitung einheitlicher Programme der RGW-Länder zur komplexen Lösung ausgewählter Probleme für einen längeren Zeitraum im Rahmen der langfristigen Planung (z. B. Brennstoff-Energieproblem:

von Ressourcen im RGW, neuen Energieträgern, Energieintensität/Produktionsstruktur, Produktionstechnologie, rationelles Beförderungssystem für Energieträger bis Zusammenarbeit mit Entwicklungsländern und dafür erforderliche Exportbasis im RGW). Das ist zugleich eine wichtige Voraussetzung für die erfolgreiche Tätigkeit des Komitees des RGW für die Zusammenarbeit auf dem Gebiet der Planungstätigkeit.

Zur Sicherung einer effektiveren Zusammenarbeit auf dem Gebiet der Planungstätigkeit zwischen den RGW-Ländern ist die *Ausarbeitung gemeinsamer Pläne* für die Entwicklung einzelner Volkswirtschaftszweige zu beschleunigen. Dabei geht es um eine tiefgreifende Spezialisierung und Kooperation in den wichtigsten Industriezweigen, die die Grundlage für den Zuwachs des gegenseitigen Warenaustausches bilden muß. Die hier zu lösenden Probleme betreffen das Profil der Zweige, die Beseitigung von ungerechtfertigtem Parallelismus, die Überwindung von Kleinserienproduktion und Hebung des technischen Niveaus, Produktionsaufnahme neuer und bisher defizitärer Erzeugnisse und müssen von der zentralen Wirtschaftsebene wie im RGW so auch in den Ländern gestellt werden.

Für die *Koordinierung der Fünfjahrpläne für 1976–1980* kommt es darauf an, den einheitlichen Prozeß von Planungsausarbeitung und internationaler Abstimmung so zu führen, daß die Integrationsmaßnahmen organischer Bestandteil der Hauptabschnitte der nationalen Volkswirtschaftspläne werden. Dabei ist neu gestellt die Inangriffnahme von Aufgaben, deren Lösungszeitraum längerfristig ist. Z. B. Schaffung einer leistungsfähigen Basis für den Kernenergiemaschinenbau einschließlich Koordinierung mit dem Entwicklungsplan für die Kernenergetik, Organisation einer großen Produktionsbasis zur Herstellung von technologischen Linien, Maschinensystemen und einzelnen Arten hochproduktiver Ausrüstungen für die Leicht- und Lebensmittelindustrie. Derartige Aufgaben sind nicht durch ausschließliche Koordinierung von Exporten und Importen zu bewältigen, sie verlangen die Koordinierung der Zusammenarbeit für alle Reproduktionsphasen von der gezielten Zusammenarbeit in Forschung und Entwicklung bis zur Durchdringung des gesamten technologischen Produktionszyklus vom Rohstoff bis zu den Fertigerzeugnissen, wobei Ausgangspunkt der Bedarf aller Mitgliedländer sein muß. Die Fünfjahrplankoordinierung darf nicht mehr neben der Koordinierung der wissenschaftlich-technischen Zusammenarbeit stehen, sie muß die Einheit von ökonomischer und wissenschaftlich-technischer Entwicklung widerspiegeln und sichern.

Bei der schrittweisen, aber kontinuierlichen Lösung der jetzt in Angriff zu nehmenden längerfristigen Aufgaben sind auch Überlegungen hinsichtlich Bildung internationaler spezialisierter Vereinigungen für die Produktion bestimmter Ausrüstungen anzustellen, die Möglichkeiten für gemeinsame

Anstrengungen beim Bau bestimmter Betriebe zu prüfen, die die Ausnutzung der Internationalen Investitionsbank erhöhen.

Die umfassendere Anwendung von Formen und Methoden der Konzentration der Produktion auf internationaler Grundlage, die der Natur der sozialistischen Planwirtschaft entsprechen, kann für die Erweiterung der Praxis der *gemeinsamen Planung* als Grundlage gesehen werden. Die Hauptrichtung hierfür wird in der Vervollkommnung der Tätigkeit der bestehenden internationalen Organisationen und in deren Perspektive zu einem einheitlichen Organismus mit gemeinsamem Plan der Produktionskooperation für alle zugehörigen Betriebe der beteiligten Länder gesehen.

Für die Lösung aller Aufgaben bei der Verwirklichung der Integration aufdem Gebiet der Planungstätigkeit ist die schrittweise *Angleichung der nationalen Systeme der Leitung und Planung* eine notwendige Entwicklungsbedingung. Die zwischen den RGW-Ländern erforderliche Übereinstimmung in den grundsätzlichen Fragen der Gestaltung der Planungssysteme ist einerseits Erfordernis und Ausdruck des Wirkens gleicher ökonomischer Gesetze innerhalb dieser Länder und ihrer zunehmenden Wirkung im RGW-Maßstab. So erfordert die zunehmende Ausrichtung der RGW-Arbeit auf die vorbereitenden Planungsetappen (Prognose, langfristige Programme) eine dem angemessene Gestaltung der volkswirtschaftlichen Planung. Die zunehmende Annäherung zwischen nationalen Planungsarbeiten und internationaler Zusammenarbeit macht eine inhaltliche und zeitliche Übereinstimmung der wichtigsten Arbeitsetappen im Planungsprozeß notwendig.

Die internationalen Arbeiten auf dem Planungsgebiet sind so in den nationalen Planungsprozeß einzuordnen, daß die jeweiligen Ergebnisse aus der internationalen Zusammenarbeit den Verbindlichkeitsgrad haben, der für den stufenweisen Entscheidungsprozeß bei der Ausarbeitung der nationalen Pläne erforderlich ist. Das ist eine Voraussetzung für die vollständige Überleitung der Ergebnisse aus den jeweiligen Etappen der internationalen planerischen Zusammenarbeit in den einheitlichen Prozeß des Zusammenwirkens aller Ebenen bei der Aufstellung der Pläne im Rahmen der jeweiligen Volkswirtschaft.

Die internationale Zusammenarbeit auf dem Gebiet der Planung ist für jedes Land ein Prozeß zur inhaltlichen Sicherung und Fundierung nationaler Vorstellungen für die weitere volkswirtschaftliche Entwicklung und zu deren Einbeziehung in die internationale sozialistische Arbeitsteilung. Dieses Ziel bestimmt den gesamten Planungsprozeß von der Prognose bis zur Durchführung der Jahresvolkswirtschaftspläne. Die Tendenz einer immer weitergehenden Annäherung zwischen innerer Planung und internationaler Planungszusammenarbeit im Rahmen eines einheitlichen Planungsprozesses bezieht sich deshalb auf alle Etappen der Planung.

Die internationale Plankoordinierung mit der UdSSR und den anderen RGW-Ländern ist eïn permanenter Prozeß und keine einmalige Etappe bei der Aufstellung der nationalen Pläne. Dieser permanente Koordinierungsprozeß schließt natürlich ein, daß es verschiedene Koordinierungsetappen gibt, die jeweils dann enden, wenn solche verbindlichen Festlegungen mit den RGW-Partnerländern getroffen worden sind, die für die Fundierung der staatlichen Entscheidung in der entsprechenden Etappe des nationalen Planungsprozesses notwendig und ausreichend sind.

Die zunehmende Vertiefung der Zusammenarbeit auf dem Gebiet der Planung bedingt auch eine höhere Bedeutung von Nomenklaturen und Bilanzen und deren gegenseitige Paßfähigkeit, Umsetzbarkeit von internationalen Verträgen in Dokumente der Volkswirtschaftsplanung, Adressierbarkeit aus der internationalen Ebene in die Leitungsebenen der Volkswirtschaft und umgekehrt.

IV. Die Sicherung der Proportionalität der Volkswirtschaft — ein Grunderfordernis der weiteren Vervollkommnung der Planung

15. Im Sozialismus sind die Voraussetzungen zur Sicherung einer ständigen proportionalen Entwicklung der Volkswirtschaft gegeben. Proportionalität der volkswirtschaftlichen Entwicklung ist eine Gesetzmäßigkeit sozialistischer Produktionsverhältnisse.

Im Sozialismus setzt sich die Proportionalität nicht wie im Kapitalismus in Form eines ständigen Prozesses von Disproportionen zu Lasten der Arbeiterklasse und der anderen werktätigen Schichten durch, sondern die Proportionalität wird planmäßig, im gesamtgesellschaftlichen Maßstab, im Interesse der Werktätigen und im Maße der immer besseren Beherrschung dieses Prozesses mit volkswirtschaftlich hoher Effektivität hergestellt.

Die richtige Bestimmung der Grunderfordernisse der Proportionalität der Volkswirtschaft ist entscheidend für die bewußte Ausnutzung insbesondere des ökonomischen Grundgesetzes und des Gesetzes der planmäßigen proportionalen Entwicklung der Volkswirtschaft. Zu den Grunderfordernissen gehören:

Die Proportionalität der Volkswirtschaft wird bestimmt durch die politische und ökonomische Zielstellung der Partei für die jeweilige Etappe der wirtschaftspolitischen Entwicklung. Die Proportionalität ist dementsprechend ausgehend von den Erfordernissen des ökonomischen Grundgesetzes auf die Realisierung der Hauptaufgabe gerichtet.[18]

[18] Vgl. E. Honecker, Das Volk der DDR . . ., a. a. O., S. 25ff.

Proportionalität bedeutet nicht Aufrechterhaltung der sich herausgebildeten Proportionen, sondern schließt unter den Bedingungen der wissenschaftlich-technischen Revolution und der zunehmenden sozialistischen ökonomischen Integration die Entwicklung der Proportionen und Strukturen der Volkswirtschaft ein. Insbesondere ist die Weiterentwicklung der Produktionsstruktur im Rahmen einer gesamtvolkswirtschaftlich gesicherten Proportionalität und der abgestimmten Weiterentwicklung der internationalen Arbeitsteilung im Rahmen des RGW ein entscheidender Faktor der Effektivitätsentwicklung der Volkswirtschaft.[19]

Unter den Bedingungen der sozialistischen ökonomischen Integration wird die Proportionalität der Volkswirtschaft der DDR in zunehmendem Maße von der Weiterentwicklung der internationalen Arbeitsteilung zwischen den Ländern des RGW und der ökonomischen Entwicklung in diesen Ländern beeinflußt. Umgekehrt hat die ökonomische Entwicklung in unserer Volkswirtschaft die qualitative, quantitative und terminliche Einhaltung der eingegangenen Verpflichtung gegenüber anderen sozialistischen Ländern einen ständig wachsenden Einfluß auf die Volkswirtschaft dieser Länder.

Sicherung der Proportionalität bedeutet nicht nur Proportionalität in wichtigen makroökonomischen bzw. Grundproportionen der Volkswirtschaft, sondern schließt Proportionalität in der Vielzahl von Detailproportionen in der Volkswirtschaft ein einschließlich territorialer Proportionen, die sich im Zuge der weiteren Vertiefung der gesellschaftlichen Arbeitsteilung vermehren.

Die Proportionalität wird nicht nur in der Phase der Planausarbeitung gesichert. Die Kontinuität des Reproduktionsprozesses, die Plandurchführung, die Planerfüllung und die hierauf wirkenden Faktoren haben entscheidenden Einfluß auf die Sicherung der Proportionalität der Volkswirtschaft.

Die Proportionalität kann nicht nur für einen kurzen Zeitraum oder gar zeitpunktbezogen betrachtet werden, sondern muß immer als Einheit von Proportionen der laufenden Reproduktionsperiode und künftigen Proportionserfordernissen realisiert werden.

Die Proportionalität bezieht sich nicht nur auf Zuwachsgrößen, sondern muß den existierenden Naturalreichtum einschließen.

Unter den Bedingungen sozialistischer Warenproduktion erfordert Proportionalität der Volkswirtschaft die Einheit von materiellen und finanziellen Proportionen. Für die Sicherung der Proportionalität des volkswirtschaftlichen Reproduktionsprozesses in seiner konkreten gebrauchswertmäßigen Form ist unter den Bedingungen der sozialistischen Warenproduktion und

[19] Ebenda, S. 27.

der damit verbundenen objektiven Existenz von Wertkategorien die Verwirklichung der Einheit von Gebrauchswert und Wert von großer Bedeutung.[20]

Die Sicherung der planmäßigen proportionalen Entwicklung der Volkswirtschaft bedeutet gegenwärtig für die DDR die Lösung folgender Aufgaben:

a) Die zielstrebige Schaffung solcher volkswirtschaftlichen Proportionen und Strukturen, die voll auf die Realisierung der vom VIII. Parteitag beschlossenen Hauptaufgabe gerichtet sind. Die Proportionalität der Volkswirtschaft und der Zweige muß von einer koordinierten gesamtgesellschaftlichen Zielstellung heraus vorgenommen werden. Konkret heißt das:

– Die Proportionen müssen in ihrer Gesamtheit so gestaltet sein, daß sie der Durchführung der Hauptaufgabe (damit den Erfordernissen des ökonomischen Grundgesetzes des Sozialismus) voll Rechnung tragen.
  Das bedeutet, daß sie auf die Befriedigung der Bedürfnisse der Menschen, auf die Befriedigung des Bedarfs an Konsumgüter und Dienstleistungen, davon abgeleitet auf die entsprechende Entwicklung von Produktionsmitteln sowie auf die allseitige Intensivierung des gesellschaftlichen Reproduktionsprozesses gerichtet sind.
– Die Proportionen müssen die volle Ausnutzung der volkswirtschaftlichen Ressourcen gewährleisten.
– Die Proportionen müssen so gestaltet sein, daß die Vorleistungen für die Zukunft so hoch sind, daß eine kontinuierliche Entwicklung der Volkswirtschaft für die nächsten Jahre gesichert ist und zugleich nicht ungerechtfertigte Vorbelastungen (Vorgriffe auf die Zukunft) vorgenommen werden.
– Die Proportionen müssen ein solches Maß an Reserven und Disponibilität enthalten, daß normale Störungen ohne Auswirkungen auf die Volkswirtschaft und ohne Effektivitätsverluste abgefangen werden können.

b) Die konsequente Beachtung sozialökonomischer Aspekte bei der inhaltlichen Gestaltung der Proportionen und Strukturen der Volkswirtschaft. Das erfordert vor allem:

– Sicherung der Reproduktion der Arbeitskräfte entsprechend den sozialistischen Möglichkeiten und Bedingungen und den Erfordernissen der wissenschaftlich-technischen Revolution, was Veränderungen im Inhalt der Arbeit, die ständige Qualifizierung der Werktätigen usw. einschließt.
– Ständige Vervollkommnung der Arbeits- und Lebensbedingungen durch schrittweise Beseitigung körperlich schwerer und gesundheitsschädigender Arbeitsprozesse, Sicherung normaler und Beseitigung gesundheitsschädigender Umweltbedingungen usw.

[20] Vgl. hierzu auch Abschnitt V. zur Einheit von materieller und finanzieller Planung.

– Richtige Proportionierung in der Einkommensentwicklung nach Klassen, Schichten, Territorien usw. mit dem Ziel der Erhöhung des Anteils der Einkommen der unmittelbar in der Produktion Tätigen. Das ist eine politische Grundanforderung an die Proportionalität.
– Richtige Proportionierung zwischen Kauffonds und Warenfonds sowohl hinsichtlich der sozialen Schichtung des Kauffonds als auch hinsichtlich der gebrauchswertmäßigen, sortimentsgerechten Zusammensetzung des Warenfonds unter Berücksichtigung des Dienstleistungsbereichs.
– Richtige Gestaltung der Produktions-, Leistungs- und Einkommensentwicklung.
– Richtige Proportionierung zwischen produktivem und nichtproduktivem Bereich sowie zwischen gesellschaftlicher und individueller Konsumtion.

c) Die besondere Beachtung bestimmter Proportionen bei der Planung, Plandurchführung und Kontrolle. Obwohl es darum geht, ständig makro- und mikroökonomisch die Proportionalität zu sichern, muß in der Gegenwart bestimmten Proportionen besondere Aufmerksamkeit gewidnet werden. Hierzu gehören:

Proportionen, die gegenwärtig gestört sind,
Proportionen, die gegenwärtig stark angespannt sind,
Proportionen, die einen Entwicklungstrend aufweisen, der nicht mit der Hauptaufgabe in Übereinstimmung steht,
Das betrifft auch
Proportionen, die bisher unzureichend erkannt bzw. beachtet wurden.

d) Schrittweise Überwindung zeitweiliger Disproportionen und Verhinderung neuer Disproportionen.

17. Zur planmäßigen Sicherung der volkswirtschaftlichen Proportionalität sind eine Reihe Maßnahmen zur Vervollkommnung der Planung notwendig. Hierzu gehören vor allem:

a) Die Untersuchung der Gesetzmäßigkeiten in der Entwicklung bestimmter Proportionen und Strukturen ausgehend von der Entwicklung der materiellen und kulturellen Bedürfnisse der Menschen in der entwickelten sozialistischen Gesellschaft und unter den Bedingungen der wissenschaftlich-technischen Revolution und der zunehmenden sozialistischen ökonomischen Integration.

Das schließt ein die Ermittlung von Grenzwerten, die Untersuchung der die Dynamik der Proportionen und Strukturen beeinflussenden Faktoren und Prozesse, die Beeinflußbarkeit und Determiniertheit bestimmter Proportionen und Strukturen usw.

b) Die Durchsetzung der sozialen Ausbilanziertheit des Planes in Auswertung der sowjetischen Erfahrungen. Dabei gehr es vor allem um
– die komplexe Bilanzierung der Lebensbedingungen (Warenfonds, Kauffonds, Dienstleistungen, Tourismus, Umweltschutz, Wohnungsbau, u. a.), aus-

gehend von der Entwicklung der materiellen und kulturellen Bedürfnisse der Menschen,
- die Berücksichtigung der sozialen Zusammensetzung der Bevölkerung im Bilanzierungsprozeß,
- die Weiterentwicklung der Bilanzierung der Geldeinnahmen und -ausgaben der Bevölkerung, der Bilanzierung der Dienstleistungen, des Tourismus u. a.

c) Es muß eine höhere Qualität der Bilanzbegründung erreicht werden. Hierzu gehören:
- Verstärkte Anwendung fortschrittlicher, technisch-ökonomischer Normative des Materialverbrauchs, des Arbeitsaufwandes, des Grundmitteleinsatzes.
- Exaktere Bedarfsrechnungen, dabei stufenweiser Aufbau eines Systems von materiellen Aufwands-Ausstattungs- und Bedarfskoeffizienten zur Begründung des Bedarfs/Einsatz von Ressourcen.
- Sicherung, daß den Bilanzbegründungen sowohl aufwands- als auch ergebnisseitig Effektivitätsrechnungen zugrunde liegen.
- Ausarbeitung und Einführung zweigspezifischer Effektivitätsnormative der Investition einschließlich der Kennziffer Rückflußdauer mit den notwendigen Differenzierungen für Erweiterungsinvestitionen und Rationalisierungsinvestitionen.
- Fixierung eines verbindlichen Algorithmus der Bilanzbegründung.

d) Die Verflechtung des Reproduktionsprozesses ist bilanzseitig besser zu beherrschen. Das erfordert
- die verstärkte Anwendung der Verflechtungsbilanzierung,
- die Vervollkommnung der Bilanzkopplungen zwischen den einzelnen Elementen des Reproduktionsprozesses, insbesondere zwischen solchen Elementen wie Arbeitskräfte und Grundfonds/Investitionen, Forschung und Entwicklung und Grundfonds/Investitionen usw.,
- die Sicherung der Verbindung der Verflechtungsbilanzierung mit der Material-, Ausrüstungs- und Konsumgüterbilanzierung durch eine entsprechende Nomenklaturgestaltung,
- die bessere Beherrschung der Beziehungen zwischen makro-ökonomischen Proportionen und den Detailproportionen,
- Sicherung der Einheit von zweiglicher und territorialer Entwicklung.

V. Zur Einheit von materieller und finanzieller Planung

18. Die Sicherung der Einheit von materieller und finanzieller Planung ist von grundlegender Bedeutung für die Wirksamkeit der sozialistischen Planung insgesamt. Die Partei hat deshalb auf dem VIII. Parteitag die Aufmerksamkeit auf diese Problematik gelenkt und die Forderungen erhoben,

„die Einheit zwischen materieller und finanzieller Planung besser zu gewährleisten.“ Die Einheit von materieller und finanzieller Planung ist eine sehr komplexe und komplizierte Problematik. Sie berührt Grundfragen der politischen Ökonomie, der Volkswirtschaftsplanung und sozialistischen Betriebswirtschaft, wie z. B. die Wirkung des Wertgesetzes unter sozialistischen Bedingungen und seine Beziehungen zu anderen ökonomischen Gesetzen, in erster Linie dem Gesetz der planmäßigen proportionalen Entwicklung der Volkswirtschaft, Fragen der Wertmodifikation im Sozialismus und der Bestimmung des gesellschaftlich notwendigen Arbeitsaufwandes, der Preisgestaltung, der Messung der Effektivität der gesellschaftlichen Arbeit, der Übereinstimmung von Waren- und Geldfondsentwicklung, die Einheit von bedarfsgerechter Produktion und wirtschaftlicher Rechnungsführung, die Stabilität der Staatsfinanzen und des Geldumlaufes u. a. m. Zu diesen Problemen wird sowohl national als auch international, vor allem in der Sowjetunion, ein intensiver Meinungsstreit geführt, und es treten gegenwärtig auch in der Wirtschaftspraxis in dieser Beziehung noch eine Reihe offener und ungelöster Fragen bzw. Widersprüche auf.[21]

Unter dem Aspekt der Volkswirtschaftsplanung äußert sich das Problem der Einheit von materieller und finanzieller Planung in drei Fragenkomplexen zwischen denen sehr enge Beziehungen bestehen:

- die reale Widerspiegelung der tatsächlichen gebrauchswertmäßigen Aufwendungen und Ergebnisse in entsprechenden Wertkategorien, was vor allem Fragen der richtigen Preisbildung und Bewertung volkswirtschaftlicher Ressourcen berührt;
- die Sicherung der Einheit von (materieller) Planung und wirtschaftlicher Rechnungsführung (einschließlich der ökonomischen Stimulierung) – hierin ist eingeschlossen die Umsetzung gesamtgesellschaftlicher Erfordernisse in entsprechende Planaufgaben für die VVB, Kombinate, Betriebe und Territorien und die volle Ausrichtung der wirtschaftlichen Rechnungsführung auf eine hohe Effektivität einer bedarfsgerechten Produktion;
- die Übereinstimmung von Waren- und Geldfondsbewegung in der Volkswirtschaft, was die Stabilität der Staatsfinanzen und Währung beinhaltet.

19. Die Notwendigkeit der Einheit von materieller und finanzieller Planung ergibt sich objektiv aus dem Charakter der sozialistischen Produktion als Warenproduktion. Dabei unterscheidet sich die sozialistische Warenproduktion prinzipiell von der kapitalistischen. Sie ist planmäßige, gesamtvolkswirtschaftlich organisierte Warenproduktion von Ausbeutung befreiter Produzenten mit dem Ziel der immer besseren Befriedigung der materiellen und kulturellen Bedürfnisse der Menschen.

[21] Vgl. E. Honecker, Das Volk der DDR . . ., a. a. O., S. 29.

Unter den Bedingungen der sozialistischen Warenproduktion haben die Produkte einen Doppelcharakter. Sie sind dialektische Einheit von Gebrauchswert und Wert. Der gesellschaftliche Reproduktionsprozeß, dessen bestimmendes Merkmal unter sozialistischen Bedingungen die Planmäßigkeit ist, ist deshalb stets Einheit von Arbeits- und Wertbildungsprozeß und vollzieht sich unter Ausnutzung von Ware-Geld-Beziehungen.

Zwischen der Planung und der Ausnutzung von Wertkategorien bestehen unter sozialistischen Bedingungen folgende Beziehungen:

a) Das bestimmende Charakteristikum für die Leitung der sozialistischen Wirtschaft ist die Planung. Unter sozialistischen Bedingungen können die Wertkategorien deshalb nicht der Planung übergeordnet oder von dieser isoliert werden. Das widerspricht den ökonomischen Gesetzen und würde letzten Endes die Rolle der zentralen staatlichen Planung und des sozialistischen Staates überhaupt untergraben und auf eine Regulierung der Produktion durch den Markt hinauslaufen.

b) Die sozialistische Planung muß den gesellschaftlichen Reproduktionsprozeß als Einheit von Gebrauchswert und Wert, von Arbeits- und Wertbildungsprozeß erfassen und lenken. Das erfordert, daß die sozialistische Planung gebrauchswertmäßig naturale und wertmäßige Planung zugleich ist. Die Planung beruht auf der bewußten Ausnutzung der gebrauchswertmäßigen Kategorien und der Wertkategorien, die in die Planung voll integriert sind.

c) Die volle Einbeziehung der Gebrauchswertkategorien in die Planung darf nicht zu einer Vernachlässigung der Wertkategorien, zu einer Reduzierung auf eine untergeordnete Funktion im Prozeß der Leitung und Planung führen. Gebrauchswert und Wert bilden unter sozialistischen Produktionsverhältnissen eine dialektische Einheit, die es prinzipiell bei der Leitung und Planung der Volkswirtschaft auf allen Ebenen bewußt auszunutzen gilt. Eine Vernachlässigung dieser dialektischen Einheit beeinträchtigt die Ermittlung und Realisierung der effektivsten volkswirtschaftlichen Entwicklung, stört die Proportionalität des gesellschaftlichen Reproduktionsprozesses und die Sicherung einer bedarfsgerechten Versorgung der Menschen mit Gütern und Leistungen und kann auch die Stabilität der Währung beeinflussen.

Ausgehend von diesen Prämissen ergeben sich für die dialektische Einheit von materieller Planung, die als Einheit von Gebrauchswert- und Wertplanung verstanden wird (die materielle Planung beinhaltet sowohl die Planung von Erzeugnissen, Ressourcen usw. in ihrer gebrauchswertmäßigen als auch in ihrer wertmäßigen Form)[22] und finanzieller Planung, die die Entwicklung

[22] In der Literatur wird die materielle Planung teilweise auch mit der gebrauchswertmäßigen Planung identifiziert. Man spricht dann von der Einheit von materieller, wertmäßiger und finanzieller Planung, Das ändert aber nicht an der Problematik.

der Geldbeziehungen und Geldfonds in der Volkswirtschaft zum Inhalt hat, folgende Schlußfolgerungen:

a) Die materielle Planung ist die Grundlage für die Entwicklung der Geldbeziehungen und Geldfonds in der Volkswirtschaft, wobei Ausgangspunkt der materiellen Planung in ihrer Einheit von Gebrauchswert und Wert der Bedarf der Bevölkerung an Konsumtionsmitteln und Dienstleistungen und davon abgeleitet der Bedarf an Produktionsmitteln ist.

b) Die Entwicklung der Geldbeziehungen und Geldfonds beeinflußt umgekehrt maßgeblich die materielle Struktur des gesellschaftlichen Reproduktionsprozesses und damit die materielle Planung. Eine bestimmte Entwicklung der Einkommen ruft eine davon abhängige Entwicklung der gebrauchswertmäßigen Nachfragestruktur hervor.

c) Die materielle und die finanzielle Planung sind unmittelbar durch Wertkategorien (Preise, Einkommen, Kurse usw.) verbunden. Die Wertkategorien beeinflussen einerseits unmittelbar die wertmäßige Seite der materiellen Planung, andererseits bestimmen sie maßgeblich die Geldbeziehungen und Geldfonds in der Volkswirtschaft und damit die finanzielle Planung.

d) Zwischen der gebrauchswertmäßigen Entwicklung des Reproduktionsprozesses, den Wertkategorien sowie der Entwicklung der Geldfonds in der Volkswirtschaft bestehen dialektische Beziehungen der Gestalt, daß Veränderungen in einer der drei Komponenten objektiv mehr oder weniger Auswirkungen auf die anderen haben. Das ergibt sich folgerichtig aus der Einheit von Gebrauchswert und Wert. Letzten Endes bedeutet dies, daß Veränderungen in der gebrauchswertmäßigen Planung zu Konsequenzen in der Industriepreisbildung (was nicht mit der Anwendung eines Preisregelmechanismus identifiziert werden darf) und in den Geldfonds der Volkswirtschaft führen müssen. Preisveränderungen haben wiederum Einfluß auf die gebrauchswertmäßige Entwicklung des Reproduktionsprozesses sowie auf die Geldfonds, und Veränderungen in den Geldfonds führen zu Rückwirkungen auf die gebrauchswertmäßige Struktur des gesellschaftlichen Gesamtprodukts.

20. Trotz Fortschritten in der Beherrschung der dialektischen Einheit von Gebrauchswert und Wert, von Ware und Geld, von materieller und finanzieller Planung im konkreten Planungsprozeß in den letzten Jahren, treten gegenwärtig in der Praxis noch Widersprüche auf, die die Frage nach der Konzeption für die Lösung dieser Problematik aufwerfen.

Einen theoretischen Ansatz liefert hier die sogenannte „Optimalplankonzeption“, die mit den Arbeiten der sowjetischen Wissenschaftler Kantorowitsch, Nowoshilow, Nemtschinow, Fedorenko u. a. verbunden ist. Diese Konzeption geht von den Eigenschaften mathematischer Optimierungsrechnungen aus, „in einem Zug“ zwei Aufgaben zu lösen, deren Ergebnisse inhaltlich miteinander verbunden sind. Diese Eigenschaften werden für die Lösung des Problems der Einheit von gebrauchswertmäßiger und wertmäßiger Planung genutzt. Dieser Konzeption werden sowohl in der Sowjetunion als auch in der DDR ernsthafte Bedenken entgegengestellt. Der wissenschaftliche Meinungsstreit darüber kann nicht als abgeschlossen betrachtet werden.

Für eine absehbare Zeit bietet diese Konzeption, unabhängig von theoretischen Bedenken, aufgrund unüberwindlicher praktischer Schwierigkeiten in der Beherrschung solcher Optimierungsmodelle und der Bereitstellung der entsprechenden Informationen keine Lösung des Problems.

Es ist für die nächste Zeit notwendig. Näherungsschritte zu geben, mit denen die gebrauchswertmäßige Planung mit der Preisentwicklung und der Entwicklung der Geldfonds in der Volkswirtschaft besser koordiniert und die Einheit von materieller und finanzieller Planung auf ständig höherem Niveau verwirklicht wird.

Dazu werden vor allem folgende Maßnahmen notwendig sein, wobei erste Schritte in dieser Richtung bereits eingeleitet sind:

a) Die weitere Vervollkommnung der Koordinierung der materiellen Entwicklung, der Preisentwicklung und der Entwicklung der Geldfonds.

Die proportionale Entwicklung des gesamtgesellschaftlichen Reproduktionsprozesses schließt die proportionale Entwicklung von materieller Fondsbewegung und Bewegung der Geldfonds ein.

Die materielle Struktur des gesellschaftlichen Gesamtprodukts muß der Verteilung und Umverteilung der Geldfonds in der Volkswirtschaft entsprechen, wobei hier Rückkopplungen vorhanden sind. Das ist eine wichtige Voraussetzung dafür, daß die Geldfonds in der Volkswirtschaft z. B. in Form der Einkommen der Bürger, der Geldfonds der Betriebe, der Haushaltzuführungen, Kredite usw. gebrauchswertmäßig bedarfsgerecht realisiert werden können. Hieraus ergibt sich die Notwendigkeit, die Finanz- und Preisbilanzen organisch mit den materiellen Bilanzen zu verbinden und die Proportionalität bzw. Bilanziertheit von Kauf- und Warenfonds, von materiellen Investitionen und Umlaufmittelerhöhungen mit den entsprechenden Geldfonds zu ihrer Finanzierung usw. zu gewährleisten. Dabei ist, ausgehend insbesondere von der finanziellen Bilanzierung, eine aktive Einflußnahme auf die Effektivität der materiellen Entwicklung und Proportionen auszuüben.

Im Zusammenhang mit der besseren Koordinierung von materieller und finanzieller Planung ist die Frage der Preisbasis des Planes und der Zeitpunkt der Preisveränderungen neu zu durchdenken.

In Auswertung sowjetischer Erfahrungen sollten die Arbeiten zur Entwicklung und Anwendung einer „Natural-Wert-Verflechtungsbilanz" zielstrebig fortgesetzt werden, mit der die materielle Verflechtung des gesellschaftlichen Reproduktionsprozesses mit der finanziellen Entwicklung unter Ausnutzung der aktiven Einflußnahme der Finanzen besser koordiniert werden kann.

Auf der Grundlage einer volkswirtschaftlich materiell und finanziell bilanzierten Entwicklung einschließlich der entsprechenden Entwicklung der Preise sind Planaufgaben an die Ministerien, VVB, Kombinate und Betriebe abzuleiten, mit denen die Einheit von gebrauchswertmäßiger Entwicklung des Reproduktionsprozesses, der Entwicklung der Preise und finanziellen Fonds in hoher Qualität gewährleistet wird.

b) Die Weiterentwicklung der planmäßigen Preisbildung.[23] Grundlage der Preisbildung ist der gesellschaftlich notwendige Arbeitsaufwand. Ausgehend vom gegenwärtig vorhandenen Preissystem besteht die Grundrichtung der Weiterentwicklung der Preisbildung in der Vervollkommnung des fondsbezogenen Preistyps. Schwerpunkte bilden hierbei

– die Bestimmung der gesellschaftlich notwendigen Selbstkosten,
– die Bestimmung der gesellschaftlich notwendigen Fonds als Bezugsbasis für die Berechnung des Reineinkommens,
– die Berücksichtigung des Gebrauchswertes in der Preisbildung.

Zur Bestimmung der gesellschaftlich notwendigen Selbstkosten sind technisch und ökonomisch begründete Normative anzuwenden und betriebsindividuelle, gesellschaftlich nicht notwendige Aufwandselemente zu eliminieren.

Im Zusammenhang mit der Bestimmung der gesellschaftlich notwendigen Fonds und der Berechnung des Reineinkommens wird gegenwärtig diskutiert, die Bezugsbasis durch die Einbeziehung eines Arbeitskräfte- bzw. Bildungsfonds evtl. noch nach weiteren Gesichtspunkten zu differenzieren. Die Diskussion darüber ist noch nicht abgeschlossen.

Inwieweit der Gebrauchswert bzw. Gebrauchseigenschaften künftig einen bestimmenderen Einfluß in der Preisbildung einnehmen, ist ebenfalls noch ein in Diskussion befindliches Problem. Da auch in Zukunft Preise nach der Parametermethode gebildet werden, wird zumindest in diesem Umfang der Gebrauchswert unmittelbaren Einfluß auf die Preisbildung haben.

c) Die weitere Vervollkommnung der wirtschaftlichen Rechnungsführung. Die wirtschaftliche Rechnungsführung ist so zu vervollkommnen, „daß die Betriebe dann den höchsten Gewinn erzielen und ihre Fonds erhöhen können, wenn ihre Erzeugnisse und Leistungen den wirtschaftlichen Erfordernissen in Menge, Sortiment, Qualität und Kosten entsprechen“[24], d. h. durch die wirtschaftliche Rechnungsführung ist eine hohe Effektivität einer bedarfs-

[23] Die folgenden Ausführungen beziehen sich nicht auf die Endverbraucherpreise von Konsumgütern und Dienstleistungen.

[24] W. Stoph, Bericht zur Direktive des VIII. Parteitages der SED zum Fünfjahrplan für die Entwicklung der Volkswirtschaft der DDR in den Jahren 1971–1975, Berlin 1971, S. 31.

gerechten Produktion zu sichern. Eine Erhöhung des Gewinns muß Ausdruck eines gleichermaßen hohen Beitrages für die Befriedigung des Bedarfs und die Steigerung der volkswirtschaftlichen Effektivität sein. Zwischen bedarfsgerechter Produktio nund Gewinnerwirtschaftung, zwischen betrieblicher und volkswirtschaftlicher Effektivität dürfen keine Widersprüche entstehen. Das stellt hohe Anforderungen an die wirtschaftliche Rechnungsführung und die Gestaltung der ihr zugrunde liegenden Wertkategorien, speziell an die Preisbildung, die nur schrittweise realisiert werden können.

Als nächste Schritte werden auf diesem Gebiet notwendig:

– die weitere Vervollkommnung der Planung der Selbstkosten und der Selbstkostensenkung als Hauptquelle zur Steigerung des Gewinns,
– die Vervollkommnung der Planung des Gewinns, indem künftig die Planung der Produktion nach bedarfsgerechten Sortimenten den Ausgangspunkt für die Planung des Gewinns bildet,
– die weitere Vervollkommnung der Leistungsbewertung der Betriebe durch die Schaffung eines entsprechenden Kennziffernsystems, das die tatsächliche Leistung der Betriebe in einer bedarfsgerechten Produktion und Erhöhung der Effektivität der gesellschaftlichen Arbeit real widerspiegelt.

2. Einführende Bemerkungen

Prof. Dr. Horst Steeger

Einführende Bemerkungen zur 4. Tagung des Wissenschaftlichen Rates für die wirtschaftswissenschaftliche Forschung

Das Thema der heutigen Tagung des Wissenschaftlichen Rates, das sich mit „theoretischen und praktischen Problemen der weiteren Vervollkommnung der Planung der Volkswirtschaft entsprecend den Beschlüssen des VIII. Parteitages der SED“ beschäftigt, ist in mehrfacher Hinsicht außerordentlich aktuell.

Die Festigung der sozialistischen Planwirtschaft, die Erhöhung der Autorität des Planes, der Kampf um hohe Planqualität und eine gezielte Planübererfüllung sowie die immer bessere Beherrschung der sozialistischen Planung als Herzstück der Leitung der Volkswirtschaft haben einen hohen Rang in der Gesamtpolitik von Partei und Regierung, was erneut seine Bestätigung durch die 8. Tagung des ZK der SED fand. Man kann ohne Übertreibung sagen, daß das Jahr 1973 ein entscheidendes Jahr bei der weiteren Vervollkommnung der Planung in der Deutschen Demokratischen Republik ist. Deshalb ist es gut, daß sich der Wissenschaftliche Rat für wirtschaftswissenschaftliche Forschung gleich zu Beginn des Jahres mit dieser theoretisch und praktisch außerordentlich bedeutsamen Aufgabenstellung der Wirtschaftspolitik der Sozialistischen Einheitspartei Deutschlands beschäftigt.

Die Aktualität unserer heutigen Tagung ergibt sich im wesentlichen aus vier Aspekten. Sie ergibt sich erstens aus der Tatsache, daß 1973 das Jahr ist, in dem wir in der Volkswirtschaft der DDR den Hauptschritt in der Realisierung der Parteitagsdirektive zum Fünfjahrplan tun müssen. Das gilt vor allem für die Leistungskennziffern, insbesondere für die Arbeitsproduktivität und Effektivität. Dementsprechend ist der Plan 1973 ein Plan der forcierten Leistungsentwicklung, was hohe Anforderungen an die Planung und Bilanzierung auf allen Ebenen der Volkswirtschaft gestellt hat und weiter stellt. Im Kern geht es darum, daß die Planung mit der Initiative der Werktätigen Schritt hält; mehr noch, daß sie alle Bedingungen für die allseitige Entfaltung der großen Initiativbewegung der Werktätigen der DDR zur Übererfüllung des Planes 1973 schafft. Die Ausarbeitung des Planes 1973 und der Kampf um seine Erfüllung und, man kann jetzt sagen, die gute Planerfüllung im

Januar 1973 und der gute Plananlauf zeigen die Früchte der schrittweisen Umsetzung der Linie des VIII. Parteitages der SED auf dem Gebiet der Planung und wirtschaftlichen Rechnungsführung. Sie vermitteln zugleich vielfältige Erfahrungen für die weitere Vervollkommnung der Planung. Zu diesen Erfahrungen gehören insbesondere die stimulierende Wirkung der Hauptaufgabe auf die Initiative der Werktätigen und das Wirtschaftswachstum unserer Volkswirtschaft, die Erhöhung der Autorität sozialistischer Planwirtschaft durch die Ausarbeitung realer, bilanzierter Pläne, die bessere Anpassung der Planung an die konkret zu lösenden wirtschaftspolitischen Prozesse wie die Sicherung einer bedarfsgerechten Produktion, die allseitige Durchsetzung der Intensivierung, die Erhöhung der Konsumgüterproduktion, die Überwindung von Disproportionen sowie die ersten positiven Wirkungen einer gewissen Stabilität in den planmethodischen Grundlagen, die wir mit der Planmethodik 1973 erreicht haben. Ein Ziel unserer heutigen Beratung sollte deshalb darin bestehen, eine gewisse Bilanz zu ziehen, wo wir bei der Umsetzung der Linie des VIII. Parteitages der SED auf dem Gebiet der Vervollkommnung der Planung stehen, welche Erfahrungen, positiver und negativer Art es gibt und welche Erfahrungen aus den Jahren 1972/1973 für die weitere Arbeit am Planungssystem tiefgründig analysiert und genutzt werden sollten.

Unsere Beratungen sollten aber auch vorhandene Mängel in der Planung sichtbar machen, um Hinweise für die Planungspraxis zu geben und zugleich die ökonomische Forschung zielstrebiger auf die Lösung der neuralgischen Punkte in der Planung zu lenken. Aus den Erfahrungen des Jahres 1972 gehören hierzu:

- die unzureichende Beherrschung der Bedarfsermittlung, der Bedarfsbegründung und die noch nicht ausreichende Reaktionsfähigkeit von Betrieben und Kombinaten auf die bedarfsgerechte Produktion;
- die noch nicht zufriedenstellende Ausrichtung der Planung aller Ebenen auf den Prozeß der allseitigen Intensivierung des volkswirtschaftlichen Reproduktionsprozesses, insbesondere bei der Planung von Wissenschaft und Technik, der Grundfonds und Investitionsplanung sowie Planung der Rationalisierung mit dem Ziel der Arbeitskräftefreisetzung bzw. der Verringerung der Anzahl der Arbeitsplätze;
- die Mängel und vor allem die Inkonsequenz bei der Anwendung von Effektivitätsrechnungen im Prozeß der Entscheidungsvorbereitung und Entscheidungsfindung bis hin zu einer gewissen Unterbewertung der Rolle der Effektivität bzw. der objektiven Effektivitätserfordernisse in der Planung;
- die unzureichende Beherrschung komplexer Prozesse und Zusammenhänge wie die Beziehungen zwischen Zweig und Territorium, zwischen materieller

und finanzieller Planung, zwischen Forschung, Investitionen, Arbeitskräften und Produktion bis hin zum unzureichenden Stand der Anwendung und planwirksamen Nutzung von Verflechtungsbilanzen.

Ich denke, daß vor allem die Genossen aus der Wirtschaftspraxis, die als Mitglieder des Wissenschaftlichen Rates oder Gäste an der Beratung teilnehmen, hier aus der Fülle ihrer Erfahrungen Probleme der praktischen Arbeit darlegen könnten und damit dazu beitragen, die Einheit von Theorie und Praxis auch in den Ratstagungen weiter zu vertiefen. Dabei denke ich auch an Planungserfahrungen, die es in den neugebildeten volkseigenen Betrieben gibt.

Die Aktualität unserer heutigen Tagung ergibt sich zweitens aus der Tatsache, daß 1973 ein entscheidendes Jahr der Ausarbeitung des langfristigen Planes 1976–1990 in enger Zusammenarbeit mit der UdSSR und den anderen Mitgliedsländern des RGW ist.

Nicht nur auf methodologischem Gebiet, sondern in einer ganzen Reihe von inhaltlichen Fragen der Gestaltung unserer Volkswirtschaft im Zeitraum bis 1990 werden 1973 die Weichen gestellt. Bis Ende 1973 soll ein Entwurf des langfristigen Planes vorliegen. Partei und Regierung haben hierzu entsprechende Beschlüsse gefaßt. Genosse Honecker sprach auf der 8. Tagung des ZK der SED davon, daß wir vor einer interessanten Etappe der konzeptionellen und perspektivischen Arbeit stehen. Das erfordert gerade in diesem Jahr eine intensive wissenschaftliche Arbeit zur langfristigen Planung, mit der wir Neuland beschreiten. Das ist so, weil die Ausarbeitung eines langfristigen komplexen Planes bis 1990 eine Aufgabe ist, vor der wir in der DDR zum ersten Mal stehen. Sicher haben wir in der DDR langjährige Erfahrungen in der Ausarbeitung von Jahresplänen, auch von Fünfjahrplänen und in der Ausarbeitung längerfristiger Konzeptionen. Die Gesamtaufgabenstellung des VIII. Parteitages der SED zur schrittweisen Einführung der langfristigen Planung ist neu.

Die ersten Arbeiten am langfristigen Plan haben gezeigt, daß die Spezifik der langfristigen Planung im Verhältnis zur Jahresplanung doch recht groß ist und es wäre sicher ein Fehler, wollte man den langfristigen Plan mit der Methodik, der Art und Weise und der Praxis des Jahresplanes ausarbeiten. Auch die Methodik der Fünfjahrplanung ist nicht einfach auf die langfristige Planung übertragbar. Bei der langfristigen Planung stehen einige Fragen anders, gibt es neue Fragen. Deshalb liegt gerade auf diesem Gebiet ein großes Betätigungsfeld für die im Rat vereinigten wissenschaftlichen Einrichtungen.

Es ist ein Mangel der vorliegenden Thesen, daß die Fragen der langfristigen Planung und ihrer Einordnung in den Gesamtprozeß der Planung noch nicht den gebührenden Platz einnehmen. Die heutige Diskussion sollte jedoch um diesen Fragenkomplex erweitert werden, wobei zu sagen ist, daß die in den Thesen behandelten Komplexe – Bedürfnisse/Bedarf, Intensivierung, Proportionalität, Einheit materielle/finanzielle Planung sowie gemeinsame Planung – natürlich zugleich auch Grundfragen der langfristigen Planung sind.

Wo liegen bezüglich des Systems und der Methodologie der langfristigen Planung die Hauptprobleme? Auf einige Probleme soll in den einleitenden Ausführungen kurz verwiesen werden, die in der Diskussion noch vertieft werden sollten.

1. Die Qualifizierung der prognostischen Arbeit ist eine wesentliche Voraussetzung für die qualifizierte Vorbereitung des langfristigen Planes. Deshalb muß der Prognostik größere Aufmerksamkeit als in der jüngsten Zeit gewidmet werden. Es geht nicht um eine große Prognosewelle, es geht um gezielte prognostische Arbeit auf ausgewählten Gebieten, vor allem der Bedürfnisentwicklung und auf dem Gebiet von Wissenschaft und Technik. Es geht nicht um die Behandlung der Prognosen als De-facto-Pläne, sondern ihre eindeutige Bestimmung als planvorbereitende Instrumente, die immer in Einheit mit der Analyse der bisherigen Entwicklung und in Konfrontation von Ziel und Ressourcen ihre Berücksichtung im langfristigen Plan erfahren. Die Prognosen dienen der wissenschaftlichen Fundierung des langfristigen Planes, sind aber nicht selbst in die Rolle eines Planes zu drängen.

Die Notwendigkeit und die Verstärkung der prognostischen Arbeit wird von uns eindeutig bejaht. Dabei sollten die Erfordernisse und Möglichkeiten der sozialistischen ökonomischen Integration, der gemeinsamen Ausarbeitung von Prognosen, wie sie in Komplexberatungen festgelegt wurde, volle Berücksichtigung in der Arbeit erfahren.

2. Die langfristige Planung sollte mit aller Konsequenz die Bedürfnisse und den Bedarf der Menschen zum Ausgangspunkt haben. Obwohl die langfristige Planung, wie jede Planung, immer die Einheit von Ziel- und Ressourcenplanung darstellen muß, gilt es, durch die langfristige Planung vor allem die Ziele der ökonomischen Entwicklung herauszuarbeiten. Ein zu frühes Rechnen, ausgehend von den begrenzten Ressourcen, birgt die Gefahr in sich, daß notwendige Zielstellungen, die dem planmäßigen Aufbau der entwickelten sozialistischen Gesellschaft dienen, aus Bilanzerfordernissen in den Planvorstellungen unberücksichtigt bleiben und später vom Leben gestellt, zusätzlich realisiert werden müssen.

Methodologisch interessant und diskussionswürdig ist in diesem Zusammenhang der Vorschlag der „bedürfnisorientierten Planung", d. h. Planung nach Bedürfniskomplexen, wie er in vorliegenden Thesen genannt wurde.

Wir sind für eine volle Entfaltung dieser Planung nach Bedürfniskomplexen, allerdings begrenzt auf die langfristige Planung. Eine Planung nach Bedürfniskomplexenin der Fünfjahr- und Jahresplanung und damit die Einführung einer weiteren Dimension der Planung zusätzlich zur Erzeugnis-, Bereichs- und Territorialplanung, halten wir nicht für machbar und auch nicht für notwendig. Weitere Probleme der langfristigen Planung sind

- die besonders starke unmittelbare Verknüpfung von nationaler Planung und internationaler Plankoordinierung einschließlich gemeinsamer Planung im Rahmen des RGW gerade bei der langfristigen Planung;
- die Einheit von langfristiger Planung, Fünfjahrplanung und Jahresplanung vor allem vom Gesichtspunkt der Adressierung und Verbindlichkeit langfristiger Planaufgaben;
- die Lösung volkswirtschaftlicher Komplexprobleme im Rahmen des langfristigen Planes, die mit der Ausarbeitung der zentral festgelegten komplexen Aufgaben in Angriff genommen wurde. Zugleich wird damit ein Grundproblem aufgeworfen, nämlich die Einordnung der komplexen Aufgaben in dem Gesamtplan. Diese Frage ist für uns nicht neu. Neu muß aber der Lösungsvorschlag für die Bewältigung des Einordnungsproblems sein, um nicht alte Fehler der Programmplanung zu wiederholen.

Ein Ziel unserer heutigen Beratung sollte darin bestehen, die theoretischen und praktischen Probleme der weiteren Vervollkommnung der Planung immer unter dem Blickwinkel der Einheit von lang-, mittel- und kurzfristiger Planung zu sehen. Vom Niveau der langfristigen Planung und der Bewältigung der Einheit der Planungszeiträume hängt die Lösung vieler der in den Thesen aufgeworfenen Probleme ab. Ziel der Beratung sollte auch sein, daß die im Rat vertretenen wissenschaftlichen Einrichtungen prüfen, wie sie den Prozeß der Ausarbeitung des langfristigen Planes noch wirksamer unterstützen können. Auf methodologischem Gebiet z. B. durch die Ausarbeitung von Methoden und Instrumenten der Bedürfnis- und Bedarfsforschung, der Gestaltung der bedürfnisorientierten Planung, der gemeinsamen Planung im Rahmen des RGW. Auf inhaltlichem Gebiet durch die Mitarbeit an Prognosen und an ausgewählten theoretischen Fragen, deren Klärung wichtige Voraussetzung für die Ausarbeitung des langfristigen Planes ist, z. B. die Bedürfnisentwicklung, die perspektivische Wirkungsweise ökonomischer Gesetze, z. B. des Gesetzes der Verteilung nach der Leistung.

Die Aktualität unserer heutigen Beratung ergibt sich drittens aus der Tatsache, daß im Verlauf des Jahres 1973 eine Planungsordnung 1976–80 und eine Rahmenrichtlinie zur Betriebsplanung ausgearbeitet wird. Über die Beschlußgrundlagen und das praktische Vorgehen wird in der Anlage zu den Thesen informiert. Deshalb will ich hierauf nicht weiter eingehen, bis auf den nochmaligen Hinweis, daß der Ministerratsbeschluß vorsieht, daß die Ausarbeitung der Planungsordnung eine Gemeinschaftsarbeit zwischen Wissenschaft und Praxis sein soll.

Eine Diskussion zu praktischen und theoretischen Problemen der weiteren

Vervollkommnung der Planung kann also nicht an der Planungsordnung für 1976–1980 vorbeigehen. Schließlich sollen die wissenschaftlichen Ergebnisse vieler Institute des Wissenschaftlichen Rates Bestandteil der Planungsordnung werden. Vor welchen Hauptproblemen stehen wir bei der Ausarbeitung der Planungsordnung? Ich möchte aus der Vielzahl der Probleme kurz auf 2 Fragen verweisen.

1. Die Planungsordnung muß durch ein richtiges Verhältnis von bewährten Methoden der Planungspraxis und neuen Erkenntnissen der Planungswissenschaft gekennzeichnet sein. Im Kern geht es darum, wie wir die Forderungen des VIII. Parteitages der SED an die weitere Vervollkommnung des Planungssystems so auszuarbeiten, praxisreif machen, daß sie Bestandteil der Planungsordnung werden können.

Die 1. Etappe der Arbeit an der Planungsordnung, nämlich die Darstellung und Analyse des derzeitigen Standes der Planung, hat gezeigt, daß eine Fülle von Regelungen und Praktiken existieren, die sich bei der Planung 1973 bewährt haben und übernehmbar sind. Gleichzeitig gibt es aber auch eine Fülle von Aufgaben, die wir besser als bisher lösen bzw. überhaupt erst lösen müssen. Das betrifft vor allem Fragen, die in den 5 Komplexen der Thesen genannt wurden.

Die Verantwortung der Wissenschaftler besteht darin, Lösungen auszuarbeiten, die praktikabel sind und vor allem zu einer Qualifizierung der Planung als dauerhafte Lösung führen.

2. Die Planungsordnung muß so gestaltet werden, daß sie das komplexe Herangehen in der Planung fördert, die Planer aller Ebenen zu volkswirtschaftlicher Denkweise erzieht und trotzdem so aufgebaut und gestaltet ist, daß sie überschaubar, adressiert, also im hohen Maße nach Verantwortungsbereichen gegliedert ist.

Hierfür ein Beispiel:

Theoretisch wäre es denkbar und gut, einen Abschnitt Sozialplanung in die Planungsordnung aufzunehmen. Es ist bekannt, daß die Frage der Sozialplanung in der UdSSR sehr stark diskutiert wird und es bereits weitgehende Erkenntnisse gibt. Sowohl in der sowjetischen Planungsordnung als auch bei uns ist noch die Gliederung in Planung des Lebensstandards, Arbeits- und Lebensbedingungen, Kultur, Sozialwesen, Gesundheitswesen usw. vorgesehen. Diese Gliederung entspricht dem praktischen Bedürfnis, daß eben diese Bereiche geplant werden, daß sie durch verschiedene Ministerien geplant werden, was sich sicher auch künftig nicht ändern wird.

Hier entsteht also die Frage, wie wird eine theoretische Erkenntnis praktisch umgesetzt und das ist nicht immer einfach.

Dieser Widerspruch zwischen komplexer Darstellung und Darstellung nach praktisch herausgebildeten Gliederungen ist auch auf anderen Gebieten zu verzeichnen. Es ist eine Erfahrung, daß sich am Ende die praktische Gliederung nach adressierbaren Bereichen durchsetzt. Vor diesen Problemen stehen wir vor allem bei der Entscheidung über den Aufbau und die tiefere Gliederung der Planungsordnung.

Es gibt in der Kommission für die Planungsordnung eine Liste der Probleme, die wissenschaftlich bearbeitet werden müssen. Diese Liste sollte den Mitgliedern des Wissenschaftlichen Rates zugestellt werden und der Vorsitzende des Wissenschaftlichen Rates für Planung und wirtschaftliche Rechnungsführung sollte beauftragt werden, die wissenschaftlichen Aktivitäten zur Ausarbeitung der Planungsordnung zu koordinieren.

Die Aktualität unserer heutigen Beratung ergibt sich schließlich viertens aus der Tatsache, daß es in der UdSSR und teilweise auch in der DDR beginnend einen intensiven wissenschaftlichen Meinungsstreit zu Grundfragen der weiteren Vervollkommnung der Planung gibt und daß wir als Wissenschaftlicher Rat zu einigen dieser Fragen einen Standpunkt beziehen müssen. Der XXIV. Parteitag der KPdSU und der VIII. Parteitag der SED haben die konzeptionelle Linie der weiteren Gestaltung des sozialistischen Planungssystems herausgearbeitet und zum wissenschaftlichen Meinungsstreit aufgefordert. Verfolgt man die wissenschaftlichen Diskussionen in der UdSSR, so betreffen sie auf dem Gebiet der Planung in der Hauptsache folgende Problemkomplexe:

1. Soziale Aspekte der Planung

Hierzu gehören Vorschläge zur Gesellschaftsplanung, zur Sozialplanung, zum Ausgangspunkt der Planung in Richtung Bedürfnisse und Bedarf und damit die Diskussionen zur Zielfunktion der sozialistischen Produktion.

2. Kopplungsaspekte der Planung,

d. h. Integrationsprobleme der verschiedenen Elemente der Planung. Das bezieht sich auf Vorschläge zur Planung von Komplexen, z. B. Bedürfniskomplexen, Agrar-Industrie-Komplexen u. ä., auf die komplexe Planung und Bilanzierung zusammengehörender Prozesse wie Wissenschaft, Technik, Investitionen, Arbeitskräfte, Produktion usw. sowie auf die Gestaltung eines Systems komplexer Planung, das im wesentlichen eine Gesamtverkettung von lang-, mittel- und kurzfristiger Planung darstellen soll.

3. Weiterentwicklungsvorschläge auf wichtigen Teilgebieten der Panung.

Hierzu gehören Vorschläge zur langfristigen Planung, der eine dominierende Stellung eingeräumt wird, Planung der Effektivität nach einheitlichem Kennziffernsystem und gesondertem Planteil, Planung von Wissenschaft und Technik, sowohl der Stellung in der Gesamtplanung als zur Lösung auf Teilgebieten von Wissenschaft und Technik.

4. Systemfragen der Planung

Hierzu gehören Vorschläge zur Ausarbeitung automatisierter Planberechnungssysteme mit Teilsystemen und einer starken Untersetzung mit ökonomisch-mathematischen Modellen und der EDV sowie die breite Diskussion zur Optimalplantheorie.

In der DDR konzentriert sich die wissenschaftliche Diskussion auf dem Gebiet der Planung vor allem auf die Fragen

- ökonomische Gesetze und ihre Konsequenzen für die Planung,
- die Bedürfnisse und der Bedarf als Ausgangspunkt der Planung,
- die Einheit von materieller, finanzieller und Preisplanung.

Zu einigen dieser Diskussionsfragen ist in den Thesen Stellung genommen.

Ein Ziel unserer heutigen Beratung sollte deshalb auch darin bestehen, den wissenschaftlichen Meinungsstreit zu ausgewählten Fragen fortzusetzen, um Hinweise für die Arbeit an der Planungsordnung und am Lehrbuch Volkswirtschaftsplanung zu geben. Vor allem für das Lehrbuch sind solche Diskussionen wichtig, um fundierte Standpunkte zu einer Reihe von theoretischen Fragen der Planung und ihrer Weiterentwicklung zu erarbeiten.

Abschließend möchte ich nochmals zum Ausdruck bringen, daß die Thesen nur Teilausschnitte aus dem breiten Feld der Planung enthalten. In weiteren Beratungen des Wissenschaftlichen Rates sollten bestimmte Fragen weiter vertieft werden und zum geeigneten Zeitpunkt zu einigen theoretisch-konzeptionellen Fragen der Gesamtgestaltung der Planung in Auswertung sowjetischer und eigener Forschungsergebnisse Stellung genommen werden. Hierzu werden in Auswertung der heutigen Tagung konkrete Schlußfolgerungen und Festlegungsvorschläge unterbreitet.

3. Diskussion

Prof. Dr. Karl-Heinz Stiemerling

Zu einigen politökonomischen Fragen der Vervollkommnung der Planung der Volkswirtschaft

Der Volkswirtschaftsplan 1973, mit dem die sozialistische DDR weiter gestärkt und in der sozialistischen Staatengemeinschaft fest verankert wird, ist ein Plan mit dessen Verwirklichung jedem einzelnen im alltäglichen Leben die Fortschritte bei der Lösung der Hauptaufgabe noch spürbarer werden sollen. er ist darauf gerichtet, alle Vorzüge des Sozialismus einschließlich der Möglichkeiten der sozialistischen ökonomischen Integration zu nutzen, konsequent den Weg der Intensivierung durch umfassende sozialistische Rationalisierung zu beschreiten, die Struktur der Volkswirtschaft weiter zu verbessern, damit die wachsenden materiellen und kulturellen Bedürfnisse der Bevölkerung noch besser befriedigt werden können. Das bedeutet zugleich in der gesamten Leitung, Planung und ökonomischen Stimulierung der Produktion von Konsumgütern und weltmarktfähigen devisenrentablen Exporterzeugnissen ein größeres Gewicht zu geben.

Die Erfüllung des Planes 1973, mit der das vom VIII. Parteitag der SED verlangte Schrittmaß erreicht werden wird, erfordert alle Ideen und Vorschläge der Werktätigen und die Ausarbeitung dauerhafter Lösungen für die Gewährleistung eines hohen und stabilen ökonomischen Wachstums.

Die 8. Tagung des Zentralkomitees hat mit ihrer Bilanz der seit dem Parteitag erreichten Ergebnisse und der realistischen Aufgabenstellung für die nächste Zeit allen Parteiorganisationen eine klare Orientierung gegeben. Schritt für Schritt werden die Aufgaben gelöst, indem wissenschaftlich fundierte Entscheidungen getroffen und die praktischen Erfahrungen besser genutzt werden.

Die Lösung der ökonomischen, sozialen und ideologischen Aufgaben erfordert volle Klarheit über den objektiven Charakter der ökonomischen Gesetze des Sozialismus. Immer wieder zeigt es sich, daß sich die ökonomischen Gesetze nicht überlisten lassen, sondern ihre wirksamere, ihre kluge Nutzung überall auf der Tagesordnung steht. Wie wir uns dieser Aufgabe gewachsen erweisen – ob und inwieweit wir die ökonomischen Gesetzmäßigkeiten erkennen und bewußt für die Ausarbeitung der Pläne und die Gestaltung der Leitung, Planung und ökonomischen Stimulierung ausnutzen – das hängt allgemein gesprochen vom subjektiven Faktor ab, konkret aber meine ich, daß hier in erster Linie die Leistungen der Wirtschafts- und Gesellschaftswissenschaftler gefordert werden.

Eine besonders große Verantwortung für dauerhafte Lösungen zur Sicherung eines hohen ökonomischen Wachstums tragen die Planungsorgane und die Planungstheoretiker. Die hier zur Diskussion stehenden Thesen zeigen die nach dem VIII. Parteitag auf dem Gebiete der Planung in Theorie und Praxis erreichten Fortschritte. Zugleich werden mit dem vorliegenden Material aber auch die Probleme deutlich, die noch nicht gelöst wurden. Sie einer Lösung zuzuführen, ist die Aufgabe aller wirtschaftswissenschaftlichen Disziplinen.

Die Verwirklichung der Wirtschaftspolitik der Partei erfordert ein hohes Niveau der Leitungs- und Planungstätigkeit in den Betrieben und Kombinaten, in den Staats- und Wirtschaftsorganen. Die Probleme unserer Volkswirtschaft, die Gestaltung der entwickelten sozialistischen Gesellschaft lassen keine wie immer auch motivierten „Sprünge“ zu und vertragen keine ideologischen Hemmnisse, die das Verständnis und die Verwirklichung der Beschlüsse des Parteitages erschweren. Mit den Beschlüssen des VIII. Parteitages wurden, wie Genosse Erich Honecker auf der 8. Tagung des ZK feststellte, weiterführende Folgerungen aus dem ökonomischen Grundgesetz des Sozialismus gezogen, die die Befriedigung der Bedürfnisse der Menschen und die dazu notwendige Steigerung der Produktion von Konsumgütern den ihnen gebührenden Rang in der Leitung und Planung gab.

In der theoretischen und praktischen Arbeit, nicht zuletzt auch in unserem propagandistischen Wirken, kommt es sehr darauf an, stets die Einheit beider Seiten der vom VIII. Parteitag der SED beschlossenen Hauptaufgabe zu sehen und die Bedürfnisse der Menschen als ersten Ausgangspunkt der Planung zu nehmen. In vereinfachenderweise wird aber häufig nur das in der Hauptaufgabe formulierte Ziel betont und nicht selten werden die Wege zu seiner Realisierung, werden die Mittel der sozialistischen Produktion vernachlässigt.

Wenn wir die Bedürfnisse der Menschen als Punkt eins der Planung betrachten, so dürfen dabei niemals die weiteren Ausgangspunkte, wie zum Beispiel die Möglichkeiten und Erfordernisse der sozialistischen ökonomischen Integration, die konkreten Reproduktionsbedingungen eines Landes und der sozialistischen Staatengemeinschaft insgesamt übersehen werden. Unter diesen Gesichtspunkten wären meines Erachtens die Thesen zu überarbeiten, um die unterschiedlichen qualitativen und methodischen Gesichtspunkte wirkungsvoller zu gruppieren und zu begründen.

Wenn wir die dialektischen Wechselbeziehungen zwischen dem Ziel und den

Mitteln der sozialistischen Produktion in Theorie, Praxis und Propaganda richtig behandeln, dann werden uns hinsichtlich der Vervollkommnung des sozialistischen Leistungsprinzips effektivere Vorschläge und Initiativen zufließen. Die wirkungsvolle Verknüpfung von Leistungsprinzip und Sozialpolitik darf in keiner Weise zu einer Beeinträchtigung der materiellen und moralischen Anreize zur Entwicklung der Produktion und ihrer Effektivität führen. „Im Sozialismus gilt das Prinzip ‚Jeder nach seinen Fähigkeiten, jedem nach seiner Leistung'. Dies ist das Grundprinzip der Organisation des ökonomischen und sozialen Lebens."[1]

Nehmen wir dieses Grundprinzip mit allen Konsequenzen ernst, so werden wir das vom VIII. Parteitag geforderte Schrittmaß auch hinsichtlich der Produktivitäts- und der Rentabilitätsziele erreichen. Zugleich bedeutet das aber auch, die Anstrengungen zu erhöhen, Kennziffern für die Leitung, Planung und Stimulierung zur Anwendung zu bringen, die die Leistungen der Kollektive und des einzelnen unbestechlich, objektiv widerspiegeln. Und schließlich gilt es auch für Theorie und Praxis des sozialistischen Wettbewerbs Folgerungen zu ziehen. Das folgende Zitat L. I. Breshnews gilt – so meine ich – voll auch für uns und sollte uns anregen, entsprechende Vorschläge und Anregungen auszuarbeiten.

„Der sozialistische Wettbewerb als lebendiges Schöpfertum der Massen verlangt nicht nur die aktive Unterstützung und Förderung der Bestarbeiter, sondern auch das Bekanntmachen derjenigen, die zurückbleiben oder nicht gewissenshaft genug arbeiten. Und das muß öffentlich, vor aller Augen geschehen, damit nicht nur diejenigen bekannt werden, die ihre Kräfte voll einsetzen, sondern auch diejenigen, die gleichgültig, ohne Eifer arbeiten. Es kommt bei uns auch vor, daß manche viel Lärm machen, wenn sie Verpflichtungen übernehmen, aber still werden, wenn ein Fazit der Erfüllung ihrer Verpflichtungen gezogen wird, besonders dann, wenn dieses Fazit nicht sehr gut ausfällt. *Und so kommt es, daß man die Sieger kennt, daß es aber Besiegte gewissermaßen nicht gibt. Auf diese Weise geht im Grunde der Sinn des Wettbewerbs verloren – der eigentliche Wettstreit, die eigentliche Rivalität in der Arbeit*, das heißt die Faktoren gehen verloren, denen W. I. Lenin besondere Bedeutung beimaß.

Der Wettbewerb muß so organisiert werden, daß der Kampf um hohe Arbeitsproduktivität, um die besten Ergebnisse in der Produktion und eine gute Qualität der Erzeugnisse zur Sache des ganzen Volkes wird."[2]

Der Marximus-Leninismus lehrt, daß ein wichtiger Gradmesser für die

[1] Autorenkollektiv unter Leitung von P. N. Fedosejev; Wissenschaftlicher Kommunismus, Berlin 1972, S. 278.

[2] L. I. Breshnew, Das Sowjetvolk zeigt der Menschheit neue Horizonte und neue hohe Ideale, Berlin 1973, S. 67/68.

Wirksamkeit der wissenschaftlich begründeten Politik der marxistisch-leninistischen Partei eines sozialistischen Staates ihr Vermögen ist, ein stabiles, reales ökonomisches Wachstum zu sichern und die wichtigste Wechselbeziehung der sozialistischen Reproduktion, das dialektische Verhältnis von Produktion und Konsumtion, richtig zu gestalen und dabei auftretende Widersprüche zu lösen.

Das von der Partei seit der 16. Tagung des Zentralkomitees angestrebte optimale Wachstum von Produktion und Konsumtion verbietet jede Geringschätzung der aktuellen materiellen Bedürfnisse der Werktätigen ebenso wie jedes einseitig konsumorientierte Herangehen an die Lösung jener volkswirtschaftlichen Probleme, die das ökonomische Wachstum der nächsten Jahrzehnte bestimmen und langfristiger Planung bedürfen.

„Es ist notwendig, genau zu wissen, welche Anforderungen die Verwirklichung der Hauptaufgabe über das vor uns liegende Planjahr und den gegenwärtigen Fünfjahrplan hinaus an die weitere Ausgestaltung der Struktur unserer Ökonomie in Produktion und Außenwirtschaft stellt. An die erforderlichen Entwicklungen werden wir mit Besonnenheit herangehen – siebenmal messen und einmal schneiden, und nicht umgekehrt. Aber die Genossen der wirtschaftsleitenden Organe werden sicherlich nach der Bestätigung dieses Planes keine Zeit verlieren, diese grundsätzlichen Linien der Entwicklung unserer Ökonomie weiter auszuarbeiten.“[3]

Das Studium der marxistisch-leninistischen Reproduktionstheorie führt immer wieder zu der Erkenntnis, daß das von der Gesellschaft für die Endverwendung erzeugte Produkt nur einmal verteilt werden kann, entweder für die induviduelle und nichtproduktive gesellschaftliche Konsumtion, für Investitionen im weitesten Sinne des Wortes oder für den Export.

Unser Problem besteht darin, diese Verwendungsformen so zu kombinieren, daß sie sich möglichst alle drei kontinuierlich erhöhen, die Effektivität in allen Phasen der Reproduktion fördern und auf diese Weise ein optimales Verhältnis von Produktion und Konsumtion schaffen helfen. Da an den festgelegten Zielen zur Entwicklung des Lebensstandards und der Investitionen kaum etwas zu verändern ist, bleibt nur der Weg, die Produktion und ihre Effektivität in der Ausnutzung aller Vorzüge des Sozialismus zu erhöhen.

In allen Bereichen der Volkswirtschaft, vor allem in der Industrie, geht es um ein schnelleres Tempo des wissenschaftlich-technischen Fortschritts. Größere Anstrengungen sind notwendig, um die Intensivierung der gesellschaftlichen Produktion als den Hauptweg zur Steigerung der Produktivität

[3] E. Honecker, Das Volk der DDR kann mit Zuversicht die Schwelle zum Jahr 1973 überschreiten, . . ., a. a. O., S. 27.

und Effektivität konsequent fortzusetzen. Das alles kann nur erreicht werden, wenn unter Führung der Parteiorganisationen die Leitungen der Betriebe und die Gewerkschaften ihre Verantwortung dafür wahrnehmen, daß die sozialistische Rationalisierung mit den Menschen und für die Menschen klug organisiert wird, daß Wissenschaft und Technik, Grund- und Materialfonds umfassender genutzt werden und das gesellschaftliche Arbeitsvermögen effektiv eingesetzt wird.

Das hohe reale ökonomische Wachstum ist eine wesentliche Bedingung für die Stabilität der sozialistischen Planwirtschaft. Deshalb erwächst allen sozialistischen Ländern die Aufgabe, alle Wachstumsfaktoren so wirksam wie möglich zu realisieren, damit sowohl die Gegenwarts- als auch die Zukunftsinteressen der sozialistischen Gesellschaft bestmöglich befriedigt werden können. Natürlich ist das ökonomische Wachstum kein Selbstzweck, sondern Mittel zum Zweck. Aber ohne ökonomisches Wachstum kann kein bedeutendes Problem des sozialistischen und kommunistischen Aufbaus gelöst werden.

Stetes ökonomisches Wachstum sichert die Stabilität der sozialistischen Planwirtschaft, während andererseits die Berücksichtigung der Stabilitätserfordernisse das stete ökonomische Wachstum gewährleistet und dessen reale Ergebnisse nicht in Frage stellen läßt.

In diesem Zusammenhang sind die im vorliegenden Material dargelegten Gedanken zum Zielkriterium der volkswitschaftlichen Entwicklung von besonderem Interesse. Die Autoren bieten als „eine vollkommenere Variante" die Größe „Konsumtionsfonds + Dienstleistungsbereich (insgesamt) + nichtproduktive Akkumulation" an. Doch fast alle Bedenken, die sie gegen die Kennziffer „Nationaleinkommen" vorbringen, gelten für die von ihnen vorgeschlagene Kennziffer ebenso oder nicht mit einer Ausnahme, nämlich hinsichtlich der Bewertung und Behandlung der produktiven Akkumulation. Sie wird moralisierend als „keinen unmittelbaren Ausdruck für die Befriedigung der Bedürfnisse darstellen" betrachtet. Nach meiner Ansicht kommt darin eine Unterschätzung künftiger und gesellschaftlicher Bedürfnisse der Menschen zum Ausdruck.

Der Vorschlag der Autoren der Thesen zielt darauf ab, den Stand der Befriedigung der gegenwärtigen Bedürfnisse zum Ausdruck zu bringen und schließt den Teil des Nationaleinkommens aus, der der Sicherung der zukünftigen Bedürfnisse dient, den größten Teil des Akkumulationsfonds. Außerdem wird bei der einseitigen Hervorhebung der Maximierung des Konsums die Sicherung der Verteidigungsfähigkeit des sozialistischen Staates nicht voll berücksichtigt. Der Konsumtionsfonds kann daher nicht das ausschließliche Kriterium sein.

Sicher sind für die Analyse des Reproduktionsprozesses und die Entscheidungsfindung mehrere volkswirtschaftliche Kennziffern zu beachten. Doch geht es um die Bestimmung jenes Zielkriteriums, das die individuellen und gesellschaftlichen Bedürfnisse und Leistungen am besten zu verbinden mag. M. E. kommt dafür noch immer die Kennziffer „Nationaleinkommen" am ehesten in Frage. Schwierigkeiten ihrer praktischen Handhabung, Mängel in der Erfassung bestimmter Prozesses usw., die für andere Kennziffern ebenso gelten, sollten nicht umgangen, sondern überwunden werden.

Das Nationaleinkommen ist die Quelle der Befriedigung der Bedürfnisse der Gesellschaft im weitesten Sinne (individuelle Konsumtion, gesellschaftliche Konsumtion, produktive Akkumulation).

Es wäre deshalb richtig, als Kriterium für das ökonomische Wachstum und ein optimales Verhältnis zwischen Akkumulation und Konsumtion den Zuwachs des Nationaleinkommens zu bestimmen. Nur ein auf lange Sicht gewährleistetes stabiles Wachstum des Nationaleinkommens ermöglicht, die Konsumtionsfonds systematisch zu erhöhen und damit die Arbeits- und Lebensbedingungen der Werktätigen planmäßig zu verbessern und zugleich den notwendigen Akkumulationsvorlauf zu sichern, damit die Konsumtionsfonds ständig wachsen können.

Die quantitative Bestimmung des Optimums zwischen Akkumulation und Konsumtion ist eine sehr schwierige Aufgabe, weil der Einfluß der politischen und anderen außerökonomischen Faktoren oft nicht quantifizierbar ist und die Beziehungen zwischen dem Umfang und dem Nutzeffekt der Akkumulation noch nicht ausreichend ausgewertet wurden.

Die Aufgabe für Theorie und Praxis besteht darin, die konkreten Bedingungen für die quantitative Bestimmung des Verhältnisses zwischen Akkumulation und Konsumtion exakter zu untersuchen, die ökonomischen Auswirkungen der außerökonomischen Faktoren zu berechnen und die Wechselbeziehungen zwischen Masse und Nutzeffekt der Akkumulation zu analysieren.

Ein optimales Verhältnis zwischen dem Volumen des Akkumulations- und des Konsumtionsfonds, ein optimales Niveau der Rate der Akkumulation lassen sich nur unter Berücksichtigung der historischen Aufgaben der sozialistischen Länder klären. Der Übergang vom Kapitalismus zum Sozialismus vollzieht sich in einer längeren Periode des Kampfes zwischen den beiden Gesellschaftssystemen, der vor allem auf ökonomischem Gebiet entschieden wird. In dieser Zeit müssen die sozialistischen Länder in bezug auf das Niveau der Arbeitsproduktivität und der Konsumtion führende Positionen erringen.

Es gibt bisher kein sozialistisches Land, das in der Periode des Aufbaus der sozialistischen Gesellschaftsordnung ohne Erhöhung der Akkumulationsrate ausgekommen wäre. Die Beschleunigung des Wachstums der Produktion der sozialistischen Länder, die Angleichung ihres Wachstumstempos und später auch ihres ökonomischen Niveaus stellen in jedem sozialistischen Land hohe Anforderungen an die Akkumulation, die nicht allein durch die Erhöhung ihres Nutzeffektes erfüllt werden können.

Die Deutsche Demokratische Republik wird ihre Akkumulationskraft in den nächsten Jahren weiter erhöhen, weil die wissenschaftlich-technische Revolution hohe Ansprüche an die Intensivierung der Produktion stellt und die Sicherung des Rohstoff- und Energiebedarfs hohe Investitionen im Inland und Investitionsbeteiligungen in anderen Ländern erfordert. Deshalb reicht es nicht aus, daß der Nutzeffekt der Akkumulation erhöht und die vorhandenen Produktionsanlagen besser ausgenutzt werden.

Die sozialistische Gesellschaft akkumuliert nicht um der Akkumulation willen. Die Akkumulation ist Mittel zur Verwirklichung des im ökonomischen Grundgesetz formulierten Ziels der sozialistischen Produktion; ein Mittel zur Verwirklichung der den sozialistischen Ländern gestellten historischen Aufgabe.

Darum führen im Sozialismus Erhöhung des Akkumulationsvolumens und steigende Akkumulationsrate nicht zur Einschränkung der Konsumtion. Im Gegenteil, mit ihnen erhöhen sich zugleich auch die gesellschaftliche und individuelle Konsumtion.

Demzufolge sieht der Fünfjahrplan 1971–1975 eine Steigerung des Nationaleinkommens um 29 Mrd. Mark vor. In der gleichen Zeit sollen sich die Konsumtionsfonds um etwa 20 Mrd. Mark erhöhen. 9. Mrd. Mark – rd. 1/3 des Zuwachses an Nationaleinkommen – werden für die verschiedensten Akkumulationszwecke verwendet.

Gemessen an den Anforderungen, die für die Gestaltung der entwickelten sozialistischen Gesellschaft und die Meisterung der wissenschaftlich-technischen Revolution, insbesondere im Hinblick auf die Auseinandersetzung mit dem Imperialismus, an die Entwicklung der Akkumulation und der gesellschaftlichen Konsumtion zu stellen sind, entsprechen gegenwärtig weder die Akkumulationseffektivität noch die Akkumulationsmasse den wachsenden produktiven und konsumtiven Bedürfnisen.

Wenn wir uns darüber klar sind, daß der wissenschaftlich-technische Fortschritt zum wichtigsten Faktor des ökonomischen Wachstums geworden ist, daß heute die Leninsche These, wonach im ökonomischen Wettbewerb der beiden Systeme „... derjenige die Oberhand behält, der die beste Technik, Organisiertheit, Disziplin und die besten Maschinen hat“[4], besonders aktuell ist, dann werden wir wohl auch die Möglichkeiten und Grenzen, das Akkumulationsproblem zu lösen, realer einschätzen als dies von den Autoren der Thesen geschieht.

[4] W. I. Lenin, Werke, Bd. 27, Berlin 1960, S. 183.

Nach meiner Ansicht sind die Überlegungen der Autoren zu diesem Problem widersprüchlich.

Die sich aus dem Wachstum der Volkswirtschaft der DDR und der sozialistischen ökonomischen Integration der Mitgliedländer des RGW ergebenden Möglichkeiten und Erfordernisse zur Annäherung der Entwicklungstempi der Abteilungen I und II, die notwendigen Überlegungen zum Wachstumstempo und der Struktur der Akkumulationsfonds und „der Einflüsse der sozialen und technischen Infrastruktur" bedürfen m. E. gründlicher Analysen und intensiver prognostischer Arbeit. Die vereinfachende Vorstellung, daß man bei „hoher Effektivitätssteigerung und hohem Effektivitätsniveau" beinahe fast alles zu gleiches Zeit tun könne, provoziert ja direkt die Frage, was wohl passiert, wenn die Effektivitätsaufgaben nicht oder nicht vollständig erfüllt werden. Mit anderen Worten, es sind die Fragen nach der Entwicklung des gesellschaftlich notwendigen Arbeitsaufwandes nach dem gesellschaftlich notwendigen Reineinkommen, nach der Verwendung des Zuwachses an National- und realem Reineinkommen und schließlich die Frage nach einem realen ökonomischen Wachstum zu stellen.

Das Ziel des Wirtschaftsprozesses im Sozialismus ist das stabile ökonomische Wachstum, wobei wir das Attribut stabil sowohl mit „kontinuierlich" als auch mit „gesichert" interpretieren. Unter einem „gesicherten" Wachstum verstehen wir solche Wirtschaftsergebnisse, die nicht auf Kosten der Zukunft erzielt werden, d. h. von den kommenden Generationen nicht in Frage gestellt werden müssen. Das stabile ökonomische Wachstum ist Resultat des planmäßig proportional gestalteten Reproduktionsprozesses. Wenn das kontinuierliche Wachstum des Nationaleinkommens auf lange Sicht gewährleistet werden soll, dann ergibt sich daraus die Notwendigkeit, eine weitgehende Übereinstimmung von realer und Geldakkumulation zu erzielen. Deshalb ist in diesem Zusammenhang die Frage zu stellen, zu welchen „Preis", mit welchem „Aufwand" ein gegebenes Wachstum erzielt wird. Man kann eine bestimmte Produktions- bzw. Umsatzsteigerung erreichen, man berauscht sich darin, aber das Reineinkommen der Gesellschaft wächst langsamer und die Kreditbelastung des Kombinates, des Industriezweiges usw. wächst bedeutend schneller. Deshalb darf man bei der Analyse und Einschätzung von Effektivität und Stabilität in der Wirtschaft nicht bei einer Kennziffer stehen bleiben.

So wichtig der Zuwachs des Nationaleinkommens (absolut und relativ) ist, diese Kennziffer sagt noch nichts aus über die Stabilität des Reproduktionsprozesses. Wenn in der Diskussion über das Wechselverhältnis von Wachstum und Stabilität einseitig das Wachstum hervorgehoben und die Stabilität als weniger wichtig oder gar als zweitrangig bezeichnet wird, dann ist das nicht nur bedenklich. Uns ist die Stabilität sowohl der Volkswirtschaft wie der ganzen sozialistischen Gesellschaft doch nicht gleichgültig, ebenso wenig wie das Wachstum. Beide Prozesse sind wichtig. Das effektive ökonomische Wachstum erfordert, die im sozialistischen Reproduktionsprozeß zu gestaltenden Proportionen, materiellen und finanziellen Beziehungen entsprechend den Erfordernissen des Systems der ökonomischen Gesetze des Sozialismus bewußt zu gestalten und auszunutzen.

Ziemlich unbestritten ist die Rolle der Kennziffer Zuwachs und Zuwachstempo des Nationaleinkommens. Deshalb wird diese Kennziffer auch als eine der wichtigsten Effektivitätskennziffern oder Wachstumskennziffern bezeichnet. Nach meiner Ansicht müssen wir aber in Theorie und Praxis viel konsequenter als bisher den Koeffizienten des Wachstumstempos des Nationaleinkommens und der Geldeinnahmen der Bevölkerung heranziehen. Das gilt für volkswirtschaftliche Entscheidungen ebenso wie für die Durchsetzung des sozialistischen Leistungsprinzips in den Zweigen, Kombinaten, Betrieben und Genossenschaften.

Von der Entwicklung des Wachstumsverhältnisses von Nationaleinkommen und Geldeinnahmen der Bevölkerung werden die Stabilität der Staatsfinanzen, der Währung, des Preisniveaus und die gesunde Entwicklung des Kreditvolumens maßgeblich beeinflußt.

Die Herstellung eines gesunden Wachstumsverhältnisses von Produktivität und Einkommen ist für unsere Volkswirtschaft ein Kardinalproblem. Die wachsenden gesellschaftlichen Aufgaben auf dem Gebiet der Akkumulation, der Wissenschaft, der Bildung, des Gesundheitswesens, schließlich auch der Verteidigung usw. zu finanzieren und eine planmäßige Entwicklung der Industrie- und Konsumgüterpreise und deren stabiles Niveau zu gewährleisten, erfordern die Einhaltung des im Fünfjahrplangesetz enthaltenen Koeffizienten.

Wachstumsverhältnis des Nationaleinkommens und der Geldeinnahmen der Bevölkerung der DDR

Zeitraum	Zuwachsrate des Nationaleinkommens	der Geldeinnahmen der Bevölkerung	Koeffizient
Fünfjahrplan-Gesetz (Jahresdurchschnitt)	4,9%	4 %	1,225
1971	4,5%	3,4%	1,325
1972	5,4%	5,6%	0,965
1973 (Plan)	5,7%	5,3%	1,075

Ich bin der Meinung, daß man bei der Behandlung dieses Problems von dem generellen Auftrag der 8. Tagung des ZK ausgehen sollte:

„Bei der Einschätzung des Erreichten und des noch nicht Erreichten bewahren wir uns natürlich die realistische Sicht des VIII. Parteitages. Und ich möchte hier unterstreichen, daß wir das von allen wirtschaftsleitenden Organen erwarten. Die rosarote Brille verleitet zu Unaufmerksamkeit gegenüber Mängeln und verzögert ihre Überwindung, die jedem am Herzen liegen muß, der um die Fortsetzung unserer guten Entwicklung kämpft."[5]

Die rationelle Lösung all dieser Probleme stellt hohe Anforderungen an die Qualifizierung des Planungssystems.

Der direkte und indirekte volkswirtschaftliche Gesamtaufwand und -ertrag kann in der sozialistischen Warenproduktion nur durch die volle Ausnutzung der Wertkategorien schnell und hinreichend genau gemessen und wirksam im Interesse der Gesellschaft stimuliert werden. Deshalb kommt es darauf an, die Leitung, Planung und Stimulierung des Reproduktionsprozesses mit Hilfe von Kennziffern über die Effektivität und Stabilität der Volkswirtschaft und durch die bessere Ausnutzung der Ware-Geld-Beziehungen zu qualifizieren. Die Thesen orientiren richtig darauf, die Ware-Geld-Beziehungen, die Wertkategorien mit allen ihren Funktionen noch wirkungsvoller auszunutzen. Doch sollte man bei weiteren Überlegungen stets beachten, daß die sozialistische Gesellschaft nur über *ein* Mehrprodukt verfügt, das durch kompliziertere Zentralisierungs- und Umverteilungsmechanismen nicht größer wird, und daß man in einer Volkswirtschaft nicht zu gleicher Zeit alles gleichermaßen vorrangig stimulieren kann.

Alle Maßnahmen zur Gewährleistung eines stabilen ökonomischen Wachstums müssen auf die ständige Qualifizierung der Leitung, Planung und ökonomischen Stimulierung gerichtet sein. Das heißt:

Bei der Entwicklung der sozialistischen Planwirtschaft gehen wir stets von der Erkenntnis aus, daß die Entfaltung der Initiative der Werktätigen im Sozialismus in untrennbarer Einheit mit der zentralen staatlichen Leitung und Planung der Volkswirtschaft, die planmäßige Gestaltung des Reproduktionsprozesses und die Ausnutzung der Wertkategorien objektive Gesetzmäßigkeiten sind, die auf den Erfordernissen der modernen Produktivkräfte und dem Wesen des ihnen entsprechenden sozialistischen Eigentums beruhen.

Abschließend möchte ich noch vorschlagen, daß der Teil VI der Thesen unbedingt überarbeitet und ergänzt wird. Die Möglichkeiten und Erfordernisse der sozialistischen ökonomischen Integration der Mitgliedländer des RGW sind ein wesentlicher Ausgangspunkt für die lang-, mittel- und kurzfristige Planung der Volkswirtschaft der DDR. Das hat Konsequenzen für die gesamte Leitung, Planung und ökonomische Stimulierung, die sich nicht in der „gemeinsamen Planung einzelner Produktionsarten" erschöpfen. Es ist auch einseitig, immer nur von den Möglichkeiten der Integration auszugehen.

[5] E. Honecker, Das Volk der DDR kann mit Zuversicht die . . ., a. a. O., S. 15.

Wichtig ist doch, Möglichkeiten und Erfordernisse der Integration bei allen grundlegenden Fragen der Planung von vornherein zu beachten und zu nutzen. Deshalb sollte auch der Vorschlag, einen gesonderten Planteil „Maßnahmen zur Verwirklichung des Komplexprogramms ... in der Volkswirtschaft der DDR" auszuarbeiten, ernsthaft geprüft werden.

Darf ich zum Schluß noch sagen, daß der mit den vorliegenden Thesen gegebene Anstoß für eine fruchtbare Gemeinschaftsarbeit aller wirtschaftswissenschaftlichen Disziplinen den Planungstheoretikern, den Politökonomen usw. helfen wird, die vom VIII. Parteitag der SED allen Gesellschaftswissenschaftlern gestellten Aufgaben zu erfüllen.

Heinz Klopfer

Zu aktuellen Problemen der Volkswirtschaftsplanung

Im Auftrag des Vorsitzenden der Staatlichen Plankommission, Genossen Gerhard Schürer, möchte ich Ihnen die besten Wünsche der Leitung der SPK für Ihre bedeutungsvolle Arbeit aussprechen und betonen, daß die Leitung der Staatlichen Plankommission an einer möglichst engen Zusammenarbeit mit den Wirtschaftswissenschaftlern zur Lösung der vor uns stehenden Aufgaben sehr interessiert ist.

Mich freut, daß die bisher verlaufene Diskussion sich durch eine offene und kritische Atmosphäre auszeichnet, die wir zur Lösung der vor uns stehenden Aufgaben brauchen. Denn es geht darum, wie Genosse Honecker auf dem 8. Plenum des ZK der SED ausführte, daß der größte Brocken in der Arbeit noch vor uns liegt.

Gestatten Sie, daß ich Sie anhand unserer Arbeit mit den Volkswirtschaftsplänen, insbesondere mit dem Plan 1973, mit einigen Fragen der Erfüllung der auf dem VIII. Parteitag beschlossenen Hauptaufgabe vertraut mache.

Entsprechend den Aufgaben der Direktive des VIII. Parteitages für den Fünfjahrplan 1971–75 und dem Gesetz über den Fünfjahrplan 1971–75 ist der Volkswirtschaftsplan 1973 darauf gerichtet, durch hohe, aber reale und erfüllbare Zielstellungen die ständig wachsende Initiative der Arbeiterklasse und der Werktätigen allseitig zu fördern und dabei die vorhandenen Reserven und Möglichkeiten für die weitere Erhöhung der Leistungen zu mobilisieren und voll nutzbar zu machen.

Gute Voraussetzungen sind dafür durch die beträchtliche Übererfüllung der Aufgaben des Volkswirtschaftsplanes 1972 geschaffen worden.

Mit dem Volkswirtschaftsplan 1973 ist vorgesehen, auf dem Gebiet der Konsumtion bereits wesentliche Teile der auf dem VIII. Parteitag und von den Plenartagungen des Zentralkomitees unserer Partei beschlossenen Aufgaben zu realisieren. Gleichfalls ist vorgesehen, bei den Investitionen und beim produzierten Nationaleinkommen einen wesentlichen Schritt zur Realisierung der Aufgaben der Direktive voranzukommen.

Diese Zielstellungen erfordern aber gleichzeitig große Anstrengungen, um die daraus entstehenden Anforderungen hinsichtlich der Entwicklung der Arbeitsproduktivität, insbesondere in der Industrie, zu sichern und hier die Maßstäbe des VIII. Parteitages zu erreichen.

Ohne energische Anstrengungen auf diesem Gebiet, das zeigen die Beschlüsse der 8. Plenartagung, ist die umfassende Erfüllung der Aufgaben des Parteitages nicht möglich. Dieser Fortschritt ist notwendig, um die Relation zwischen produziertem und verwendetem Nationaleinkommen richtig gestalten zu konnen, die weitere Erhöhung des Lebensstandards der Werktätigen zu sichern und durch die Entwicklung der Akkumulation die perspektivische Gestaltung der Volkswirtschaft zu ermöglichen.

Es gibt für uns nur einen Weg: die Leistungsfähigkeit unserer eigenen Volkswirtschaft ständig weiter zu erhöhen, insbesondere die Arbeitsproduktivität schneller zu steigern, als im Plan vorgesehen ist und *mit allen Mitteln die Effektivität des gesellschaftlichen Reproduktionsprozesses zu erhöhen.*

Zur Durchsetzung dieses Prozesses stellte der VIII. Parteitag die Intensivierung des volkswirtschaftlichen Reproduktionsprozesses, insbesondere die Rationalisierung in den Mittelpunkt der wirtschaftlichen Arbeit.

Dabei geht es darum, mit dem Investitionsplan zu sichern, daß wir keine neuen Arbeitsplätze schaffen, für die wir dann keine Arbeitskräfte haben.

Gleichzeitig geht es darum, durch die Intensivierung der Produktion, durch die Rationalisierung uneffektive Arbeitsplätze einzusparen und damit planmäßig Werktätige für die bessere Auslastung der schon vorhandenen modernen Technik im eigenen oder anderen Betrieb zu gewinnen. Gleichzeitig ist das Aussonderungsregime der veralteten Technik vom Plan her zu sichern.

Ein wesentlicher Bestandteil der Intensivierung des gesellschaftlichen Reproduktionsprozesses ist die Durchsetzung der sozialistischen ökonomischen Integration. – Hier haben wir riesige Reserven, die erschlossen werden müssen.

Die Integration darf nicht als Mittel gesehen werden, um Bilanzdefizite zu decken, sondern die Arbeitsteilung, Kooperation und Spezialisierung ist für die Erfüllung der von unseren Bruderparteien beschlossenen Hauptaufgabe – der Erhöhung des materiellen und kulturellen Lebensniveaus der Völker – von immer größerer Bedeutung. Deshalb geht es darum, den Anteil an spezialisierten Erzeugnissen am Außenhandelsvolumen entscheidend zu erhöhen. – Hier liegt eine entscheidende Reserve der internationalen Nutzung der sozialistischen Produktionsverhältnisse. Dadurch können wir entscheidend dazu beitragen, die Frage „Wer – wen?“ im Weltmaßstab zugunsten des Sozialismus zu entscheiden. Es geht darum, mit der Integration zu größeren Seriengrößen und zu einer wirtschaftlichen Fertigung zu kommen.

Entscheidendes Augenmerk wird auch im Plan 1973 den Fragen der weiteren Vertiefung der volkswirtschaftlichen Proportionalität und der Vervollkommnung der volkswirtschaftlichen Struktur gewidmet.

Dabei geht es darum, eine Struktur herauszubilden, die langfristig die Lösung der Hauptaufgabe sichert.

Der Beschluß des Sekretariats des Zentralkomitees vom 18. 10. 1972 zur Entwicklung der Konsumgüterindustrie stellt hohe Anforderungen an die Bereitstellung der dazu notwendigen Investitionsgüter und die Entwicklung der Investitionsgüter herstellenden Zweige für die Bereiche der Leichtindustrie und der bezirksgeleiteten und Lebensmittelindustrie sowie für die Konsumgüterproduktion in den anderen Bereichen.

Dabei müssen wir uns darüber im klaren sein, daß die Lösung dieser Aufgaben und die weitere Vervollkommnung der volkswirtschaftlichen Struktur bei voller Sicherung der Proportionalität der Volkswirtschaft nur im Zusammenhang mit der Vertiefung der sozialistischen ökonomischen Integration bewältigt werden kann.

Die Erfüllung der auf dem VIII. Parteitag beschlossenen Hauptaufgabe hat eine große politische Bedeutung. Die 8. Plenartagung des Zentralkomitees konnte feststellen, daß wir das auf dem VIII. Parteitag beschlossene 5-Punkte-Programm hinsichtlich unserer Außenpolitik im Prinzip als erfüllt abrechnen können.

Wir haben ein Vierteljahrhundert eines erbitterten Kampfes gegen den Imperialismus hinter uns und können sagen, daß gegenwärtig die Früchte eines harten Kampfes gegen die BRD reifen. Auch darin bestätigt sich einmal mehr, daß der Sozialismus die Entwicklung in der Welt bestimmt. Unser VIII. Parteitag hat die Tendenzen der internationalen Entwicklung richtig eingeschätzt und gestützt darauf ein kühnes und zugleich realistisches außenpolitisches Programm beschlossen, das sich im Leben bewährt. Dabei sind wir ein wesentliches Stück weitergekommen in unserem Ziel, den imperialistischen Gegner vor allem von einer Kampffront abzubringen, nämlich vom Krieg.

Zur Entscheidung der Frage „Wer – wen?“ in der Welt und zur Sicherung der revolutionären Politik der friedlichen Koexistenz, in deren Verlauf wir dem Gegner unsere Politik aufzwingen, verlagert sich der Klassenkampf auf das Kampffeld der Ökonomie und der Ideologie. Dazu brauchen wir eine Arbeiterklasse, eine Bevölkerung, die fest zum Sozialismus steht, die höchste Leistungen für den Sozialismus vollbringt.

An der ökonomischen Front brauchen wir überall wohl abgewogene Entscheidungen, die Sachkenntnis und Weitsicht beweisen, die mit den Werktätigen gründlich besprochen sind und von den Bedürfnissen ausgehen und sie berücksichtigen. Ausgehend vom VIII. Parteitag sind wichtige Beschlüsse gefaßt worden, die die Fragen der Leitung und Planung betreffen. Nicht ohne Grund hat der Parteitag dem eine große Aufmerksamkeit gewidmet. Deshalb setzt die Leitung der Staatlichen Plankommission großes Vertrauen in die Zusammenarbeit mit den Wirtschaftswissenschaftlern und sichert ihnen ihre volle Unterstützung zu. Denn hier geht es um Fragen, deren Lösung uns befähigt, in der Praxis unserer sozialistischen Planwirtschaft den Erfordernissen der ökonomischen Gesetze noch besser Rechnung zu tragen.

Dr. Gerhard Schilling

Zu einigen Fragen der Einheit von materieller und finanzieller Planung

In der letzten Zeit ist der Meinungsstreit sowohl in wirtschaftswissenschaftlichen Publikationen, Kolloquien usw. als auch unter Praktikern zu den Fragen der Einheit von materieller und finanzieller Planung neu belebt worden. Das ist auch völlig verständlich, da einerseits der Parteitag gefordert hat, die „Einheit zwischen materieller und finanzieller Planung besser zu gewährleisten" und andererseits gerade auf diesem Gebiet in der Praxis gegenwärtig noch Widersprüche auftreten. Auch in der Sowjetunion wird diese Frage insbesondere im Zusammenhang mit dem Für und Wider um die sogenannte „Optimalplankonzeption" lebhaft diskutiert.

In der DDR konzentriert sich der Meinungsstreit in der letzten Zeit häufig auf die Frage der Rolle der Ware-Geld-Beziehungen und der Funktion bzw. der Grenzen bestimmter Wertkategorien in der sozialistischen Ökonomik, dabei insbesondere des Gewinns. Manchmal wird dabei gefordert, dem Gewinn wieder eine größere Bedeutung beizumessen. Die wirtschaftliche Entwicklung in der DDR sei jetzt soweit, daß die Etappe einer stärkeren gebrauchswertmäßigen bzw. naturalen Planung und Beauflagung wieder beendet werden könnte, die in der Tat einen hohen Aufwand verursacht. Andere wieder fordern, ausgehend vom Ziel der sozialistischen Gesellschaft, der immer besseren Befriedigung der materiellen und kulturellen Bedürfnisse der Menschen, was eine gebrauchswertmäßige bedarfsgerechte Versorgung der Menschen zum Inhalt hat, die gebrauchswertmäßige Planung weiter auszubauen.

Zweifellos sind diese Fragen von entscheidender Bedeutung für den konkreten Planungsprozeß. Deshalb ist es notwendig, sie weiter zu untersuchen und in Abhängigkeit von der konkreten wirtschaftspolitischen Situation Regelungen zu schaffen, die unserer Gesellschaftsordnung entsprechen, in der das „Führende und Maßgebende eine richtungsweisende Planung ist", wie Genosse Kossygin auf dem XXIV. Parteitag der KPdSU ausführte. Man darf auch nicht verkennen, daß die Frage des Wirkungsbereiches der Ware-Geld-Beziehungen einen tiefen politischen Inhalt hat. Sind doch die „Empfehlungen" bürgerlicher Apologeten zur „Verbesserung" unseres

Wirtschaftsmechanismus meist darauf gerichtet, den Ware-Geld-Beziehungen einen größeren Platz einzuräumen, sie der Planung überzuordnen und damit letzten Endes den Vorzug unserer Gesellschaftsordnung, die Planung – und dabei speziell die zentrale staatliche Planung – zu liquidieren.

Meines Erachtens wird mit diesen Diskussionen um den Wirkungsbereich der Ware-Geld-Beziehungen in der sozialistischen Planwirtschaft jedoch nicht die Gesamtproblematik der Einheit von materieller und finanzieller Planung erfaßt, vielleicht noch nicht einmal das Hauptproblem. Das primäre Problem scheint mir – ausgehend von Marx – in der Sicherung der dialektischen Einheit von Gebrauchswert und Wert im Rahmen der Planung und der wirtschaftlichen Rechnungsführung zu liegen, in der realen Widerspiegelung der tatsächlichen gebrauchswertmäßigen Aufwendungen und Resultate in adäquaten Wertkategorien. Marx bezeichnet bekanntlich als *erste Funktion* des Geldes die Funktion als Maß der Werte. Es geht deshalb m. E. bei der Sicherung der Einheit von materieller und finanzieller Planung primär um die Verwirklichung der Meßfunktion. Das ist auch die Voraussetzung für eine richtige Verwirklichung der Stimulierungs- bzw. Steuerungsfunktion der Wertkategorien.

Wertkategorien, die die gebrauchswertmäßigen Aufwendungen bzw. Resultate nur unvollkommen widerspiegeln, können die Stimulierungs- bzw. Steuerungsfunktion ebenso nur unvollkommen erfüllen. Deshalb kann eine richtige Antwort auf die Frage nach der Aussagefähigkeit, der Funktion und den Grenzen der Wertkategorien und damit auch des Gewinns nur unter dem Aspekt gefunden werden, inwieweit diese Kategorien ihre Meßfunktion erfüllen. Dabei ist jedoch zu beachten, daß die reale Widerspiegelung der gebrauchswertmäßigen Aufwendungen und Resultate in Geld nicht zwangsläufig gleichermaßen zu einer den sozialistischen Produktionsverhältnissen entsprechenden Wahrnehmung der Stimulierungs- bzw. Steuerungsfunktion, einem richtigen Verhältnis von Planung und Anwendung der Ware-Geld-Beziehungen, von Planung und ökonomischer Stimulierung führt. Das ist eine selbständige Problematik.

Die richtige Widerspiegelung der gebrauchswertmäßigen Aufwendungen und Resultate in Wertkategorien spielt im Zusammenhang mit den Fragen der Messung der Effektivität des Reproduktionsprozesses und einer richtigen Leistungsbewertung von Wirtschaftseinheiten eine ganz entscheidende Rolle.

In den Thesen wird den Fragen der Effektivität im Zusammenhang mit der Intensivierung völlig zu recht sehr große Aufmerksamkeit gewidmet. Es geht vor allem um die richtige Stellung der Effektivitätsrechnung im Planungs- und Entscheidungsprozeß. Das ist natürlich ein planmethodisches, in hohem Maße aber auch ein ideologisches Problem, d. h. die Effektivitätsrechnung muß eben tatsächlich in den Mittelpunkt des Entscheidungsprozesses gestellt werden, und ihr müssen *reale* Informationen zugrunde liegen.

Dazu werden eine Reihe Vorschläge zur Vervollkommnung der Effektivitätsrechnung unterbreitet, wie z. B. die Schaffung eines verbindlichen Kennziffernspiegels auf der Grundlage der Nettoproduktion, die Ausarbeitung und Anwendung von Effektivitätsnormativen usw., die m. E. richtig sind und in der nächsten Zeit gelöst werden sollten.

Es muß aber völlige Klarheit darüber bestehen, daß grundlegende Probleme der Effektivitätsmessung damit noch offen bleiben. Ein nicht gelöstes Kardinalproblem ist die unzureichende Verwirklichung der Meßfunktion des Geldes, die vielfach nicht richtige Widerspiegelung der gebrauchswertmäßigen Aufwendungen und Resultate in den entsprechenden Wertkategorien, wie z. B. den Selbstkosten, dem Gewinn, den Preisen, Kursen usw., die den Aussagewert der Effektivitätsrechnungen teilweise wesentlich beeinträchtigen. 1 Mark Aufwand repräsentiert in unserer Volkswirtschaft nicht einen überall gleichen gebrauchswertmäßigen Aufwand an lebendiger und vergegenständlicher Arbeit. Und 1 Mark Gewinn verkörpert nicht ein überall gleiches ökonomisches Resultat. Ein ähnliches Bild zeigt sich auch auf volkswirtschaftlicher Ebene. Hinter 1 Mio Mark Zuwachs Nationaleinkommen kann sich ein völlig unterschiedlicher gebrauchswertmäßiger Effekt verbergen. Der eigentliche Inhalt der Meßfunktion des Geldes, die Vergleichbarmachung der unterschiedlichen konkreten Arbeit und der Gebrauchswerte kann nur unvollständig realisiert werden. Das führt bezogen auf die Effektivitätsmessung zu einer Reihe von Problemen und Widersprüchen in der Wirtschaftspraxis.

1. Es treten Probleme bei der tatsächlichen Effektivitätsbestimmung der Produktion, der Investitionstätigkeit, der Außenwirtschaftstätigkeit, der Spezialisierung, Konzentration und Kombination der Produktion auch im Rahmen der sozialistischen ökonomischen Integration usw. auf.

Die tatsächliche Effektivität wird vielfach verzerrt dargestellt bzw. es sind komplizierte Umrechnungen notwendig, was den Entscheidungsprozeß und die Auswahl sowie Verwirklichung der effektivsten Maßnahmen zur Entwicklung der Produktion beeinträchtigt bzw. erschwert.

2. Synthetische wertmäßige Effektivitätskriterien bzw. -kennziffern, die von der Sache her einen zusammengefaßten Effektivitätsausweis sichern müßten, wie z. B. das Nationaleinkommen, der Gewinn, die Fondsrentabilität, die Rückflußdauer u. a. sind nur bedingt aussagefähig. Es ist einer mehr oder weniger große Anzahl von Effektivitätskriterien bzw. -kennziffern notwendig, um eine synthetische Aussage zu erhalten, wobei hier allerdings das Problem der Wertung bzw. Wichtung der Einzelaussagen besteht, was

nicht gelöst ist. Der subjektive Faktor erhält bei der Auswahl der effektivsten Varianten ein relativ großes Gewicht.

3. Es treten Widersprüche zwischen einer bedarfsgerechten gebrauchswertmäßigen Produktion und der Gewinnerwirtschaftung auf. Eine rasche Entwicklung einer bedarfsgerechten Produktion kann mit einem Stagnieren, u. U. sogar mit einem Rückgang des Gewinnvolumens verbunden sein. Umgekehrt braucht eine rasche Entwicklung des Gewinns nicht unbedingt Ausdruck einer bedarfsgerechten Produktion zu sein.

Die Partei forderte aber auf dem VIII. Parteitag, daß „die Betriebe dann den höchsten Gewinn erzielen und ihre Fonds erhöhen können, wenn ihre Erzeugnisse und Leistungen den volkswirtschaftlichen Erfordernissen in Menge, Sortiment, Qualität und Kosten entsprechen".

4. Die nicht richtige Widerspiegelung der tatsächlichen gebrauchswertmäßigen Aufwendungen und Resultate führt teilweise auch zu falschen Verhaltensweisen im Ressourceneinsatz. So führt z. B. der nicht richtige Ausweis der Aufwendungen für die einfache und erweiterte Reproduktion der Menschen im Rahmen der wirtschaftlichen Rechnungsführung dazu, daß teilweise die Substitution lebendiger Arbeit durch vergegenständlichte und die Freisetzung von Arbeitskräften für die Betriebe mit einer Selbstkostensteigerung verbunden ist, dadurch wird u. a. das ökonomische Interesse an der Freisetzung von Arbeitskräften beeinträchtigt.

Es sind spezifische administrative Maßnahmen notwendig, um den rationellsten Einsatz der Ressourcen zu sichern. Dabei ist zu verhindern, daß es zu Widersprüchen zwischen den gesellschaftlichen Erfordernissen und den betrieblichen Interessen kommt.

5. Es wird damit auch die Anwendung von Effektivitätsmaßstäben bzw. -normativen erschwert. Obwohl eigentlich aus volkswirtschaftlicher Sicht an die Entwicklung der Produktion, an Investitionen usw. gleiche Effektivitätsanforderungen gestellt werden müßten, ist das unter den gegenwärtigen Bedingungen unmöglich. Es ist eine sehr breite Differenzierung erforderlich, die praktisch sehr schwer zu realisieren ist und woran letzten Endes auch die Einführung von Effektivitätsnormativen bisher auch scheiterte.

All diese Probleme erfordern gebieterisch die Lösung des Problems der dialektischen Einheit von Gebrauchswert und Wert, der realen Widerspiegelung der gebrauchswertmäßigen Aufwendungen und Resultate in den entsprechenden Wertkategorien. Daraus ergeben sich in erster Linie Anforderungen an die Weiterentwicklung der Preise – dabei geht es hier um die Industrieabgabepreise und nicht um Endverbraucherpreise – und die richtige Bewertung der volkswirtschaftlichen Ressourcen. Diese Forderung wurde von der Partei bereits auf der 4. Tagung erhoben. Hierzu muß intensive Arbeit geleistet werden, was allerdings politökonomische Forschung und die Klärung einer Reihe grundlegender politökonomischer Fragen, wie z. B. die Bestimmung der gesellschaftlich notwendigen Aufwendungen, die Fragen der Wertmodifikation im Sozialismus usw. einschließt.

Die Weiterentwicklung der Preise ist von grundsätzlicher Bedeutung und hat zugleich Auswirkungen auf die gesamte Leitung und Planung unter sozialistischen Bedingungen. Ihr kommt aber gerade im Zusammenhang mit einer realen Effektivitätsmessung und der Bestimmung und Durchsetzung der effektivsten Variante der Intensivierung der Volkswirtschaft besondere Bedeutung zu.

Zum Schluß möchte ich noch einige kurze Bemerkungen zur Problematik der Zielfunktion und dabei speziell zum Diskussionsbeitrag von Prof. Dr. Stiemerling machen. Zunächst sei aber festgestellt, daß die dazu in den Thesen enthaltenen Gedanken nicht den Abschluß einer tiefgründigen Forschung darstellen, sondern vielmehr einen Vorschlag, der weiter diskutiert und untersucht werden muß. Diese Frage ist von so entscheidender Bedeutung für die Praxis, daß hierzu der Meinungsstreit unerläßlich ist. Ich habe drei Bemerkungen:

1. Die Schaffung einer Zielfunktion für die Volkswirtschaftsplanung, mit der unmittelbar das Ziel der sozialistischen Produktion, die maximal mögliche Befriedigung der materiellen und kulturellen Bedürfnisse und die allseitige Entwicklung der Menschen, unmittelbar gemessen werden kann, bedeutet keine Vernachlässigung bzw. Unterschätzung des Nationaleinkommens. Volumen und Wachstum des Nationaleinkommens bringen in synthetischer Form die Effektivität des gesellschaftlichen Reproduktionsprozesses zum Ausdruck und widerspiegeln damit in hohem Maße die Leistungen der Werktätigen. Das Nationaleinkommen ist letzten Endes auch die Quelle und (materielle) Grundlage für die Befriedigung der materiellen und kulturellen Bedürfnisse der Menschen. Deshalb darf keine Vernachlässigung oder Unterschätzung dieser wichtigen Kategorie der sozialistischen Ökonomik zugelassen werden.

2. Volumen und Wachstum des Nationaleinkommens repräsentieren jedoch das Ziel der sozialistischen Produktion im Sinne der Befriedigung der materiellen und kulturellen Bedürfnisse für die Zwecke der Volkswirtschaftsplanung nur unvollkommen. Eine hohe Steigerung des Nationaleinkommens muß nicht gleichermaßen zu einer besseren Bedürfnisbefriedigung führen. Das ist besonders dann der Fall, wenn sich die Bedürfnisse immer stärker in den Bereich der materiellen und nichtmateriellen Dienstleistungen verlagern und dies im Volumen und Wachstum des Nationaleinkommens nicht gemessen wird, sondern Umverteilung von Nationaleinkommen darstellt. Hinzu kommt, daß die Erfassung gerade dieses Bereiches in der Volkswirtschaftsplanung und Statistik große Lücken aufweist.

Aus diesem Grunde sind hier neue Überlegungen erforderlich. Es werden mit dieser Problematik eine Reihe weiterer politökonomischer Grundprobleme berührt, wie z. B. der Abgrenzung von produktiver und unproduktiver Arbeit usw., die weiter durchdacht werden müssen. Auch das Problem möglicher Doppelzählungen, die bei einem Vorgehen, wie in den Thesen vorgeschlagen, möglicherweise auftreten können, muß nochmals gründlich geprüft werden.

3. Die Untersetzung des wertmäßigen Zielkriteriums durch gebrauchswertmäßige Kennziffern ist keine spezifische Frage des in den Thesen vorgeschlagenen Zielkriteriums Konsumtionsfonds + Dienstleistungsbereich (insgesamt) + nichtproduktive Akkumulation, sondern ein Problem des wertmäßigen Ausweises von Zielkriterien überhaupt. Gebrauchswertmäßige Kennziffern sind auch bei der Anwendung des Nationaleinkommens als Zielkriterium notwendig. Das ist so lange erforderlich, solange in den Wertkategorien die tatsächlichen gebrauchswertmäßigen Aufwendungen und Resultate nicht richtig widergespiegelt werden.

Prof. Dr. Harry Milke

Einige Bemerkungen zu den Wechselbeziehungen zwischen Planung und Wettbewerb

Den Thesen möchte ich meine Zustimmung geben und zugleich einige Bemerkungen zu den Wechselbeziehungen zwischen Planung und Wettbewerb machen. Zweifellos hat die vom VIII. Parteitag der SED beschlossene Hauptaufgabe auch eine neue Phase in der Führung des sozialistischen Wettbewerbs eingeleitet. Das gilt für Breite und Wirksamkeit des sozialistischen Wettbewerbes. Die positiven Ergebnisse der Planerfüllung sind vor allem auch Resultate des sozialistischen Wettbewerbs.

Der wirtschaftswissenschaftlichen Forschung obliegt es, ausgehend von unseren im Programm der Forschung enthaltenen Aufgaben eine Reihe von Fragen der Wechselbeziehungen zwischen Planung und sozialistischem Wettbewerb inhaltlich noch tiefer auszuloten.

Will man einige der neuen Momente der Wechselbeziehungen zwischen Planung und Wettbewerb im Lichte des VIII. Parteitages der SED verallgemeinern, so sind zum Beispiel folgende Prozesse charakteristisch:

– Die Praxis, daß ökonomische und soziale Fortschritte sich wechselseitig bedingen sowie das vom VIII. Parteitag der SED beschlossene sozialpolitische Programm haben zu einem Aufschwung der Arbeitsinitiative im sozialistischen Wettbewerb geführt. Spürbare soziale Fortschritte haben sich als eine wesentliche Triebkraft des Wettbewerbes erwiesen. Dabei ist jedoch charakteristisch, daß der sozialistische Wettbewerb selbst entscheidende Aufgaben zur Verbesserung der Arbeits- und Lebensbedingungen enthält und der Lösung entgegenführt. Gerade weil im Zentrum des sozialistischen Wettbewerbes Überlegungen zur überplanmäßigen Steigerung der Arbeitsproduktivität stehen, dürfen nirgendwo die Arbeits- und Lebensbedingungen aus dem Wettbewerb etwa ausgeklammert werden.
– Der Realismus in der Planung, die Tatsache, daß in wachsendem Maße reale, also anspruchsvolle und zugleich erfüllbare Pläne die Initiative auf die Steigerung bedarfsgerechter Produktion lenken, hat zugleich den Wettbewerb wirksamer gestaltet, seine Möglichkeiten zur Aufdeckung von Reserven erhöht und ein günstiges Wettbewerbsklima geschaffen.

Gerade im Jahre 1973, dem entscheidenden Jahr für die Erfüllung des Fünfjahrplanes, kommt es deshalb im sozialistischen Wettbewerb darauf an, alle Reserven zur Steigerung der Arbeitsproduktivität aufzuspüren und zugleich alle Kanäle zu verstopfen, die gute Wettbewerbsleistungen mindern könnten. Werden zum Beispiel einerseits im sozialistischen Wettbewerb die Selbstkosten gesenkt und andererseits durch unzureichende Leitungstätigkeit die Gemeinkosten erhöht, so mindert das die ökonomischen Ergebnisse guter Arbeit im Wettbewerb und beeinträchtigt die Initiative. Es erweist sich bei der Führung des sozialistischen Wettbewerbes immer eindeutiger, daß er nicht neben dem Plan, sondern nach Schwerpunkten des Planes geführt wird, reale Möglichkeiten zur Planübererfüllung ausgeschöpft werden und zugleich Vorschläge zur weiteren Vervollkommnung der Planung aus dem Wettbewerb entstehen. Auch die Differenziertheit und die Abrechnung der Leistungen im Wettbewerb ist realistischer geworden.

- Die Mehrheit der Arbeiterklasse und der Klasse der Genossenschaftsbauern und zahlreiche Angehörige der Intelligenz stellen sich im sozialistischen Wettbewerb persönliche Ziele und identifizieren sich bis hin zu ihrem Arbeitsplatz mit den Zielen und Wegen der sozialistischen Planwirtschaft. Das findet vor allem in den persönlichen und kollektiven schöpferischen Plänen zur Steigerung der Arbeitsproduktivität seinen Ausdruck. Zugleich schöpfen die Gegenpläne viele Reserven im gesamten betrieblichen Reproduktionsprozeß aus und schaffen stabile Voraussetzungen für persönliche Initiativen.
- Von wesentlicher Bedeutung für die Planung und den sozialistischen Wettbewerb ist die Anwendung von Planungs- und Wettbewerbserfahrungen der Länder der sozialistischen Gemeinschaft und vor allem der Sowjetunion. Sowjetische Neuerermethoden und ihre konkrete Auswertung sind zu einem wesentlichen Bestandteil des sozialistischen Wettbewerbs geworden und eine wesentliche Grundlage seiner effektiven Ergebnisse.

Oberst Dr. Johannes Oreschko

Zu den Ausgangspunkten der Planung und Problemen der Planungsordnung

Die vorliegenden Thesen zur Problematik der Vervollkommnung der Planung und Bilanzierung widerspiegeln die umfassende Bedeutung dieser Thematik in Verwirklichung der Beschlüsse unseres VIII. Parteitages. Die Autoren haben hierzu eine verdienstvolle Arbeit geleistet und eine Reihe neuer und komplizierter Fragen untersucht und Vorschläge zu ihrer Lösung unterbreitet. Die Vervollkommnung des Systems unserer Planung und Bilanzierung wird entscheidend dazu beitragen, die Aufgabenstellung der Partei und Regierung kontinuierlich und erfolgreich zu verwirklichen. Ich gestatte mir, auf 2 Komplexe in meinem Diskussionsbeitrag einzugehen, deren weitere Untersuchung und Präzisierung mir notwendig erscheint.

1. Der untersuchte Ausgangspunkt für das System der Planung und Bilanzierung erscheint mir in der vorliegenden Fassung zu einseitig und eng abgefaßt.

Zum prinzipiellen Ausgangspunkt, nämlich der Befriedigung der Bedürfnisse der Menschen, gibt es sicher keine Einwände. Wenn jedoch in der detaillierten Darlegung nur von der individuellen Konsumtion ausgegangen wird, dann erscheint eine solche Feststellung sicher nicht haltbar. Im Zusammenhang mit der Entwicklung unserer Gesellschaft haben die gesamten Aufwendungen für die gesellschaftliche Konsumtion, ich denke hier insbesondere an die Aufwendungen für die Landesverteidigung und innere Ordnung, aber auch für den gesamten Staatsapparat und andere gesellschaftliche Einrichtungen, eine große Bedeutung. Sowohl vom Umfang als auch der steigenden Tendenz der Ausgaben für die Landesverteidigung und innere Ordnung her, die unser sozialistischer Staat gezwungen ist, aufzubringen, solange die imperialistischen Länder ihre Rüstungsausgaben weiter erhöhen, nehmen diese Aufgaben einen wichtigen Platz in der Planung der gesamten Volkswirtschaft und der einzelnen Bereiche und Zweige ein. Das gleiche trifft für alle anderen gesellschaftlichen Plan- und Bedarfsträger zu.

Die Tendenz der zunehmenden Erhöhung der gesellschaftlichen Konsumtion wird besonders dadurch charakterisiert, daß sowohl die technische

Revolution als auch allgemein-politische, sicherheitspolitische, sozialpolitische und weitere Gesichtspunkte erfordern, daß den veränderten Bedingungen schnell und wirksam Rechnung getragen wird. Daraus folgt, daß selbstverständlich zu den unmittelbaren Bedürfnissen der Menschen, also der individuellen Konsumtion, als weiterer Ausgangspunkt der Planung die gesellschaftliche Konsumtion hinzukommt, also die Aufwendungen für Landesverteidigung und Sicherheit, die gesamten sonstigen Aufwendungen für den Staatsapparat, für die Einrichtungen der Volksbildung, Kultur, des Sozialwesens usw., deren Umfang ständig wächst.

Bei aller Vordringlichkeit eines stärkeren Hinwendens zu dem sicherlich in den vergangenen Jahren vernachlässigten Komplex der unmittelbaren Bedürfnisbefriedigung der Menschen in der Planung, dürfen wir jedoch nicht in das Extrem verfallen und nur diese individuelle Seite der Konsumtion sehen.

Diese Frage hat auch noch in einer anderen Hinsicht große Bedeutung, nämlich hinsichtlich der Gebrauchswertseite der Planung und Produktion.

Es gibt absolut keine Abstriche daran, daß wir im Jahre 1973 einen Durchbruch auf dem Gebiet der Produktion von Konsumgütern erreichen müssen, wie es von unserer Partei gefordert wird. Aber auch hierbei heißt es, keinesfalls bei der Lösung dieser Aufgabe alle anderen gesellschaftlich notwendigen Aufgaben zu vernachlässigen oder als zweitrangig zu betrachten. Es geht dabei nicht lediglich um die Frage der Entwicklung der Abteilung I im Verhältnis zur Abteilung II, sondern auch um die Planung und Produktion von Gebrauchswerten und konkreten Erzeugnissen für die gesellschaftliche Konsumtion. Ich möchte das nicht näher ausführen.

2. Die unterbreiteten Vorschläge zur Ausarbeitung einer Planungsordnung für die Volkswirtschaft unserer Republik lassen hoffen, daß wir auf dem Gebiet des Planungssystems und der Planungsmethodik sicherlich einen Schritt nach vorn machen werden.

Gerade in diesen Fragen gab es in den letzten Jahren ja viel hin und her, was den verschiedenen Organen, angefangen bei zentralen Organen bis zum Betrieb, große Schwierigkeiten bereitete und oft genug zu Unsicherheit und Ungenauigkeit führte. Es erscheint jedoch notwendig, Klarheit darüber zu schaffen, auf welche Komplexe und Zeitabschnitte die Planungsordnung sich vor allem zu konzentrieren hat. In der jetzigen Konzeption ist offensichtlich das Hauptgewicht auf die Jahresplanung gelegt. Die Bedeutung der kurzfristigen Planung, also unter anderem der Jahresplanung, ist sicherlich sehr groß und in den vergangenen Jahren gab es hierzu mitunter eine unberechtigte Unterschätzung. Es kann aber nicht angehen, daß wir uns jetzt schwerpunktmäßig nur auf die Jahresplanung konzentrieren und deren Systematik und Methodik verbessern. Der logische Zusammenhang und die richtige Ableitung des Systems der Jahresplanung aus der mittelfristigen, also der Fünfjahrplanung und in bestimmter Weise zur langfristigen Planung ist unumgänglich.

Gerade im Jahre 1973/74 werden die Aufgaben der Fünfjahrplanung und für bestimmte Bereiche auch der langfristigen Planung eine entscheidende Rolle spielen.

Demzufolge ist die Erarbeitung entsprechender Regelungen und Ordnungen im Rahmen einer Planungsordnung außerordentlich dringlich. Gerade aus der Sicht gesellschaftlicher Konsumenten, wie sie Landesverteidigung und innere Sicherheit darstellen, zeigen die praktischen Erfahrungen, daß ohne eine solide Fünfjahrplanung die Aufgaben der Jahresplanung nicht qualifiziert gelöst werden können.

Abgesehen von unserer Spezifik erscheint dennoch die Verallgemeinerung dieser Erfahrung im bestimmten Umfang auch für andere Bereiche berechtigt.

Dabei möchte ich insbesondere auf die Notwendigkeit eines differenzierten Herangehens an die methodischen Bestimmungen, die Fragen der Nomenklatur und weitere Regelungen zwischen kurz-, mittel- und langfristiger Planung hinweisen. Es kann nicht angehen, wie das für die Planung des jetzigen Fünfjahrplanzeitraumes gehandhabt wurde, daß sich Nomenklatur-Umfang, Detailliertheit und Verbindlichkeitsgrad des Fünfjahrplanes kaum unterschieden von der Durchführung der Jahresplanung. Das daraus schließlich viele prinzipielle Änderungen notwendig wurden, war unumgänglich. Ein solches Herangehen hat sich in der Praxis nicht bewährt. Entsprechend den unterschiedlichen Etappen muß auch eine abgestufte inhaltliche und methodische Differenziertheit bestehen.

Im Zusammenhang mit der Aufgabenstellung zur weiteren Vervollkommnung der Planung und Bilanzierung steht als wichtige Aufgabe in den nächsten Monaten der Komplex der langfristigen Planung. Es erscheint notwendig zu sichern, daß wir mit dieser Aufgabe nicht unter anderer Begriffsbestimmung eine Neuauflage der Prognosearbeit machen. Es kann sicher nicht richtig sein, wenn, wie das hier auch in der Diskussion erläutert wurde, auf dem Gebiet der langfristigen Planung eine umfassende und allseitige Arbeit gemacht wird, in die selbst Kombinate, Betriebe und weitere Institutionen einbezogen werden sollen. Aufgaben der langfristigen Planung erfordern zentrale Konzeptionen und Orientierungen. Sie erfordern selbstverständlich auch die Mitarbeit der Werktätigen, aber kein isoliertes Arbeiten unterer Organe und der Betriebe, weil damit nur Papier beschrieben wird und keine realisierbaren Ergebnisse auf den Tisch kommen. Gerade die Erfahrung auf unserem Gebiet zeigten, daß ohne konzeptionelle Arbeit, ohne Vorgaben die Betriebe und andere Institutionen diese Aufgaben nicht bewältigen können.

Ich schlage vor, diese meine Gedanken bei der Präzisierung der Thesen und der Weiterführung der Arbeiten auf diesem Gebiet als Anregung zu betrachten.

Prof. Dr. Arno Donda

Einige theoretische und praktische Aspekte der weiteren Vervollkommnung der Planung der Volkswirtschaft

Bei allen Vorschlägen den Aufwand beachten

In der wirtschaftswissenschaftlichen Arbeit wird leider immer noch zu selten der Aufwand, der bei der Realisierung eines Vorschlages für die Vervollkommnung der Planung in der Volkswirtschaft entsteht, von vornherein als Bestandteil theoretischer Arbeit betrachtet. Aber gerade für die Ergebnisse der wirtschaftswissenschaftlichen Arbeit gilt es – wie bei allen Forschungs- und Entwicklungsaufgaben –, den Aufwand, und zwar den einmaligen sowie den laufenden, möglichst genau mit den zu erwartenden Ergebnissen zu bilanzieren. Eine Reihe Fehlentwicklungen der jüngeren Vergangenheit in Gestalt von sehr umfangreichen, z. T. im perfektionistischen Sinne „idealen Modellen“, waren ja gerade dadurch mit verursacht, daß ihre Schöpfer sich gar nicht oder ungenügend um den Aufwand kümmerten, der für die Arbeit mit diesen Modellen auf allen Ebenen der Volkswirtschaft – insbesondere in den Betrieben – notwendig ist. So wurden viele, zwar mathematisch exakte Modelle entwickelt – darunter durchaus auch eine Reihe, deren Anwendung an und für sich sehr nutzvoll wäre –, ohne zu prüfen, wie überhaupt die Vielzahl der für sie benötigten Informationen (statistische, technische, technologische usw.) und mit *welchem Aufwand* zu beschaffen sind. Natürlich besteht in einer sozialistischen Gesellschaft die prinzipielle Möglichkeit, alle Informationen über ablaufende bzw. abgelaufene Prozesse zu beschaffen. Doch die Gesellschaft muß stets sehr genau überlegen, wieviel gesellschaftliche Arbeit sie für die Informationsgewinnung anwenden kann. Außerdem geht es nicht nur um Informationen über abgelaufene Prozesse, sondern im hohen Maße um die Einschätzung künftiger Prozesse, Beziehungen usw.

Parteiführung und Regierung haben wiederholt den bewährten Grundsatz bekräftigt, daß nicht soviel Informationen erarbeitet werden dürfen wie möglich sind, oder soviel wie irgendwie in bestimmten Maße nützlich wären, sondern nur die und soviel, wie zur Lösung der gestellten Aufgaben unbedingt nötig sind. Deshalb wurde auch auf ZK-Tagungen gefordert, das Berichtswesen – und nicht nur das durch die Staatliche Zentralverwaltung für Statistik betriebene – auf das unmittelbar notwendige Maß zu reduzieren.

In den vorgelegten Thesen sind viele gute und nützliche Vorschläge für die Entwicklung der Planung enthalten. Das kann festgestellt werden, unabhängig davon, daß einige Thesen umstritten sind und andere ergänzt werden müssen. Aber alle diese einzelnen, überwiegend richtigen Vorschläge, stehen im Widerspruch zu einer ebenfalls richtigen These (I. 2 h): „Der Arbeitsaufwand für Planung und Abrechnung ist zu reduzieren". Es ist dagegenzuhalten: Alle Vorschläge zusammengenommen führen zu einer erheblichen Erhöhung des Arbeitsaufwandes auf allen Ebenen. Es fehlt in den Thesen überhaupt der Gedanke, daß auch bewußt nach Möglichkeiten gesucht werden muß, den Aufwand für die Planung und Abrechnung zu reduzieren. Es muß doch aber ein Grundgedanke werden, daß die Vervollkommnung der Planung auch ihre Rationalisierung erfordert. In der Nichtbeachtung dieses Gesichtspunktes liegt eine Gefahr für die Gesamtheit der unterbreiteten Vorschläge. Wenn nicht zugleich Voraussetzungen zur Senkung des Aufwandes für die Planungs- und Abrechnungsarbeiten auf bestimmten Gebieten erarbeitet und gefunden werden, sind die unterbreiteten Vorschläge nicht zu realisieren, weil der erforderliche Arbeitsaufwand nicht zusätzlich erbracht werden kann. Die Möglichkeiten der Qualifizierung erstrecken sich auf nahezu alle Gebiete, Ebenen und Phasen der Planung. Beispiel:

- Immer stärkere Ausnutzung der elektronischen Datenverarbeitung im Prozeß der Planung selbst, auch auf der Ebene der VVB und Kombinate
- Reduzierung um eine Reihe nicht mehr benötigter Kennziffern für die Planausarbeitung als Planungs- oder Berechnungskennziffern
- Qualifizierung der Planansätze (Vorgaben) auf der Basis lang- und mittelfristiger Plankonzeptionen oder Pläne, so daß spätere Ergänzungen und Korrekturen in einem relativ späten Stadium der Planausarbeitungen nicht mehr notwendig werden. Außerdem ist zu beachten, daß die Einführung von neuen Plankennziffern zwangsläufig einen zusätzlichen Aufwand für die Erfassung und Aufbereitung in den Betrieben, Kombinaten und VVB zur Folge hat, der in der Mehrzahl der Fälle wesentlich größer als der Aufwand bei der unmittelbaren Planausarbeitung in den Betrieben ist. Da aber nach altbewährten Grundsätzen jede Plankennziffer abgerechnet werden muß, d. h. die Einheit von Planung und Abrechnung zu gewährleisten ist, muß bei der Ausarbeitung und Gestaltung neuer Plankennziffern auch der Gesamtaufwand für die Planung und die ständige Erfassung und

Abrechnung als Einheit betrachtet und bei der Entscheidungsfindung über die Realisierung des Vorschlages berücksichtigt werden.

– Vermeidung durch ständige Anleitung und Kontrolle, daß in einer zu großen Zahl von Fällen die Planaufgaben in erheblichem Maße von den Planentwürfen der Betriebe, Zweige und Bereiche abweichen und teilweise eine neue Bilanzierung erzwingen. Alle Vorschläge zur Vervollkommnung der Planung müssen daraufhin untersucht und ggf. überarbeitet werden, daß sie mit einem geringstmöglichen Aufwand an zusätzlicher Arbeit zu bewältigen sind.

Die Bevölkerungsentwicklung in die Planung einbeziehen

Die Bevölkerungsentwicklung – eines der wesentlichsten Gebiete der Gesellschaft überhaupt – ist gegenwärtig praktisch nicht in die Planung einbezogen. Die Planung beschränkt sich hier fast ausschließlich darauf, die eingetretene Entwicklung möglichst rechtzeitig und z. T. im voraus zu erkennen und bei der Planung der Wirtschaft zu berücksichtigen. Es gibt in der DDR weder theoretische noch praktische Arbeiten, die komplex die Entwicklung der Bevölkerung zum Gegenstand haben. Das ist natürlich auch eines der kompliziertesten und schwierigsten Gebiete für eine planmäßige Einflußnahme. Das ist nicht nur deshalb der Fall, weil es hier im Gegensatz zu den Hauptfragen der Wirtschaft keine direkten Planaufgaben geben kann, weder beispielsweise für den Kreis noch für die einzelne Familie, sondern vor allem deshalb, weil eine ausgeglichene und harmonische Entwicklung der Bevölkerung in der sozialistischen Gesellschaft, in der die Würde des Menschen erstmals in der Geschichte der Menschheit nicht nur dem klingenden Wort nach, sondern in der gesellschaftlichen Praxis respektiert und gefördert wird, nur durch das bewußte Verhalten der Bürger zu erreichen ist und verwirklicht werden darf.

Die gegenwärtige Situation auf dem Gebiet der Bevölkerungsentwicklung unterstreicht die Notwendigkeit, sich nicht nur stärker, sondern auch sehr viel intensiver als bisher mit den Fragen der Bevölkerungsentwicklung in Theorie und Praxis zu beschäftigen. Es ist doch in vieler Hinsicht zu beachten und bedeutsam, wenn in den letzten 10 Jahren die Zahl der in einem Jahr Geborenen in der DDR zwischen 301000 und 200000 schwankt und Veränderungen von einem Jahr zum anderen um 35000 Geborene, das sind 15%, eintreten. Diese erheblichen Veränderungen sind unter verschiedenen Gesichtspunkten aufmerksam zu verfolgen und zu untersuchen. So ergeben sich aus der unterschiedlichen Besetzung der einzelnen Geburtsjahrgänge unterschiedliche Anforderungen an die gesellschaftlichen Aufwendungen bei der

Heranbildung und Erziehung der jungen Generation (unterschiedliche Zahl von Kindern bzw. Jugendlichen, die sich in den einzelnen Zeiträumen in den Altersgruppen befinden, die für Kinderkrippen, Kindergärten, allgemeinbildende Schule, Berufsausbildung, Hochschulen in Frage kommen).

Es gilt aber auch, die Ursachen und Faktoren zu erkennen, warum bestimmte, insbesondere erhebliche Veränderungen in der Zahl der pro Jahr Geborenen eintreten. So ist der sehr starke Rückgang der Zahl der Geborenen, der gegenwärtig zu verzeichnen ist, nicht auf die Veränderung der Altersstruktur der Frauen im gebärfähigen Alter zurückzuführen, wie das noch vor einigen Jahren der Fall war, sondern ausschließlich auf die Verringerung der Zahl der Geborenen pro 1000 Frauen in den einzelnen Altersjahren, d. h. auf den Rückgang der tatsächlichen altersspezifischen Fruchtbarkeit. Dafür ist ein ganzer Komplex verschiedenartigster Ursachen verantwortlich. Die unmittelbaren Ursachen für die in den letzten Monaten verstärkt auftretenden Rückgänge in der monatlichen Geborenenzahl sind auf dieser generellen Basis die Nutzung der legalen Schwangerschaftsunterbrechung und die umfangreichere Anwendung antikonzeptioneller Mittel. Das führte zweifellos zu vielen positiven Ergebnissen. Vor allem ist dabei zu nennen, daß die Frauen nun bewußt mit weitgehender Wirksamkeit den Zeitpunkt bestimmen können, zu dem sie ihre Kinder bekommen wollen. Das ist ein wesentlicher weiterer Schritt zur vollständigen Durchsetzung der Gleichberechtigung der Frau in der Praxis des gesellschaftlichen Lebens. Mit der Verwirklichung dieser Maßnahmen wurden auch alle nicht von sachkundiger Hand geführten Unterbrechungen unterbunden, die bisher in einer Reihe von Fällen zu negativen Auswirkungen für die Gesundheit der Frauen und Mädchen führte. Aber neben diesem und noch weiterem Positiven bleibt der Fakt, daß die effektive Zahl der Geborenen soweit zurückgegangen ist, daß die einfache Reproduktion der Bevölkerung gegenwärtig nicht mehr gewährleistet ist, die Zwei- oder Dreikinderfamilie nicht als das Typische in Erscheinung tritt. Bekanntlich muß – wenn der Generationsabstand konstant bleibt – jede Frau während ihres Lebens durchschnittlich 2,1 Kinder gebären.[1] Dieser Wert wurde jetzt erstmalig in der DDR unterschritten.

Zweifellos erfordert die Wiederherstellung der normalen Reproduktion der Bevölkerung gezielte Maßnahmen, angefangen von ideologischen, z. B. stärkere Verbreitung des Leitbildes einer sozialistischen Familie mit zwei und drei Kindern (dazu gehört auch die Tatsache, daß in der literarisch-künst-

[1] Unter Berücksichtigung der Tatsache, daß durchschnittlich auf 106 Knabengeburten nur 100 Mädchengeburten erfolgen und im Säuglingsalter und auch in den ersten 20 bis 30 Lebensjahren ein bestimmter, wenn auch geringer Prozentsatz der Geborenen sterben. Die altersspezifische Sterblichkeit ist gegenwärtig so, daß auf 100000 geborene Mädchen 96000 das 30. Lebensjahr vollenden.

lerischen Gestaltung unseres gesellschaftlichen Lebens die Kinder als notwendiger Bestandteil des Lebens, als Teil des Lebensinhaltes und nicht als Belastung erscheinen, ohne bestehende Probleme zu verniedlichen), bis zur noch wirksameren materiellen Unterstützung der Familien und insbesondere der werktätigen Mütter mit 2 und mehr Kindern. Dabei geht es insbesondere auch um solche Fragen, wie um die schnellere Zurverfügungstellung von geeignetem Wohnraum. Aber auch solche Möglichkeiten sollten geprüft werden, wie beispielsweise eine bessere Versorgung derartiger Familien mit langlebigen Konsumgütern z. B. mit Pkw. Hier soll nur der Spielraum der Maßnahmen angedeutet werden, die möglich und erforderlich sind, um eine nachhaltige Veränderung der gegenwärtigen Tendenz zu erreichen. Es geht hier nicht um eine konkrete Darlegung des erforderlichen Komplexes der Maßnahmen, der schrittweise entsprechend den Möglichkeiten zu realisieren wäre, sondern zunächst um die Feststellung, daß es sich nicht um einzelne Maßnahmen, sondern um einen Komplex von Maßnahmen handeln muß, insbesondere geht es darum, diesen Komplex der effektivsten Maßnahmen zu bestimmen und zu erforschen, die zu einem optimalen Erfolg führen. Dazu sind zweifellos noch viele sorgfältige und gründliche Untersuchungen zu führen. Insgesamt gesehen stehen wir bei derartigen Untersuchungen noch ziemlich am Anfang. Es gilt, das demographische Verhalten der Bevölkerung im Interesse der Gesellschaft intensiver und qualifizierter zu erforschen und in Theorie und Praxis die demographischen Untersuchungen schnell zu entwickeln.

Diese Forderung wird auch durch eine andere Überlegung unterstrichen: Es wurde bei der Unterbreitung von Vorschlägen der Qualifizierung der Planung u. a. ausgeführt, daß die Zahl der Berufstätigen in den nächsten Jahren steigen wird und daß das durch die Staatliche Zentralverwaltung für Statistik ermittelt wurde. Das ist nicht ganz exakt. Die Staatliche Zentralverwaltung für Statistik hat lediglich festgestellt, daß sich die Zahl der *Bevölkerung im arbeitsfähigen Alter* in den nächsten 12 bis 13 Jahren stetig – wenn auch im sehr unterschiedlichen Maße – erhöhen wird und in welcher Größenordnung sich das vollzieht. Die Zahl der *tatsächlich Berufstätigen* ist aber noch von einer Reihe anderer Faktoren abhängig. Von einigen wissen wir noch nicht genau, wie sie sich quantitativ tatsächlich auswirken und damit die Zahl der Berufstätigen beeinflussen werden. Nehmen wir nur die Berufstätigkeit der Rentner. Sie ist speziell in der DDR von sehr großer volkswirtschaftlicher Bedeutung, 8,7% der Berufstätigen befinden sich gegenwärtig im Rentenalter. Wie wird sich aber der Beschäftigungsgrad der Rentner in den nächsten Jahren entwickeln? Es sei hierzu nur auf zwei Fragen verwiesen:

– Die Altersstruktur der Rentner verändert sich in den nächsten Jahren beachtlich. Während gegenwärtig rund 50% der Rentner unter 70 Jahre alt sind, werden in 12 Jahren nur noch 37% der Rentner jünger als 70 Jahre sein.

Da aber insbesondere die Rentner unter 70 Jahre berufstätig sind, wird sich aus dieser altersstrukturellen Veränderung der Rentner wahrscheinlich auch eine bestimmte Auswirkung auf den Beschäftigungsgrad der Rentner allgemein ergeben.

– Es ist des weiteren zu prüfen, wie sich die Erhöhung der Renten – auch im Zusammenhang mit den o. g. altersstrukturellen Veränderungen – auf den Umfang und die Dauer der Beschäftigung eines Teils der Berufstätigen im Rentenalter auswirken wird.

Dieses und andere Faktoren und Tendenzen gilt es nicht nur im Nachhinein festzustellen, obwohl natürlich auch das sehr wichtig ist, sondern im voraus einzuschätzen und ggf. durch geeignete Maßnahmen im gesamtgesellschaftlichen Interesse zu beeinflussen. Es ist leider eine Tatsache, daß sich mit derartigen Fragen weder genügend Personen noch Institutionen befassen. Es erscheint auch notwendig, daß im Zusammenhang mit der Weiterentwicklung und Qualifizierung der Planung die demographische Forschung weiterentwickelt wird. Eine der Fragen dabei ist, daß die demographische Forschung auch in der DDR eine Organisation bzw. Institutionalisierung finden muß. Es ist unter anderem zu prüfen, ob diese Fragen im Rahmen unseres Rates anzusiedeln wären. Es ergibt sich aber insbesondere auch die Frage, daß die demographische Entwicklung und Problematik bei sehr vielen ökonomischen Aufgaben und insbesondere Aufgaben der Planung stärker beachtet werden müssen. So wäre es sicherlich zweckmäßig, im Rahmen der Bedürfniskomplexe nicht nur schlechthin von Arbeit, Ernährung, Wohnen, Bildung, Kommunikation, Kultur usw. zu sprechen, sondern auch einen Bedürfniskomplex Familie/Kinder hinzuzufügen. Bei allen diesen Bedürfniskomplexen, wie sie in These 6 des vorgelegten Materials dargelegt werden, sollte aber noch stärker zum Ausdruck kommen, daß es nicht nur gilt, diese Bedürfniskomplexe gewissermaßen passiv zu erforschen, die vorhandene Entwicklung möglichst rechtzeitig zu erkennen, sondern die Aufgabe auch darin besteht, diese Bedürfniskomplexe im Interesse der Menschen und der gesamten Gesellschaft zu beeinflussen, d. h. Ziel und Mittel dafür zu erforschen.

Verantwortungsbereiche[2] *und „reine" Zweige*[3] *in der Planung*

In den vorgelegten Materialien wird allgemein von der Problematik der Kopplung gesprochen. Eines der wichtigsten dieser Probleme ist die Herstellung einer reibungslosen und rationellen Verbindung der Planung nach reinen Zweigen und Verantwortungsbereichen. Insbesondere die mittel- und langfristige Planung kann primär nur von der Planung nach Zweigen ausgehen: Es geht doch dabei z. B. um die Planung der Chemieproduktion, d. h. der Betriebe und ihrer Leistung, die chemische Erzeugnisse herstellen. Dafür kann aber die Zusammenfassung der Betriebe nach Verantwortungsbereichen nicht die erforderliche Basis geben, denn zum Bereich des Ministeriums für Chemische Industrie gehören einerseits auch eine Reihe von Betrieben – wie die der VVB Chemieanlagen, die keine chemischen Erzeugnisse, sondern Erzeugnisse der metallverarbeitenden Industrie, des Maschinenbaus herstellen, während andererseits etwa 30% der Produktion von chemischen Erzeugnissen nicht von Betrieben im Verantwortungsbereich des Ministeriums für Chemische Industrie, sondern der Bezirkswirtschaftsräte produziert werden.

Ähnlich ist es auf dem Gebiet der Möbelindustrie, um ein weiteres Beispiel zu nennen. Hier werden nicht einmal 50% der Möbel im Bereich dieser VVB hergestellt. Der größere Teil der Möbelproduktion erfolgt im örtlichen Bereich, d. h. in Verantwortung der Bezirkswirtschaftsräte.

Im Sinne der Perspektiv- und mittelfristigen Planung geht es jedoch nicht in erster Linie um die Entwicklung des einen oder anderen Verantwortungsbereiches, sondern eben um die Herstellung bestimmter Erzeugnisse oder Erzeugnisgruppen, also chemischer Erzeugnisse, Pharmazeutika usw. oder auch von Möbeln und damit um die Entwicklung von *Betrieben*, die derartige Erzeugnisse herstellen. Das ist die primäre Fragestellung. Unter diesem Gesichtspunkt müssen Arbeitskräfte, Wissenschaft und Technik, Investitionen, Grundfonds usw. geplant und auch bilanziert werden. Selbstverständlich muß auch rechtzeitig eine Adressierung oder Umadressierung auf Verantwortungsbereiche erfolgen, weil nur so die Durchsetzung zu gewährleisten ist. D. h., nachdem die Entwicklung von Zweigen und Erzeugnissengruppen klar und ausbilanziert ist, muß entschieden werden, in welchen Verantwortungsbereichen diese Entwicklung vonstatten gehen soll und welche Voraussetzungen damit in einzelnen Verantwortungsbereichen zu schaffen sind.

Hierin besteht gerade eine der kompliziertesten „Kopplungsfragen" in der Planung der Volkswirtschaft. Hieraus ergibt sich aber zugleich die

2 Z. B.: VVB, Kombinate, Bezirkswirtschaftsräte, Ministerienbereiche.

3 Zuordnung der Betriebe nach dem Schwerpunkt ihrer Tätigkeit entsprechend der Betriebssystematik, unabhängig von der Unterstellung nach Verantwortungsbereichen.

Aufgabenstellung, daß zuerst die Beschaffung der notwendigen Informationen statistischer, technischer und technologischer Art für die Planung, insbesondere für die langfristige und mittelfristige Planung nach Zweigen, Erzeugnissen und Erzeugnisgruppen zu erfolgen hat und danach auch die erforderlichen Informationen bereitgestellt werden müssen, die die Umadressierung, die Umsetzung der daraus abgeleiteten Aufgaben der Entwicklung nach Verantwortungsbereichen gestatten. Diese Feststellung ist in vieler Hinsicht wichtig, weil daraus folgt, daß Verflechtungsbilanzen in erster Linie und vor allem nach Zweigen und Erzeugnisgruppen aufgestellt werden müssen, um die Planung danach auszurichten, und daß es danach Anhaltspunkte und Grundlagen für die sinnvolle Adressierung nach Verantwortungsbereichen geben muß. Es wäre wünschenswert, wenn diese Fragen auf allen Gebieten genügend beachtet würden und nicht nur bei der Aufstellung gesamtvolkswirtschaftlicher Verflechtungsbilanzen, sei es als statistische oder Planbilanzen.

Bewertungsfragen in Planung und Abrechnung

Bewertungsfragen stellen in Planung und Abrechnung entscheidende Probleme dar, die oft unterschätzt werden. Leider gilt das für Theorie und Praxis. Die Konsequenz spiegelt sich in der Praxis u. a. in folgendem wider: Die geplanten Steigerungsraten der industriellen Warenproduktion beruhen gegenwärtig auf Preisen des jeweiligen Vorjahres.[4] Demgegenüber wird in der statistischen Darstellung im Interesse einer langfristigen Vergleichbarkeit die jährliche Steigerung der industriellen Warenproduktion seit einer Reihe von Jahren zu konstanten Preisen, nämlich des Jahres 1967, dargestellt. Hieraus ergibt sich einerseits, daß die geplanten Steigerungsraten untereinander nicht vollständig vergleichbar sind, während andererseits die statistische Darstellung nicht vollständig mit der Plankennziffer übereinstimmt, weil die Bewertungen nicht völlig identisch sind. Die Unterschiede für die industrielle Warenproduktion insgesamt sind dabei so gering, daß sie vernachlässigt werden können. Bei einigen Zweigen können die Unterschiede aber so groß werden, daß sie beachtet werden müssen.

Selbstverständlich wird durch die Statistik nicht nur die industrielle Warenproduktion von den Betrieben und Kombinaten zu Preisen des Jahres 1967,

[4] So wird z. B. die geplante Steigerungsrate der industriellen Warenproduktion ermittelt auf Grund der geplanten Produktion des Jahres 1971 als auch 1972 auf der Grundlage der 1971 geltenden Preise, während die Steigerungsrate der industriellen Warenproduktion des Jahres 1973 beruht auf dem Vergleich der Warenproduktion der Jahre 1972 und 1973, bewertet zu den Preisen des Jahres 1972 usw.

sondern auch zu den effektiven Preisen erfaßt, und zwar zu den Industrieabgabepreisen sowie zu den Betriebspreisen. Aber eine besondere nochmalige Erfassung zu den Preisen des jeweiligen Vorjahres kann im Interesse der Minimierung des Aufwandes der Abrechnungsarbeiten nicht monatlich erfolgen. Das wäre aber an und für sich erforderlich, wenn die Entwicklung der Arbeitsproduktivität auf der Basis der Warenproduktion zu Preisen des Vorjahres geplant wird.

Parteiführung und Regierung haben beschlossen, daß spätestens mit dem Fünfjahrplan 1976/80 zur Planung und Abrechnung der industriellen Warenproduktion zu konstanten Preisen übergegangen wird, und zwar zur Planung und Abrechnung jedes einzelnen Jahres zu konstanten Preisen für einen längeren Zeitraum. Das entspricht auch voll der Bewertungspraxis der Sowjetunion. Damit wird nicht nur die Vergleichbarkeit der Steigerungsraten von industrieller Warenproduktion und Arbeitsproduktivität gesichert, sondern es kann auch in Planung und Abrechnung eindeutig bestimmt werden, welcher Fortschritt zur Erfüllung der Aufgaben des Fünfjahrplanes in dem jeweiligen Monat und Jahr erreicht wurde.

Die Durchsetzung der Frage der Planung nach einheitlichen, konstanten Preisen für einen längeren Zeitraum erscheint als eine der wesentlichsten Fragen der Qualifizierung der mittel- und langfristigen Planung. Deshalb ist es sicherlich zweckmäßig, die Thesen in dieser Richtung zu ergänzen. Das gilt insbesondere auch im Interesse der Ausbildung der Kader an unseren Bildungseinrichtungen. In Ergänzung ist zu vermerken, daß die Planung und Abrechnung zu konstanten Preisen nicht nur auf volkswirtschaftlicher Ebene, sondern auch auf der Ebene der VVB und Territorien von wesentlicher Bedeutung ist.

Die Planung zu konstanten Preisen kann ohne Mehraufwand gelöst werden, denn sie macht die Planung zu Preisen des jeweiligen Vorjahres überflüssig. Während gegenwärtig wesentliche Kennziffern des kommenden Planjahres sowohl zu effektiven Preisen als auch zu Preisen des Vorjahres zu planen sind, würde dann neben die Planung zu effektiven Preisen die Planung jedes einzelnen Jahres zu konstanten Preisen treten, nämlich zu den Preisen, zu denen auch der jeweilige Fünfjahrplan aufgestellt ist. Damit würde eine völlige Einheitlichkeit der Planung des Fünfjahrplanes und der Planung der einzelnen Jahre hergestellt werden und wäre eine lückenlose Identität in den Kennziffern von Planung und Abrechnung möglich.

Ein weiteres Problem der Bewertung besteht in den Bruttowerten der Grundfonds. Bekanntlich erfolgt die Einbuchung der Grundmittel bei ihrer Aktivierung zum Bruttowert, d. h. zu den effektiven Preisen, die zum Zeitpunkt der Aktivierung bestehen. Daraus folgt aber auch, daß gleichartige Grundmittel mit unterschiedlichen Bruttowerten aktiviert werden können, wenn sie zu unterschiedlichen Zeitpunkten aktiviert wurden und zwischen diesen Zeitpunkten Preisveränderungen stattgefunden haben. Die Situation in der DDR ist nun die, daß alle Grundmittel, die bis zum Jahre 1963 aktiviert wurden, im Rahmen der Umbewertung zu einheitlichen Wiederbeschaffungspreisen bewertet wurden, also vom Wertausdruck her vergleichbar dargestellt sind. In den nachfolgenden Jahren, in denen in einzelnen Etappen die Industriepreisreform verwirklicht wurde, veränderten sich die Preise für gleichartige Grundmittel in unterschiedlichem Maße. Auch nach Abschluß der Industriepreisreform gab es eine Reihe einzelner Preisveränderungen. Im Ergebnis der Gesamtheit dieser Veränderungen muß heute festgestellt werden, daß für ein gleichartiges Grundmittel unterschiedliche Bruttowerte fixiert sind und zwar in einigen Fällen geringere und in anderen wesentlich höhere. Untersuchungen ergaben, daß für ganze Betriebe und Zweige die Summe der Preisveränderungen von Grundmitteln derart groß ist, daß sich der Bruttowert ihrer Grundmittel, wenn sie zu neuen Preisen bewertet würden, bis zu 25% und mehr erhöht. Daraus folgt aber, daß gegenwärtig in bestimmten Fällen ein neu gebauter Betrieb mit völlig gleichartigen Grundmitteln einen um 10, 20 oder auch 30% höheren Bruttowert ausweisen kann, obwohl er sowohl von der Qualität als auch vom Umfang her über gleichartige Grundmittel verfügt wie ein vergleichbarer Betrieb, der nur einige Jahre früher in Betrieb genommen wurde. Diese Frage ist sehr zu beachten, denn sie spielt eine entscheidende Rolle bei der Beurteilung von Fondsquoten, der Fondseffektivität, Fondsrentabilität usw., die alle von den ausgewiesenen Bruttowerten der Grundmittel ausgehen. Das wurde leider nicht immer auf allen Ebenen berücksichtigt. So ist auch in einem Falle die Verwunderung zu erklären, als ein neues Werk eine geringere Fondseffektivität (rechnerisch durchaus richtig) auswies als ein älteres Werk. Die Erklärung bestand einfach darin, daß das neue Werk seine Grundfonds zu den höheren Preisen bewertet hatte. Für gesamtvolkswirtschaftliche Zwecke wurde durch die Staatliche Zentralverwaltung für Statistik in den letzten Jahren bereits immer eine Eliminierung der Preisveränderung für die Grundmittel vorgenommen, um nicht nur deren Entwicklung, sondern eben auch die Fondsquoten vergleichbar auszuweisen. Für große Bereiche der Volkswirtschaft und für Industriezweige ist das offensichtlich auch mit hinreichender Genauigkeit erfolgt. Für einzelne Betriebe oder Kombinate und VVB oder auch Territorien war bisher für die Staatliche Zentralverwaltung für Statistik eine derartige Eliminierung nicht möglich, weil dort ganz spezifische Korrekturkennziffern zu ermitteln gewesen wären. Daraus folgt aber, daß sowohl für die Planung als auch für die Analyse der Entwicklung der Bruttowerte der Grundmittel für bestimmte Betriebe und Verantwortungsbereiche sowie Territorien gegenwärtig noch keine genügend zuverlässige Basis besteht. Das Problem ist zwar generell bekannt, wird leider jedoch in vielen Einzelfällen nicht genügend beachtet.

Volkswirtschaftlich stehen wir vor der Frage, wie wir dieses Problem zur Qualifizierung der Planung künftig lösen. Extreme Möglichkeiten sind dabei folgende zwei:

1. in größeren Zeitabständen durch eine umfassende Aktion eine Umbewertung der Grundmittel zu einheitlichen Wiederbeschaffungspreisen vorzunehmen und in der Zwischenzeit die Auswirkungen der Preisveränderungen nicht durch Korrekturrechnungen oder ähnliches zu berücksichtigen. Es folgt aber daraus, daß die Umbewertung zu einheitlichen Wiederbeschaffungspreisen nicht in allzugroßen Zeitabständen erfolgen müßte, wobei zu beachten ist, daß diese Umbewertung einen erheblichen Arbeitsaufwand auf allen Gebieten bedeutet;

2. mittels einer ausgebauten Investitionsgüterpreisstatistik Koeffizienten für jeden Zweig zu ermitteln, die es ermöglichen, nicht nur im volkswirtschaftlichen Maßstab für die Berechnung eine Korrektur der Grundmittelbestände zu einheitlichen Wiederbeschaffungswerten eines Zeitraumes vorzunehmen, sondern auch eine Berücksichtigung in einzelnen Kombinaten, Zweigen und Großbetrieben zu gewährleisten.

Entsprechend den Beschlüssen der Regierung arbeitet die Staatliche Zentralverwaltung für Statistik daran, in den nächsten Jahren die Investitionsgüterpreisstatistik wesentlich auszubauen und zu detaillieren, um damit die Möglichkeit zu schaffen, auf volkswirtschaftlicher Ebene Umrechnungen vorzunehmen. Dieser Arbeitsaufwand ist in jedem Fall notwendig, denn die Preisentwicklung der Investitionsgüter muß entsprechend der wachsenden Bedeutung der Investitionen unbedingt weiter vervollkommnet werden. Es muß aber durch die wirtschaftswissenschaftliche Forschung möglichst umgehend eine Vorentscheidung herbeigeführt werden, welche der beiden o. g. Varianten für die Neubewertung der Grundfonds der Betriebe und Zweige die zweckmäßigste Lösung ist. Es geht hierbei insbesondere um die Unterstützung der wirtschaftlichen Rechnungsführung der Betriebe, Kombinate und VVB mit möglichst geringem Aufwand. Auf volkswirtschaftlicher Ebene führen offensichtlich beide Möglichkeiten zu einer akzeptablen Lösung des Problems, und zwar sowohl hinsichtlich der inhaltlichen als auch methodischen Anforderungen.

Planung der Arbeitsproduktivität in der Industrie

Zu Recht wird in den vorgelegten Materialien mit Nachdruck auf die Fragen der Planung und Abrechnung der Arbeitsproduktivität in der Industrie eingegangen. Für die weitere theoretische und praktische Arbeit erscheint es aber notwendig, sich möglichst umgehend auf einige Prämissen zu einigen. Eine der wichtigsten scheint zu sein, daß die Arbeitsproduktivität eine derartig wichtige und komplizierte ökonomische Kategorie ist, daß sie nicht mit einer einzigen Kennziffer allein charakterisiert werden kann, sondern nur umfassend durch ein System von Kennziffern widerzuspiegeln ist, wenn sie richtig und zielstrebig im Rahmen der kurz-, mittel- und langfristigen Planung verändert werden soll. Daraus darf aber nicht abgeleitet werden, daß insbesondere für die kurz- und mittelfristige Planung auch eine große Zahl von Plankennziffern für die Arbeitsproduktivität erforderlich sind. Insbesondere für die operative Planung und Kontrolle muß aus einer ganzen Reihe von Zweckmäßigkeitsgründen eine Beschränkung auf wenige, wahrscheinlich nur auf eine Kennziffer der Arbeitsproduktivität erfolgen. Zugleich ist aber dazu zu sagen, daß zumindest für umfangreichere oder größere Zeiträume weitere Kennziffern für die Analyse und für die Entscheidungsfindung heranzuziehen sind.

In den vorgelegten Materialien wird offenbar als Hauptkennziffer für die Planung der Arbeitsproduktivität die Nettoproduktion als Ausgangsgröße vorgeschlagen. Es gibt eine Reihe von Gründen, davor zu warnen. Diese Gründe sind praktischer und zum Teil auch theoretisch-prinzipieller Art. Vor allem ist zu sagen, daß sich die Nettoproduktion für die einzelnen Betriebe nicht kurzfristig nach Ablauf eines Zeitraumes ermitteln und damit analysieren läßt und daß der Aufwand für ihre Ermittlung, insbesondere für den Zeitraum eines Monats, sehr erheblich ist. Man muß sich vor Augen führen, daß die Ermittlung der Nettoproduktion – und zwar zu vergleichbaren Preisen, denn das ist eine Voraussetzung, um die Entwicklung der Arbeitsproduktivität real darzustellen – voraussetzt, daß neben der Erfassung der produzierten und abgesetzten Warenproduktion zu konstanten Preisen auch eine Erfassung der Bestandsveränderung an unvollendeten Erzeugnissen und des Materialverbrauchs zu konstanten Preisen erforderlich ist. Dieser Erfassungsaufwand wird nur aus diesem Gesichtspunkt notwendig. Er müßte in mehr als 10000 Betrieben der Republik zusätzlich im System der Erfassung und Aufbereitung von Produktion, Bestand und Materialverbrauch berücksichtigt werden. Es bestehen berechtigte Zweifel, daß sich das in Anbetracht des Aufwandes wirklich lohnt oder es gar erforderlich ist. Es sollte vielmehr dagegen gehalten werden, daß bei aller Problematik der Berechnung der Arbeitsproduktivität auf der Basis der Warenproduktion zu konstanten Preisen bei der Planverteidigung nachzuweisen ist, weshalb gerade eine derartige Steigerung der Warenproduktion zu konstanten Preisen je Beschäftigten bzw. je Arbeiter und Angestellten in Vollbeschäftigteneinheiten erforderlich ist. Hier muß auch nachgewiesen werden, welchen Einfluß Veränderungen im Grad der gesellschaftlichen Arbeitsteilung auf diese Kennziffer haben (also z. B. Erhöhung des Anteils der Zulieferungen, d. h. der bezogenen Vorleistungen usw.).

Außerdem darf nicht verkannt werden, daß die Berechnung der Arbeitsproduktivität, ausgehend von der Warenproduktion auch einen prinzipiellen Vorzug hat: Sie orientiert nämlich darauf, in hohem Maße Erzeugnisse für die Volkswirtschaft bereitzustellen bzw. zum Absatz zu bringen. Dagegen bringen aber andere Kennziffern, die auch zur Widerspiegelung der Arbeitsproduktivität nützlich sind, nicht die Zur-Verfügung-Stellung von Waren und Leistungen pro Beschäftigen für die Volkswirtschaft zum Ausdruck. Insbesondere unter Beachtung dieser Überlegungen erfolgt die generelle Planung und Abrechnung der Arbeitsproduktivität in der Sowjetunion auch auf der Basis der Warenproduktion, bewertet zu konstanten Preisen. Nachdem dann eine bestimmte Steigerungsrate nach sorgfältiger Prüfung akzeptiert wurde, kann die Kontrolle durchaus auf Grund einer analogen Kennziffer erfolgen. Allerdings darf dann die so ermittelte Steigerungsrate der Arbeitsproduktivität nicht zwischen Betrieben und Bereichen verglichen werden, in dem Sinne, daß ein Bereich besser oder schlechter ist als der andere in Abhängigkeit von der jeweiligen Steigerungsrate der industriellen Warenproduktion pro Vollbeschäftigteneinheit. Es soll also hiermit gesagt werden, daß die Planung und die Planabrechnung der Arbeitsproduktivität, insbesondere für die monatliche und vierteljährliche Information, auf Grund *einer* Kennziffer, und zwar ausgehend von der industriellen Warenproduktion erfolgen soll. Daß aber andererseits – und das gilt insbesondere für die zentralgeleitete Industrie – für die jährliche und zum Teil auch für die vierteljährliche Analyse weitere Kennziffern zur Messung der Produktivität heranzuziehen sind, wie z. B. die Eigenleistung und die Nettoproduktion. Für die Planung größerer Zeiträume, insbesondere im Rahmen der mittel- und langfristigen Planung von Bereichen und Zweigen der Industrie, würde die Planung der Entwicklung der Arbeitsproduktivität auf Basis der Nettoproduktion (zu konstanten Preisen) sicherlich zur Qualifizierung der Planung beitragen. Es ist aber nicht zweckmäßig, daß deshalb auch den einzelnen Betrieben entsprechende Plankennziffern vorgegeben werden müssen.

Ermittlung und Planung der Verflechtungsbeziehungen

Im vorgelegten Material wird richtig zum Ausdruck gebracht, daß die Planung der proportionalen Entwicklung bei der Vervollkommnung der Planung eine sehr wichtige Rolle spielt. Ein entscheidendes Instrument dazu ist die Verflechtungsbilanzierung, die es erlaubt, den direkten und indirekten – d. h. damit auch den vollen – Aufwand für die Produktion eines Zweiges bzw.

einer Erzeugnisgruppe zum Ausdruck zu bringen. Dadurch ist es möglich, die notwendigen Entwicklungsproportionen zwischen den Zweigen und Erzeugnisgruppen qualifiziert zu bestimmen und auch, welche Entwicklungsaufgaben sich für alle Zweige und Erzeugnisgruppen ergeben, wenn sich einige um einen bestimmten Prozentsatz oder absoluten Betrag verändern. Dabei geht es nicht nur um den Materialaufwand, sondern auch um den Aufwand an Arbeitskräften, Investitionen bzw. Grundmitteln, Umlaufmitteln usw.

Zur Ermittlung der gegenwärtigen Situation erarbeitet die Staatliche Zentralverwaltung für Statistik im Auftrag der Regierung für das Jahr 1972 eine umfangreiche Gesamtverflechtungsbilanz. Gegenwärtig wird gerade das benötigte Zahlenmaterial in den Betrieben erfaßt und aufbereitet. Der Einzug der betrieblichen Unterlagen erfolgt gestaffelt bis Mitte Mai 1973.

Im Ergebnis der Aufstellung der statistischen Verflechtungsbilanz wird eine Gesamtverflechtungsbilanz in der Größenordnung 164 : 164, also für 164 Erzeugnisgruppen aufgestellt. Außerdem wird die Verflechtung von 164 Erzeugnisgruppen zu 33 Verantwortungsbereichen und nach Möglichkeit auch die Verflechtung von 164 Erzeugnisgruppen zu 80 Zweigen der Volkswirtschaft erarbeitet. Diese Angaben der Gesamtverflechtungsbilanz sollen durch etwa 1000 Einzelpositionen untersetzt werden, nicht im Sinne einer vollständigen Aufgliederung der Positionen der Gesamtverflechtungsbilanz, sondern unter Hervorhebung entscheidender Erzeugnisse als Darunter-Position.

Die Verflechtungsbilanz soll vor allem für den Materialaufwand dargestellt werden, doch werden auch Lohn, Arbeitskräfte, Grundmittel und Grundmittelveränderungen erzeugnisbezogen erfaßt, um auch auf diesem Gebiet detaillierter als bisher die Proportionen zwischen den Erzeugnisgruppen sichtbar zu machen.

Das gemeinsam mit der SPK projektierte und in enger Abstimmung durchgeführte Vorhaben sieht vor, daß die Gesamtverflechtungsbilanz im ersten Halbjahr 1974 vorgelegt werden kann und somit eine der notwendigen Grundlagen für die Planung ab 1976 bildet. Völlig neu dabei ist, daß die Gesamtverflechtungsbilanz vollständig mit Hilfe der EDV erarbeitet wird und daß ihre statistischen Daten erstmalig der SPK auch auf Magnetband gespeichert übergeben werden und so direkt und paßfähig in die entsprechenden Planberechnungen der volkswirtschaftlichen Hauptproportionen einbezogen werden können.

Selbstverständlich kann insbesondere für die langfristige Planung dabei nicht nur mit den gegenwärtig tatsächlich vorhandenen und durch die Gesamtbilanz ermittelten Koeffizienten der Beziehungen zwischen den Zweigen und Bereichen gearbeitet werden. Es gilt vielmehr, die künftig mögliche

Veränderung einzuschätzen. Das ist zweifellos eine echte Aufgabe der Planungsarbeit. Andererseits müssen aber auch Veränderungen, die in der Wirtschaft eingetreten sind, in der Berichtsverflechtungsbilanz berücksichtigt werden, d. h., die Berichtsverflechtungsbilanz muß den tatsächlichen Verhältnissen angepaßt werden. Da es auf Grund des großen betrieblichen Arbeitsaufwandes nicht möglich, aber auch nicht nötig ist, eine umfassende Berichterstattung zur Aufstellung der Gesamtverflechtungsbilanz bzw. zu ihrer Aktualisierung, in kurzen Zeitabständen, z. B. jährlich, durchzuführen, müssen Verfahren entwickelt werden, die es erlauben, wesentliche Veränderungen, die in der Regel nur einzelne Zweige und Erzeugnisgruppen betreffen, fortzuschreiben. Im allgemeinen kann festgestellt werden, daß sich die Koeffizienten, d. h. die Beziehungen zwischen den Erzeugnisgruppen, nicht wesentlich von Jahr zu Jahr verändern. Zwischen spezifischen Erzeugnisgruppen und Zweigen kann es aber auch anders sein, wenn z. B. in der Konfektionsindustrie in starkem Maße Gewebe aus Synthesefasern anstelle von Woll- und Baumwollgeweben treten und sich somit die Rohstoffstruktur von Jahr zu Jahr um mehrere Prozent verschiebt. Zu diesem Zweck muß man aber nicht erzeugnisbezogene Angaben aus allen Bereichen der Volkswirtschaft erfassen, um diese Beziehung zu aktualisieren. Es genügt eine gezielte Untersuchung. Eine umfassende Verflechtungssbilanz soll etwa alle 5 Jahre aufgestellt werden.

Die Frage der Verflechtungsbilanz wurde hier aufgeworfen, weil die Staatliche Zentralverwaltung für Statistik um die Mitarbeit der Wirtschaftswissenschaftler bittet, um zu praktischen und rationellen Lösungen bei der Aktualisierung der gerade aufzustellenden Verflechtungsbilanz zu kommen. Es geht also darum, wie für einige Jahre und mit möglichst wenig Aufwand die für 1972 aufgestellte umfassende Gesamtverflechtungsbilanz mit hinreichender Genauigkeit entsprechend den eintretenden tatsächlichen Veränderungen fortgeschrieben werden kann, bis eine neue Gesamtverflechtungsbilanz auf Grund einer primären Erfassung aufgestellt wird.

Prof. Dr. Gerd Friedrich

Fragen der Vervollkommnung der Leitungstätigkeit im Prozeß der Planausarbeitung und -durchführung

Zunächst möchte ich ebenfalls hervorheben, daß meines Erachtens die vorliegenden Thesen ein gutes Diskussionsmaterial darstellen. Wenn ich in meinem Diskussionsbeitrag nicht unmittelbar an die Thesen anknüpfe, sondern eine Fragestellung in Ergänzung hierzu behandele, so geschieht das nicht, weil die Thesen nicht selbst genug Diskussionsstoff bieten würden, sondern weil mich eine Frage bewegt, die gewissermaßen die Nahtstelle zwischen der Vervollkommnuhg der Planung und der Vervollkommnung des Leitungssystems bildet: *Was beeinflußt die Leitungsorgane in ihren Entscheidungen für den Planansatz*?

Daß diese Fragestellung in den Thesen keine Rolle spielt, kann zwei Gründe haben: Entweder ist es darauf zurückzuführen, daß das Zusammenwirken der Leitungsebenen im Prozeß der Planung nicht behandelt wird – das ist entschuldbar, denn die Autoren waren bei der Breite des Themas ohnehin gezwungen, eine Auswahl von Problemen vorzunehmen – oder es liegt daran, daß diese Frage von den Autoren der Thesen als unwesentlich angesehen wird – das wäre m. E. bedenklich, denn wir müssen uns darüber im klaren sein, daß von den Beweggründen der Leitungsorgane, der Betriebe, der Kombinate usw. bei Planentscheidungen die Qualität des Planes abhängt, mindestens genauso stark abhängt, wie von der Bilanzierung, der Arbeit mit Normen und Kennziffern u. a. m.

Ich darf in diesem Zusammenhang auf die Rede des Genossen Breshnew zum 50. Jahrestag der Gründung der UdSSR hinweisen. Er unterstrich dort bekanntlich die Notwendigkeit eine wirkliche Wende zur Steigerung der Effektivität der Wirtschaft zu vollziehen und hob dann hervor: „Bekannt sind auch die Hauptrichtungen, die man hierbei gehen muß. Es ist dies die Vervollkommnung der Planung, des gesamten Leitungssystems. *Es ist dies die Schaffung von ökonomischen Bedingungen, die die Ministerien und Betriebe veranlassen, einen harten Plan aufzustellen, Reserven zu mobilisieren und mit höherer Effektivität zu arbeiten.*“ [1]

[1] Das Sowjetvolk zeigt der Menschheit neue Horizonte und neue hohe Ideale, Berlin 1973, S. 66. (Hervorhebung G. F.).

Zweifellos gilt auch für uns, daß ein großes Interesse an realen, aber hohen Planzielen die Leitungsorgane bei ihren Entscheidungen über den Planansatz positiv beeinflußt.

Hier in der Diskussion wurde darauf aufmerksam gemacht, daß es nicht möglich ist, Mängel in der Leitungstätigkeit durch perfektere Regelungen im Planungssystem gewissermaßen „überspielen“ zu wollen. Das ist absolut richtig, denn die Qualität ökonomischer Entscheidungen und das wirtschaftliche Verhalten der Betriebe, Kombinate und VVB ist von wesentlich mehr Faktoren abhängig, als von den Regelungen des Planungssystems. *Aber man darf gleichzeitig nicht übersehen, daß die Art und Weise der Bewertung der Betriebe im Prozeß der Planausarbeitung und der Plandurchführung, die Arbeit mit bestimmten Kennziffern u. a. m. die Entscheidungspraxis der Betriebe nicht unerheblich beeinflussen.* Ein kleines Beispiel dafür: Im Zuge der Erweiterung der Konsumgüterproduktion wird einem produktionsmittelherstellenden Betrieb von einem Handelsorgan die Produktionsaufnahme eines bestimmten Artikels des täglichen Bedarfs vorgeschlagen. Alle Voraussetzungen für eine effektive Produktion sind gegeben, die Abstimmungen zwischen Handels- und Produktionsbetrieb gehen zügig voran. Plötzlich erklärt der Betrieb, doch von dieser Produktion Abstand nehmen zu müssen – der Artikel sei „zu billig“, damit könne er nie auf die ihm von der VVB beauflagte Summe in der Warenproduktion in Höhe von mehreren hnnderttausend Mark kommen – er müsse sich leider nach einem „hochwertigerem“ Konsumgut für seine Produktion umsehen. Das heißt, eine vorgegebene Kennziffer hält den Betrieb davon ab, eine effektive, bedarfsgerechte Produktion aufzunehmen.

Ich bringe dieses Beispiel nicht, um gegen die Kennziffer „Warenproduktion“ zu polemisieren. Ich halte es überhaupt nicht für statthaft, wenn Wirtschaftswissenschaftler gegen Kennziffern polemisieren, z. B. gegen die Kennziffer „Gewinn“, weil es Fälle von „einseitigem Gewinnstreben“ gibt. Unsere Aufgabe besteht hier nicht in der Polemik, sondern in der sachlichen Prüfung der Frage, unter welchen Bedingungen diese oder jene ökonomische Kennziffer zur Bewertung der Betriebe herangezogen, positive Impulse auslösen wird und unter welchen Bedingungen die gleiche Kennziffer zu Fehlverhalten führen kann, weil sie Betriebe oder Leitungsorgane veranlaßt, sich gegen volkswirtschaftliche Erfordernisse zu entscheiden. Gehen wir anders an diese Frage heran, dann berauben wir uns selbst der Instrumente, um mit ökonomischen Methoden auf eine hohe Effektivität der Produktion zu drängen.

Die Art und Weise der Planbeauflagung, der Planabrechnung und der Bewertung der Planerfüllung ist zweifellos nur ein Faktor, wenn auch ein recht gewichtiger, der die Betriebe und Leitungsorgane in ihren Planentscheidungen beeinflußt. *Es sind* hier mindestens *vier weitere Faktoren* (bzw. Faktorengruppen), *die in den Planentscheidungen zur Wirkung* kommen:

– *die ökonomischen Bedingungen, unter denen der jeweilige Bereich arbeitet*; um auch das an einem Beispiel zu verdeutlichen: Mit Recht wurde im Einführungsreferat die Bedeutung der Bedarfsforschung für die Qualifizierung der Planung hervorgehoben. Wenn bis heute in verschiedenen Industriezweigen zahlreiche Kombinate und VVB keine ernsthafte Arbeit auf diesem Gebiet geleistet haben, so ist das nicht zuletzt auf den Umstand zurückzuführen, daß sie in den letzten Jahren sowieso nicht in der Lage waren, den Bedarf an Erzeugnissen ihres Zweiges zu befriedigen. Das heißt, die ökonomischen Bedingungen übten keinerlei Zwang aus, in dieser Richtung zu arbeiten und sich eine entsprechende Grundlage für qualifizierte Planentscheidungen zu schaffen.[2]
– *die Informationen über die ökonomischen Bedingungen*, über die der jeweilige Bereich verfügt; sehr häufig sind es nicht die ökonomischen Bedingungen unmittelbar, sondern die über diese Bedingungen verfügbaren Informationen, die die Entscheidungspraxis beeinflussen. Das bedeutet aber, sich der Tatsache bewußt zu sein, daß fehlerhafte Festlegung von ökonomischen Größen – z. B. von Preisen – nicht nur die ökonomischen Beziehungen zwischen den Betrieben und Zweigen stören können, sondern auch zum Anlaß von Fehlentscheidungen werden, weil sie unter Umständen als „echte Größen" in Effektivitätsrechnungen einbezogen und Planentscheidungen zugrunde gelegt werden.
– eine weitere Gruppe von Faktoren, die die Entscheidungspraxis auf der unteren Ebene beeinflußt, ist *die Weisungspraxis übergeordneter Organe*; ich könnte hier wieder auf Beispiele der zusätzlichen Konsumgüterproduktion verweisen. Fällen den Betrieben übergeordnete Organe Entscheidungen, um damit zentralen Forderungen formal genüge zu tun, so ist es nicht verwunderlich, wenn die inhaltliche Koordinierung auf der Ebene der Betriebe und Kombinate fehlt und damit eine Lawine unkoordinierter Einzelaktionen ausgelöst wird.
– gegenüber den bereits genannten Einflußgrößen auf die Planentscheidungen dürfen *die inneren Bedingungen des jeweiligen ökonomischen Bereichs* nicht unterschätzt werden: Die Qualität der Leitung, der politisch-ideologischen Arbeit und der Einfluß der Kollektivatmosphäre auf die Entscheidungen; so ist es eine allgemein bekannte Erfahrungstatsache, daß man von einem Betrieb, der über Jahre hinweg seinen Plan erfüllt hat, viel eher erwarten kann, daß er sich besonders hohe Planziele stellt, als von einem „chronischen Planschuldner".

2 Diese These wird noch durch die Tatsache erhärtet, daß ein Teil dieser Betriebe durchaus Marktforschung betreibt – aber nicht auf dem Binnenmarkt, sondern auf dem Außenmarkt, wo die ökonomischen Bedingungen ihn zwingen, für seine Entscheidungen qualifizierte Unterlagen zu erarbeiten.

Die Faktoren, die die Leitungsorgane und Betriebe in ihrem Herangehen an Planentscheidungen beeinflussen, hervorzuheben, schien mir notwendig, weil wir m. E. verpflichtet sind, den gesamten Umkreis der Fragen zu prüfen, die letztlich für die Qualität eines Planes entscheidend sind. Ich möchte hierzu abschließend betonen, daß m. E. das eigene Interesse an hohen Planzielen auf der Ebene der Betriebe, Kombinate und VVB auch eine Voraussetzung ist, um das Prinzip des demokratischen Zentralismus besser durchsetzen zu können, da nur unter dieser Bedingung darauf gerechnet werden kann, daß bei der Planausarbeitung von „unten nach oben" vorbehaltlos alle Reserven aufgedeckt werden, und so auch Tendenzen überwunden werden können, bei denen der Plan vorrangig über die Desaggregation zentraler Kennziffern „nach unten" zustande kommt.

Abschließend möchte ich noch einige Bemerkungen zu den Ausführungen über *Ziel- und Zielkriterien des Planes* in den vorliegenden Thesen machen. Mir scheint, daß in dieser Darstellung einiges durcheinander geht:

1. Die Tatsache, daß das Ziel der Produktion letztlich außerhalb der Produktion selbst liegt – nämlich in der allseitigen Entwicklung sozialistischer Persönlichkeiten und der sozialistischen Gesellschaft – berechtigt keineswegs zu der Annahme, daß man das Ziel der Produktion einfach mit dem Ziel jeglicher gesellschaftlicher Tätigkeit gleichsetzen kann. Bei der Produktion geht es doch darum, den materiellen Reichtum, den materiellen Lebensstandard in der Gesellschaft zu erhöhen und damit zugleich die Bedingungen für die wachsende Befriedigung auch geistig-kulturelle Bedürfnisse zu schaffen. Dafür steht aber der Gesellschaft nichts anderes als das Nationaleinkommen zur Verfügung.

2. Mir scheint, daß das Zielkriterium der materiellen Produktion gerade die wechselseitige Bedingtheit und die Dialektik der Beziehungen zwischen Produktion und Konsumtion in Rechnung stellen muß – unter Berücksichtigung der Tatsache, daß alle Gesellschaftsbereiche ökonomisch durch die materielle Produktion getragen werden. Dem entspricht das Nationaleinkommen als Bezugsgröße viel eher als die von Tscherkowez vorgeschlagene Formel.

3. Meine Bemerkungen richten sich nicht gegen den von Tscherkowez entwickelten Ausdruck „Konsumtionsfonds + Dienstleistungsbereich (insgesamt) + nichtproduktive Akkumulation" (obwohl sie in sich unlogisch ist weil der Konsumtionsfonds die Dienstleistungen enthält), wohl aber gegen die Gegenüberstellung dieser Formel zum Nationaleinkommen. Für die Bewertung des Produktionsbereiches der Gesellschaft ist sie nicht verwendbar – was nichts darüber aussagt, wie weit sie zur Bewertung der Konsumtion herangezogen werden kann.

4. Ferner kann ich mich des Eindrucks nicht erwehren, daß die Formel von

Tscherkowez auf der ökonomisch falschen Annahme basiert, daß materielle Produktion und nichtmaterielle Dienstleistungen in gewisser Weise „substituierbar" seien – das gilt nur aus der Sicht des einzelnen und der Verwendung seines Einkommens, nicht für die Gesellschaft: Der einzelne kann sich entscheiden, für eine bestimmte Summe keine materiellen Waren zu erwerben, sondern ins Theater zu gehen – die Gesellschaft muß die materiellen Waren verfügbar haben, gleich, ob der Theaterbesucher oder der Schauspieler sie dann erwirbt. In diesem Sinne – und darauf hat Marx wiederholt aufmerksam gemacht – darf man materielle Produktion und nichtmaterielle Dienste keineswegs „in einen Topf werfen".

5. Im übrigen halte ich es für wenig sinnvoll, in einer Zeit, in der sich die Wirtschaftswissenschaftler zunehmend darüber einig sind, daß es kaum möglich ist, einen Betrieb nach *einem* Zielkriterium (einer Kennziffer) zu beurteilen, sondern dafür plädieren, verschiedene Kriterien heranzuziehen, gleichzeitig für die gesamte Volkswirtschaft nach *einem* Zielkriterium (einer Kennziffer) zu suchen. (Was die verbale Formulierung des Zielkriteriums betrifft, so braucht man meines Erachtens überhaupt nicht zu suchen – sie hat Marx in seiner umfassenden Charakteristik des Gesetzes der Ökonomie der Zeit gegeben. Vgl. hierzu Karl Marx, Grundrisse zur Kritik der politischen Ökonomie, Berlin 1953, S. 89 und S. 599.)

Prof. Dr. Hans-Heinrich Kinze

Zu Fragen der Ausarbeitung des Lehrbuches „Volkswirtschaftsplanung“

Auf der heutigen Beratung des Rates für wirtschaftswissenschaftliche Forschung soll die Gelegenheit genutzt werden, einige Fragen der Ausarbeitung des Lehrbuches „Volkswirtschaftsplanung“ anzuschneiden. Man könnte zu der Meinung kommen, daß sie keinen unmittelbaren Bezug zu der Zielstellung der heutigen Beratung haben. Dem ist nicht so. Das Lehrbuch „Volkswirtschaftsplanung“ ist eine wichtige Ergebnisform im Plan der wirtschaftswissenschaftlichen Forschung. Die vorgelegten Vorstellungen zur Vervollkommnung der Volkswirtschaftsplanung sind von großer Bedeutung für die inhaltliche Gestaltung des Lehrbuches. Es gibt nach unserer Auffassung enge Wechselbeziehungen zwischen den hier zu behandelnden Fragen und Vorstellungen sowie den Anforderungen an die Ausarbeitung des Lehrbuches.

Wir stehen gegenwärtig erst am Beginn der Arbeiten. Mit Unterstützung der Abteilung Wissenschaft des ZK der SED, des Ministeriums für Hoch- und Fachschulwesen und insbesondere des Rates für Planung und wirtschaftliche Rechnungsführung konnten wir in der zurückliegenden Zeit Grundlagen für die Ausarbeitung des Lehrbuches durch entsprechende konzeptionelle Arbeiten schaffen. Bei diesen Arbeiten haben wir uns auf sowjetische Erfahrungen gestützt. Die sowjetischen Lehrbücher waren und sind für unser Vorhaben eine wesentliche Hilfe.

Wir betrachten es als einen günstigen Umstand, daß wir heute Gelegenheit haben, zu Fragen der Ausarbeitung des Lehrbuches zu sprechen und Hinweise und Anregungen aus der Diskussion für den vor uns stehenden Arbeitsabschnitt mitzunehmen. Wir haben die Absicht, in gebotener Kürze uns vier Problemen zuzuwenden.

1. Zur Anlage des Lehrbuches

Bei der konzeptionellen Arbeit beschäftigt uns die Frage, welchen Anforderungen das Lehrbuch gerecht werden muß. Wir gehen davon aus, daß dieses Lehrbuch für die Ausbildung aller Studenten der Grundstudienrichtung

„Wirtschaftswissenschaften" im Fach „Sozialistische Volkswirtschaft" entsprechend dem Grundstudienprogramm dient. Es ist also nicht nur für die Studenten der Fachrichtung „Volkswirtschaftsplanung" bestimmt. Daher könnte dieses künftige Lehrbuch die Rolle eines Standardwerkes haben. Daraus ergibt sich notwendigerweise, daß mit ihm nicht auf alle anstehenden theoretischen Fragen der Volkswirtschaftsplanung eine Antwort gegeben werden kann. Unser Standpunkt dazu ist, daß das Allgemeingültige der Volkswirtschaftsplanung behandelt werden muß, bei gleichzeitiger Darlegung grundlegender theoretischer Erkenntnisse, die für den wissenschaftlichen Vorlauf in der Volkswirtschaftsplanung von Bedeutung sind. Es wird in diesem Lehrbuch also vorrangig gesichertes Wissen zu vermitteln sein.

Wie bei jedem größeren Publikationsvorhaben muß man erst die Ausgangsposition klären. Zur Anlage und inhaltlichen Gestaltung des Lehrbuches hat es unterschiedliche Auffassungen gegeben, die auch heute noch nicht vollständig geklärt sind. Eine Auffassung neigte zur vornehmlichen Widerspiegelung des gegenwärtigen Standes der Planungspraxis. Andere Auffassungen gingen dahin, nur solche Probleme darzustellen, die dem theoretischen Vorlauf genügen. Die Skala der Auffassungen war nicht wenig breit. Das hängt auch mit bestimmten Konzeptionen zur Volkswirtschaftsplanung zusammen. Eine Konzeption ist verknüpft mit der Theorie der Optimalplanung, zu der im Material Stellung genommen wird. Wir teilen die dort dargestellte Meinung der Verfasser. Diese Theorie kann nicht Grundlage für das Lehrbuch „Volkswirtschaftsplanung" sein. Damit es keine falschen Deutungen gibt, möchten wir ausdrücklich darauf hinweisen, daß wir natürlich bestimmte Kenntnisse nutzen, daß wir z. B. auf die Behandlung moderner Instrumente der Volkswirtschaftsplanung nicht verzichten werden. Dies steht ja auch in Übereinstimmung mit den Thesen 2 h, der These 7 und der These 11 des vorliegenden Materials. Wir unterstützen voll die Notwendigkeit der verstärkten Anwendung der Verflechtungsbilanzierung und der Anwendung von Verflechtungsmodellen als *Hilfsmittel* der Planung.

Es sei noch darauf hingewiesen: die grundsätzliche Stellung zur Optimalplankonzeption gehört zu jenen Fragen, die mit dem Lehrbuch nicht gelöst werden können. In den Thesen wird richtig festgestellt, daß der Meinungsstreit dazu noch nicht abgeschlossen ist. Es wäre u. E. eine Möglichkeit für die Arbeit des Rates für Planung und wirtschaftliche Rechnungsführung, einen Meinungsstreit zu führen und einen begründeten wissenschaftlichen Standpunkt zu erarbeiten.

2. Zur Nutzung der Erkenntnisse der Politischen Ökonomie des Sozialismus

Wesentliche Ausgangspunkte bei der inhaltlichen Gestaltung des Lehrbuches sind die führende Rolle der Arbeiterklasse und ihrer Partei, die Notwendigkeit des bewußten Handelns der Menschen, die Darstellung ihrer schöpferischen Arbeit bei der Durchsetzung der ökonomischen Gesetze und die Behandlung der Wirkungsweise der ökonomischen Gesetze. Für die Bewältigung dieser Problematik benötigen wir die Gemeinschaftsarbeit mit den Genossen der Politischen Ökonomie. Dies ist notwendig, um zu qualifizierten Aussagen hinsichtlich der Wirkungsweise der ökonomischen Gesetze und ihrer Widerspiegelung in der Volkswirtschaftsplanung zu kommen. Natürlich ist das Feld der gemeinsamen Arbeit viel weiter gesteckt als nur zu den ökonomischen Gesetzen des Sozialismus. Aber diese Fragen erscheint besonders dringlich, da sich gegenwärtig bestimmte neue Aspekte zeigen, die wir in der Darstellung des Lehrbuches unbedingt berücksichtigen müssen. Prof. Milke hat bereits zum Problem der Annäherung der Entwicklungstempi der Abteilungen I und II gesprochen. In der These 10 des vorliegenden Materials wird ja auf diese Frage eingegangen. Welche Erkenntnisse leiten sich für die theoretische und praktische Arbeit ab? Handelt es sich um ein Problem der Tagespolitik, oder ist es eine langfristige Aufgabe? Wir meinen, daß es ein langfristiges Anliegen ist und auch künftig Bedeutung haben wird. Solche neuen Entwicklungstendenzen müssen im Lehrbuch mit erfaßt und verarbeitet werden. Die Kunst und gleichzeitig die Schwierigkeit wird darin liegen, daß wir von der allemeinen Darstellung der ökonomischen Gesetze des Sozialismus zur Spezifik ihrer Wirkungsweise und Nutzung in der Volkswirtschaftsplanung vorstoßen. In diesem Zusammenhang sind bestimmte Teile der vorliegenden Thesen interessant, und wir werden sie in unserer Arbeit auswerten.

3. Integration der wirtschaftswissenschaftlichen Teildisziplinen

Wir unterstützen voll die These 11, die die Notwendigkeit der Verbesserung der Planung der Intensivierungsfaktoren der gesellschaftlichen Reproduktion deutlich macht. Im Rahmen der uns übertragenen Forschungsaufgaben und den uns gegebenen Möglichkeiten arbeiten wir mit einem Teil unserer Kräfte an diesem Problem. Für uns ist diese Frage unter verschiedenen Gesichtspunkten von Interesse. Einmal für die Grundausbildung auf dem Gebiet der sozialistischen Volkswirtshaft, zum anderen für die Behandlung im Lehrbuch Volkswirtschaftsplanung und schließlich als ein Beitrag unserer lehrbezogenen Forschung für die Praxis. Was zeigt sich dabei als Problem?

Auf den Gebieten der Grundfondsökonomie, Materialökonomie, der Arbeitsökonomie und auch der Wissenschaft und Technik gibt es, trotz noch vorhandener Mängel, Ansätze für die weitere Qualifizierung der Planung der einzelnen Intensivierungsfaktoren. Es ist notwendig, daß wir aus der Enge herauskommen und über den Rahmen der Teildisziplinen hinaus das volkswirtschaftliche Gesamtproblem der Intensivierungsfaktoren stärker in den Mittelpunkt der Arbeit rücken. Es geht dabei um die Untersuchung und Erfassung der kombinierten Wirkung der Intensivierungsfaktoren, ihrer Wechselbeziehungen und gegenseitigen Bedingtheit sowie Entwicklung von Vorstellungen für ihre komplexe Planung. Wir sind uns darüber im klaren, daß diese Kombination in bezug auf die volkswirtschaftliche Effektivität weitergehende Wirkungen haben wird als die der einzelnen Faktoren. Mit dem Lehrbuch wollen wir uns bemühen, zumindestens die Grundzüge der Planung der Intensivierungsfaktoren in dieser Richtung zu behandeln. Dazu beabsichtigen wir die Kenntnisse und Erfahrungen anderer wirtschaftlicher Einrichtungen, die hier und im wissenschaftlichen Rat für Planung und wirtschaftliche Rechnungsführung vertreten sind, stärker als bisher zu nutzen.

4. Ausarbeitung der Planungsordnung

Wir halten die Ausarbeitung der Planungsordnung für ein außerordentlich wichtiges Vorhaben für die Qualifizierung der Volkswirtschaftsplanung. Im Rahmen der Möglichkeiten nehmen Mitarbeiter unserer Sektion bereits an dieser Arbeit teil. Wir können sagen, daß dies für die eigene Arbeit von großem Nutzen ist.

Es wird notwendig sein, wichtige Erkenntnisse aus der Planungsordnung im Lehrbuch zu berücksichtigen. Dabei kann es nicht darum gehen, Teile der Planungsordnung direkt aufzunehmen. Das Lehrbuch hat eine andere Funktion als sie der Planungsordnung zukommt. Aus diesem Tatbestand ergibt sich jedoch ein weitgehendes Problem, auf das wir in diesem Zusammenhang verweisen möchten. Es wird notwendig, vom Autorenkollektiv in Abstimmung mit dem Ministerium für das Hoch- und Fachschulwesen und unter Nutzung der Möglichkeiten, die der Rat für Planung und wirtschaftliche Rechnungsführung hat, den Aufbau eines gesamten Lehrwerkes für die Volkswirtschaftsplanung zu klären. Was heißt das? Wir vertreten den Standpunkt, daß das Lehrbuch „Volkswirtschaftsplanung“ als eine Art Standardlehrwerk fungieren soll. Das bedeutet, die Frage zu beantworten, welche weiteren ergänzenden Standardwerke, welche Monographien zu speziellen Fragen der Volkswirtschaftsplanung geschaffen werden müssen. Auf diese Art und Weise könnte schrittweise das gesamte Feld der Theorie der sozialistischen Volkswirtschaftsplanung durch Veröffentlichungen abgedeckt werden.

Für die Beantwortung dieser Frage kann die Arbeit am Lehrbuch nützliche Anregungen mit sich bringen. Sicher werden wir auf Probleme stoßen, die mit dem Lehrbuch nicht beantwortet werden und einer gesonderten Publikation bedürfen. Dadurch könnten ferner Anregungen gewonnen werden, welchen Fragen der Volkswirtschaftsplanung die Gremien der wirtschaftswissenschaftlichen Forschung ihre Aufmerksamkeit schenken sollten. Auch in diesem Sinne meinen wir, daß die Fragen des Lehrbuches in der heutigen Beratung zur Vervollkommnung der Planung und im Hinblick auf die weitere Arbeit auf diesem Gebiet eine Berechtigung hätten aufgeworfen zu werden.

Dr. Gertraude Hummel

Die Qualifizierung der Betriebsplanung als wesentlicher Bestandteil der Vervollkommnung der Planung der Volkswirtschaft

In meinem Beitrag möchte ich einige Gedanken zur Planung in den Betrieben und Kombinaten darlegen. Ich knüpfe dabei an die These 11 an, in der ausgesagt wird, daß unter den Bedingungen der intensiv erweiterten Reproduktion die Weiterentwicklung des demokratischen Zentralismus in der Planung zunehmend an Bedeutung gewinnt. Schwerpunkte dabei sind „die wirksamere organische Verbindung von zentraler staatlicher Planung, der Planung der Ministerien und VVB mit der Planung der Kombinate und Betriebe sowie die stärkere Mobilisierung und Nutzung der schöpferischen Initiative der Werktätigen im Prozeß der Planausarbeitung und Plandurchführung."

Die entscheidende Funktion der Betriebsplanung besteht darin, auf der Grundlage staatlicher Direktiven und verbindlicher Planvorgaben die gesamte Wirtschaftstätigkeit des Betriebes auf die Erfüllung volkswirtschaftlicher Aufgaben und Ziele einzustellen. Es ist die Aufgabe der Betriebe, die gesellschaftlichen Anforderungen durch ihren komplexen Plan abzusichern. Die Betriebsplanung erfaßt konkret und detailliert die unmittelbaren Prozesse der materiellen Produktion. Diese Konkretisierung volkswirtschaftlicher Aufgaben ist ein schöpferischer Prozeß, der auf der Sachkunde betrieblicher Tätigkeit beruht und eine eigenständige gründliche analytische Arbeit, Vorstellungen zur konkreten Gestaltung der Produktion wie des gesamten Reproduktionsprozesses, die Bilanzierung und exakte Planberechnungen in den Betrieben und Kombinaten erfordert. Insofern ist die ständige Erhöhung der Qualität betrieblicher Planungsarbeit ein nicht zu unterschätzender Faktor bei der Vervollkommnung der Planung der Volkswirtschaft.

Die Intensivierung der sozialistischen Produktion erfordert, daß die Qualifizierung der Planung in den Kombinaten und Betrieben, die ja unmittelbar über gesellschaftliche Produktionsfonds verfügen und diese rationell und mit hoher Effektivität nutzen müssen, konsequent auf die Intensivierung der Produktion und Erhöhung der Produktivität der Arbeit gerichtet ist. Es ist notwendig, besonders jene Instrumente und Methoden der Planung anzuwenden bzw. zu entwickeln, mit denen diese Aufgabe der Betriebsplanung am besten gelöst werden kann.

Das sind z. B. die Normierung des Aufwandes an lebendiger und vergegenständlichter Arbeit und an Kosten sowie die Anwendung der Normen als Grundelemente der Planberechnungen und die ökonomisch-mathematische Modellierung in der Planung, insbesondere die Arbeit mit Optimierungs- und Verflechtungsmodellen.

Zu Hauptkettengliedern bei der Vervollkommnung der Betriebsplanung bilden sich immer stärker
– die analytische Tätigkeit und
– eine über den Zeitraum eines Planjahres hinaus konzipierte Planungstätigkeit heraus.

Diese besondere Bedeutung der Analysenarbeit für die Betriebsplanung liegt in deren spezifischer Aufgabe begründet: Die analytische Arbeit dient der Untersuchung der Vergangenheitsentwicklung, aus der wichtige Schlüsse für die Planung künftiger Zeiträume gezogen werden können, sowie der Untersuchung des Istzustandes als entscheidenden Ausgangspunkt der Planung. Analysen erschließen den Betrieben Kenntnisse über die Nutzung der vorhandenen Fonds und über innere Reserven. Sie orientieren auf die sozialistische Intensivierung und fördern eine der vom VIII. Parteitag gestellten Hauptaufgabe entsprechende Denkhaltung in den Kombinaten und Betrieben.

Darüber hinaus können durch die analytische Tätigkeit zuverlässig Engpässe, Schwerpunkte bzw. Hauptfaktoren der Entwicklung des Kombinates oder Betriebes in künftigen Planzeiträumen erkannt und planmäßig überwunden bzw. gefördert werden. Hierin zeigt sich auch die Schlüsselstellung der Analysenarbeit gegenüber anderen Methoden der Qualifizierung der Planung, wie z. B. der Normenarbeit. Die Normierung aller Aufwandsarten, bezogen auf das konkrete Erzeugnissortiment, und die ständige Aktualisierung der Normen bereitet den meisten Kombinaten und Betrieben eine immense Arbeit und Probleme leitungsmäßiger Beherrschung dieser Aufgabe. Sie ist nur mit einem kontinuierlichen, aber schwerpunktmäßigen Vorgehen zu bewältigen, für das Analysen wichtige Anhaltspunkte liefern.

Für die systematische Vervollkommnung der analytischen Tätigkeit der Betriebe und Kombinate im Planungsprozeß ergeben sich meines Erachtens folgende Aufgaben für die wissenschaftliche Forschung:

1. Die inhaltliche Bestimmung der für die Betriebsplanung *entscheidenden* Analysen sowie die Herausarbeitung der entsprechenden methodischen Grundlagen, z. B. der Kapazitätsanalysen.

2. Die Ausarbeitung von Wegen zur *rationellen* organisatorischen und methodischen Gestaltung der Analysenarbeit (Analysenbausteine, Informationsfluß, Informationsverarbeitung usw.).

Seitens der zentralen staatlichen Planung muß die analytische Tätigkeit durch Stabilität in der Planmethodik und Statistik unterstützt werden.

Die Notwendigkeit des Übergangs zu einer längerfristigen Planungsarbeit und der richtigen Verbindung der kurzfristigen mit der mittel- und in bestimmten Fällen auch langfristigen Planungsarbeit in den Kombinaten und Betrieben ergibt sich aus dem Reproduktionsprozeß selbst. Der komplexe Betriebsplan umfaßt bekanntlich alle Elemente und Phasen des Reproduktionsprozesses. Diese sind jedoch nicht einheitlich und im allgemeinen nicht aus der Sicht eines Planjahres festzulegen. Die grundlegenden Entwicklungsprozesse, die sich u. a. in der Entwicklung neuer Erzeugnisse und ihrer Überführung in die Produktion und in der Grundfondsreproduktion verwirklichen, haben längerfristigen Charakter. Sie müssen zwar in den Jahresplänen konkret erfaßt und abgesichert werden, sind aber nicht in einem Jahr realisierbar und müssen längerfristig konzipiert und vorbereitet werden.

In dem Maße, wie der wissenschaftlich-technische Fortschritt zum entscheidenden Faktor der Steigerung der Produktivität wird, ist es erforderlich, ihn zur Grundlage auch der betrieblichen Planung zu nehmen. Aber gerade das zwingt zu größerer Voraussicht in der Planung.

In mehreren Betrieben und vor allem Kombinaten wurde diese Notwendigkeit erkannt und durch die Ausarbeitung von mehrjährigen Entwicklungskonzeptionen (von 2 Jahren bis über 5 Jahre hinaus) Rechnung getragen. Hervorzuheben sind dabei Konzeptionen zur komplexen sozialistischen Rationalisierung, Konzeptionen zur Entwicklung von Erzeugnissen und Konzeptionen zur weiteren Spezialisierung der Produktion. Es muß jedoch gesagt werden, daß diese längerfristige konzeptionelle Planungstätigkeit sehr individuell gestaltet und inhaltlich unterschiedlich bestimmt und der Initiative und dem individuellen Bemühen der Betriebe und Kombinate zur Vervollkommnung der Planung überlassen ist. Meines Erachtens sind gegenwärtig vor allem folgende 3 Voraussetzungen zu schaffen, um auf dem Gebiet der längerfristigen Planungsarbeit der Betriebe und Kombinate weiter voranzukommen:

1. Die noch vorhandene Unterschätzung der mittel- und langfristigen Arbeit auf der Ebene der Betriebe und Kombinate muß überwunden werden. Das ist durch Schulungsarbeit, durch das Verhalten der Leiter der übergeordneten Organe und andere Maßnahmen zur Beeinflussung der Tätigkeit in den Betrieben und Kombinaten zu sichern. Es ist aber auch erforderlich, theoretisch Klarheit über die Funktion der langfristigen, der mittelfristigen und der kurzfristigen Planung sowie ihrer wechselseitigen Beziehungen zu schaffen und die Aufgaben der Betriebe und der Kombinate für die langfristige Planung der Volkswirtschaft und in der Prognostik herauszuarbeiten.

2. Den Betrieben und Kombinaten müssen in stärkerem Maße durch

die zentralen staatlichen Organe Grundlagen für ihre längerfristige Planungsarbeit in Form von Orientierungen und Entscheidungen geschaffen werden.

Solche Grundlagen sind erforderlich, um die betrieblichen Planvorstellungen bzw. Konzeptionen von vornherein volkswirtschaftlich einzuordnen und ihnen eine größere Stabilität zu verleihen sowie ihre Effektivität zu sichern.

3. Die Erkenntnisse der Betriebe und Kombinate und ihre Vorstellungen zur Entwicklung der Produktion und der Nutzung der Ergebnisse des wissenschaftlich-technischen Fortschritts müssen stärker zur Planung in den übergeordneten Leitungsorganen herangezogen und für die Planung der Entwicklung der Zweige ausgewertet werden.

Auch das ist ein wesentlicher Faktor bei der Weiterentwicklung des demokratischen Zentralismus in der Planung der Volkswirtschaft.

Abschließend möchte ich noch auf zwei Probleme verweisen: Die Bemühungen um Erhöhung der Qualität betrieblicher Planung, die Ausarbeitung hoher Planangebote und die immer wirkungsvollere Planung der Hauptfaktoren der Intensivierung werden z. T. unzureichend ökonomisch stimuliert. Völlig unbefriedigend stellt sich das auf dem Gebiet der Arbeitskräfte dar. Es ist notwendig, der Einheit von Planung und ökonomischer Stimulierung mehr Aufmerksamkeit zu widmen.

Das zweite Problem besteht darin, die Initiative der Werktätigen immer besser mit dem gesamten Prozeß der Planung zu verbinden. Gegenwärtig überwiegen noch die Vorschläge und Verpflichtungen zur Übererfüllung bzw. Überbietung der bestätigten Betriebspläne. Es ist erforderlich, die große Initiative der Werktätigen in den Betrieben und Kombinaten bei der Durchführung des Planes auf die Vorbereitung des Planes auszudehnen und ihre klugen Gedanken und Vorschläge zielgerichtet für die Ausarbeitung hoher Planangebote zu entwickeln und zu nutzen. Ich möchte das wie folgt begründen: Es wird dadurch möglich, die schöpferischen Ideen und die Verpflichtungen der Werktätigen in den Volkswirtschaftsplan einfließen zu lassen und bei der Bilanzierung zu berücksichtigen. Der Produktionsprozeß kann materiell und finanziell besser abgesichert werden. Die materielle und finanzielle Absicherung bezieht sich auch auf die Vorschläge der Werktätigen. Sie werden mit der Bestätigung des Betriebsplanes verbindlich. Das ist ein nicht zu unterschätzender moralischer Faktor. Schließlich eröffnet sich mit der Einbeziehung der Werktätigen in die Ausarbeitung des Planes ein weites Feld der echten Mitwirkung bei der Leitung des Betriebes bzw. Kombinates. Es handelt sich also um eine neue Qualität der Verbindung von Planung und Wettbewerbsinitiative. Sie entspricht der führenden Rolle der Arbeiterklasse und der Verantwortung der Werktätigen als sozialistische Eigentümer an Produktionsmitteln.

Prof. Dr. Gerhard Schulz

Ziel und Mittel – eine untrennbare Einheit

Unsere Tagung befaßt sich mit einem Schlüsselproblem unserer weiteren ökonomischen und gesellschaftlichen Entwicklung. Die dazu verfaßten Thesen habe ich mit Interesse und Gewinn gelesen. Diese Thesen und der intensive Meinungsstreit auf der Tagung selbst veranlassen mich, vor allem an einige Aspekte des ökonomischen Grundgesetzes des Sozialismus zu erinnern.

Wie die Diskussion auf unserer Tagung zeigt, sind exakte Formulierungen des Ziels der sozialistischen Produktion unerläßlich. In den Thesen gibt es dazu jedoch bereits drei verschiedene Formulierungen, nämlich Zielkriterium der volkswirtschaftlichen Entwicklung, Ziel der sozialistischen Gesellschaft und Ziel der sozialistischen Produktion. Gemeint wird allerdings in jedem Fall das Ziel der Produktion, wie es im ökonomischen Grundgesetz enthalten ist. Wie die Thesen und die Diskussion belegen, sind zumindest „unscharfe" Formulierungen die Folge des allzu großzügigen Gebrauchs grundlegender ökonomischer Kategorien. So wird nicht zwischen individuellen und gesellschaftlichen Bedürfnissen unterschieden. Das ist wiederum eine Ursache dafür, grundlegende gesellschaftliche Bedürfnisse mit in das Ziel der sozialistischen Produktion einzubeziehen, so beispielsweise die Festigung der sozialistischen Ordnung. Aber zur Festigung der sozialistischen Ordnung gehört unbedingt auch die Akkumulation, die auf diese Weise ebenfalls in das Ziel der sozialistischen Produktion verwandelt werden kann.

Natürlich ist ohne eine politisch und ökonomisch stabile sozialistische Ordnung die ständig bessere Befriedigung der materiellen und geistigen Bedürfnisse der Werktätigen nicht gewährleistet. Deshalb gilt auch in diesem Zusammenhang als Hauptvoraussetzung und erstrangiges gesellschaftliches Bedürfnis, die sozialistische Gesellschaft allseitig politisch, ökonomisch und militärisch zu stärken, sie planmäßig und harmonisch zu entwickeln. Daraus sollte jedoch nicht der Schluß gezogen werden, vom objektiv gegebenen Ziel der gesellschaftlichen Produktion abzuweichen, indem es erweitert bzw. oft verändert wird. In der internationalen Diskussion marxistischer Ökonomen hat sich in Anlehnung an die Klassiker seit längerem der begründete Standpunkt herausgebildet, wonach das objektive Ziel der sozialistischen Produktion in der immer vollständigeren Befriedigung der wachsenden materiellen und kulturellen Bedürfnisse des Volkes besteht – die Entwicklung der Persönlichkeit der Werktätigen eingeschlossen. Dieses aus dem gesellschaftlichen Eigentum resultierende Ziel hat auch wiederholt seine Widerspiegelung in Dokumenten der internationalen kommunistischen und Arbeiterbewegung gefunden.[1]

Deshalb geht es m. E. nicht darum, „das Ziel der sozialistischen Produktion zu suchen", wie es in der Diskussion vereinzelt gefordert wurde. Vielmehr sind die Fragen zu beantworten, worin der stoffliche Ausdruck des Ziels besteht, welche konkreten Gebrauchswerte und Dienstleistungen sich dahinter verbergen, damit das Ziel der sozialistischen Produktion für die Planung konkret handhabbar wird. Dabei darf nicht übersehen werden, daß wir für die Vielfalt der individuellen Bedürfnisse der Menschen noch nicht in jedem Falle über qualitative Maßstäbe verfügen, um die dem Sozialismus adäquaten Bedürfnisse des Menschen bestimmen zu können. Hierzu ist umfangreiche interdisziplinäre Forschung notwendig. Erinnert sei nur an das Problem des Verhältnisses gesellschaftlicher und (oder) individueller Nutzung bei hochwertigen industriellen Konsumgütern (wie PKW u. a.).

Diese Vielfalt der Bedürfnisse der Menschen darf uns nicht davon abhalten, sie in Kennziffern für die Planung zu erfassen, den Durchschnittsbedarf als quantitativen Ausdruck individueller Massenbedürfnisse für die jeweilige Periode zu erfassen. Deshalb erscheint es mir sehr nützlich zu sein, die von Tscherkowez aufgeworfene Frage nach dem stofflichen Ausdruck des Ziels[2] und einer entsprechenden synthetischen volkswirtschaftlichen Kennziffer weiter – wie in den Thesen gefordert – intensiv zu verfolgen. Diese Diskussion ist bei unseren sowjetischen Freunden noch nicht abgeschlossen. So werden z. B. Einwände erhoben, die nichtproduktive Akkumulation in den stofflichen Ausdruck des Ziels einzubeziehen, da es sich bei ihr um gesellschaftliche Voraussetzungen zur Befriedigung der individuellen Bedürfnisse handelt. Im übrigen müßten in den Thesen die Beziehungen zwischen Konsumtionsfonds und Dienstleistungen exakter gefaßt werden. Die von den Verfassern gemeinten Dienstleistungen werden in der Literatur als Teil des Konsumtionsfonds ausgewiesen. Genügt die bisherige innere Struktur des Konsumtionsfonds nicht mehr oder aus welchen (eventuell planmethodischen) Erwägungen werden die Dienstleistungen neben den Konsumtionsfonds gestellt?

Zugleich weisen die sowjetischen Ökonomen ständig darauf hin, daß Höhe und Struktur der Bedürfnisse der Menschen unbedingt nach ihrer realen Befriedigung in einer überschaubaren Perspektive betrachtet werden

[1] Vgl. Programm und Statut der KPdSU, Berlin 1961, S. 14.

[2] V. Čerkovez, Das ökonomische Grundgesetz des Sozialismus und die Hauptaufgabe der Fünfjahrplanes, in: Sowjetwissenschaft, Gesellschaftswissenschaftliche Beiträge, 3/1972.

müssen. Jede Periode in der Entwicklung der Gesellschaft besitzt einen eigenen Umfang und eine eigene Struktur der Konsumtion und folglich auch ihren eigenen Umfang und ihre eigene Struktur des Bevölkerungsbedarfs. „Werden dagegen die Bedürfnisse unabhängig von den möglichen Ressourcen errechnet, so wird der quantitative Ausdruck der rationellen Normen keinen praktischen Wert haben, er wird nicht den Interessen der Leitung und Planung dienen und kann also nicht als Rüstzeug für die Planung der Wirtschaft genommen werden, die eine immer vollständigere Befriedigung der Bedürfnisse ermöglicht.“[3]

Wie mir scheint, wurde in den vorliegenden Thesen versäumt, nachdrücklich auf solche grundlegenden Zusammenhänge hinzuweisen, die zwischen Bedürfnisbefriedigung und Ressourcen, Bedürfnisse – Produktion – Konsumtion, Produktivitäts- und Effektivitätsentwicklung und Bedürfnisbefriedigung bestehen. Dadurch kann der Eindruck entstehen, daß die Bedürfnisbefriedigung losgelöst vom durch die Produktion zu schaffenden materiellen Produkt betrachtet wird. Dieser Eindruck veranlaßte Prof. Stiemerling, eingangs der Diskussion die Frage nach der Leistungsfähigkeit unserer Volkswirtschaft und der Rolle des realen Nationaleinkommens pro Kopf der Bevölkerung und der Zuwachsrate des Nationaleinkommens in einem bestimmten Zeitraum als zentrales volkswirtschaftliches Nutzeffektskriterium aufzuwerfen, damit grundlegende gesellschaftliche Erfordernisse für die immer bessere Befriedigung der materiellen und kulturellen Bedürfnisse nicht an den Rand der Diskussion geraten. Aus gleichem Anlaß analysierte Prof. Koziolek – ausgehend von allgemeinen Gesetzmäßigkeiten der erweiterten Reproduktion – die Entstehung und Verwendung des materiellen Produkts und seine unterschiedliche Rolle gegenüber den Dienstleistungen.

Die Verfasser der Thesen gehen völlig zurecht davon aus, daß durch die Planung der sozialistischen Produktion den materiellen und kulturellen Bedürfnissen der Menschen umfassend Rechnung zu tragen und ihre Befriedigung in allen Bereichen des gesellschaftlichen Lebens zu gewährleisten ist. „Die sozialistische Wirtschaft hat in der Tat als Mittel zum Zweck des besseren Lebens der Menschen zu dienen. Die Bedürfnisse der Menschen sind . . . Punkt eins der Planung. Sie sind für die Planung entscheidender Ausgangspunkt.“[4]

Mitunter wird die Forderung, wonach die Bedürfnisse der Menschen entscheidender Ausgangspunkt der Planung zu sein haben, alternativ der Feststellung gegenübergestellt, daß den gesellschaftlichen Erfordernissen und Interessen das Primat gebührt. Das eine schließt im Sozialismus das

[3] N. I. Busljakov, Zur langfristigen Planung des Lebensstandards in der Sowjetunion, in: Die Wirtschaft vom 31. 1. 1973, S. 5

[4] E. Honecker, Zu aktuellen Fragen bei der Verwirklichung der Beschlüsse unseres VIII. Parteitages. Berlin 1971, S. 24.

andere nicht aus, sondern hier besteht ein dialektischer Zusammenhang. Das Niveau der Bedürfnisbefriedigung und Persönlichkeitsentwicklung hängt direkt von den vorhandenen Möglichkeiten der Gesellschaft ab. Eine politisch und ökonomisch fest fundierte sozialistische Ordnung – vor allem eine leistungs- und wachstumsorientierte sozialistische Wirtschaft sind die unabdingbare Voraussetzung für die Befriedigung der Bedürfnisse der Menschen. Die Steigerung der Arbeitsproduktivität durch konsequente Intensivierung ist das Hauptkettenglied und gehört ins Zentrum der Aufmerksamkeit von Partei und Staat. Die Betonung des Primats der gesellschaftlichen Erfordernisse schließt deshalb keinesfalls eine Vernachlässigung oder Geringschätzung der individuellen Bedürfnisse in der Wirtschaftstätigkeit ein, sondern darin kommt die Sorge des sozialistischen Staates zum Ausdruck, alle notwendigen gesellschaftlichen Voraussetzungen zu ihrer immer besseren Befriedigung zu schaffen. Zu diesen grundlegenden gesellschaftlichen Erfordernissen gehören auch die von Oberst Oreschko charakterisierten Anstrengungen der Gesellschaft, ihre Verteidigungsbereitschaft zu erhöhen, um dem aus dem Wesen des Sozialismus resultierenden Bedürfnis nach Frieden entsprechen zu können.

Die Analyse des objektiven Wirkungsmechanismus des ökonomischen Grundgesetzes des Sozialismus zeigt eindeutig den dialektischen Zusammenhang, der zwischen dem Ziel der sozialistischen Produktion und den Mitteln zur Erreichung dieses Ziels besteht. Der sowjetische Ökonom Borissow kennzeichnet den objektiven Wirkungsmechanismus des ökonomischen Grundgesetzes des Sozialismus schematisch als ein System folgender, fortlaufend verbundener „Glieder“[5].

- Wachsen der individuellen und gesellschaftlichen Bedürfnisse,
- Erweiterung der Produktion des notwendigen und Mehrprodukts (vor allem durch die Steigerung der Arbeitsproduktivität),
- Gewährleistung der Steigerung der Arbeitsproduktivität durch den wissenschaftlich-technischen Fortschritt und die zunehmende Qualifikation der Arbeitskräfte und ihre Persönlichkeitsentwicklung insgesamt,
- Vergrößerung des Volumens des Nationaleinkommens pro Kopf der Bevölkerung (und Verbesserung der Erzeugnisqualität),
- die immer bessere Befriedigung der Bedürfnisse aller Mitglieder der Gesellschaft.

Die Befriedigung der Bedürfnisse und ihr weiteres Wachstum treiben die Produktion voran. Keines der miteinander verbundenen Glieder dieses Wirkungsmechanismus sollte verabsolutiert oder alternativ den anderen

[5] Vgl. J. Borisov, Das Wirken der ökonomischen Gesetze des Sozialismus unter den Bedingungen der wissenschaftlich-technischen Revolution, in: Voprosy ékonomiki, Nr. 11/1972.

gegenübergestellt werden. Stets sind alle Glieder dieser untrennbaren Kette in ihrer dialektischen Wechselwirkung im Prozeß der erweiterten Reproduktion des notwendigen und des Mehrprodukts Gegenstand der ökonomischen Forschung und Wirtschaftspolitik.

Besonders deutlich wird dieser Zusammenhang bei der Qualifizierung der Planung. Im Planungsprozeß selbst sind stets zwei Aspekte miteinander zu verbinden – der Zielaspekt und der Ressourcenaspekt. In der langfristigen Planung z. B. – ein grundlegendes Merkmal ist ihr komplexer Charakter – wird ebenfalls die Einheit der sozialen, wissenschaftlich-technischen und ökonomischen Entwicklung angestrebt. Akademiemitglied N. P. Fedorenko bezeichnet den langfristigen Plan als Generalplan für die Entwicklung der Gesellschaft. Was hat dieser Plan zu gewährleisten? „Erstens die Realisierung der Hauptziele, auf die uns die Kommunistische Partei orientiert. Zweitens die Mobilisierung der Ressourcen für die weitere Erhöhung der gesellschaftlichen Produktion und vor allem für die organische Verbindung der Ergebnisse der wissenschaftlich-technischen Revolution mit den Vorzügen des sozialistischen Wirtschaftssystems. Drittens die Verbesserung des gesamten Leitungssystems einschließlich des Wirtschaftsmechanismus.“[6] Alle drei Gesichtspunkte werden im langfristigen Plan koordiniert und bestimmen seinen Grundgehalt.

Zu einem zweiten Problemkreis möchte ich mich äußern. Die Thesen enthalten ein Verzeichnis des sowjetischen Kennziffernsystems zur ökonomischen Effektivität. Die in diesem Zusammenhang vermittelten sowjetischen Erfahrungen werden viele Impulse auslösen. Zugleich entsteht die Frage, ob in Thesen, die sich mit der weiteren Vervollkommnung der Planung befassen, darauf verzichtet werden kann, generell zum System der Plankennziffern und den Richtungen ihrer Vervollkommnung Stellung zu nehmen. In der sowjetischen Wirtschaftsreform erwiesen sich die Veränderungen im System der Plankennziffern – vor allem für die Betriebe, Kombinate und Vereinigungen – als ein Knotenpunkt.

Über die Plankennziffern werden bekanntlich die Aufgaben der sozialistischen Gesellschaft in den Produktionszweigen und Betrieben und ihre ökonomischen Interessen verwirklicht. Sie sind unentbehrlich für die Durchführung und Kontrolle der Wirtschaftstätigkeit der Betriebe, vor allem für die Bewertung ihrer Arbeitsergebnisse, da es sich bei ihnen um feste Orientierungsgrößen des Systems der materiellen Interessiertheit handelt. Deshalb werden die Fragen der Wirtschaftsreform auf dem Gebiet der Planung zweckmäßigerweise auch durch das Prisma der Veränderungen im

6 N. P. Fedorenko, Die Errungenschaften der Wissenschaft und die Planungspraxis, in: Socialističeskaja industrija vom 19. 10. 1972, S. 2.

Kennziffernsystem und der Vervollkommnung der Kennziffern betrachtet. Im Zuge der Wirtschaftsreform wurde die Anzahl der zentral vorgegebenen Plankennziffern verringert. Es wurde in stärkerem Maße zu verallgemeinernden, zusammenfassenden, aggregierten, verdichteten Kennziffern übergegangen. Der Vorzug solcher Kennziffern besteht darin, daß die zentrale Leitung der Produktion ihre Direktivplanung verstärkt und es gleichzeitig möglich ist, die operativ-wirtschaftliche Selbständigkeit der Betriebe zu erweitern, die Anstrengungen der Kollektive zu aktivieren, die Effektivität der Produktion zu erhöhen. Nur auf der Grundlage synthetischer Kennziffern konnte das gegenwärtige System der Stimulierung der Betriebe und Organisationen geschaffen, die Planung der Produktion mit der Planung ökonomisch stimulierender Hebel verbunden, zur Ausarbeitung langfristiger Normative übergegangen und die Rolle der Perspektivpläne erhöht werden. Allein die hier erwähnten allgemeinen Erfahrungen der sowjetischen Wirtschaftsreform zeigen, daß es sich bei der Vervollkommnung des Systems der Plankennziffern nicht um ein ausschließlich methodisches Problem handelt, sondern eine grundlegende Seite der Reform selbst berührt. Deshalb dürften die Richtungen der Vervollkommnung der Kennziffern interessant sein.

Im IV. Komplex der Thesen geht es um die Sicherung der Proportionalität der Volkswirtschaft. Neben vielen Anregungen, die dieser Abschnitt vermittelt, fällt auf, daß bestimmte politökonomische Begriffe, welche die Klassiker prägten, nicht verwendet werden. Ich betrachte die Tatsache, marxistisch-leninistische Grundkategorien willkürlich nicht zu verwenden oder dafür neue Wortschöpfungen, als ein Hemmnis für Forschung und Lehre.

So wird (bis auf eine Ausnahme) der Begriff *Struktur* der Volkswirtschaft oder Struktur der Produktion vermieden, obwohl die Proportionalität zur objektiv existierenden Struktur der Produktion gehört. Karl Marx verstand unter Struktur der Produktion „die qualitative Gliederung und quantitative Proportionalität gesellschaftlicher Produktionsprozesse".[7] Mit der durch die Arbeitsteilung geschaffenen bestimmten Struktur und Organisation gesellschaftlicher Produktionsprozesse entwickelt sich zugleich eine „neue, gesellschaftliche Produktivkraft der Arbeit".[8] Damit verweist Marx auf die wichtige Tatsache, daß die Produktionsstruktur und ihre Entwicklung selbst ein Faktor zur Erhöhung der Produktivität der gesellschaftlichen Arbeit ist. Gerade der VIII. Parteitag der SED fordert eine progressive Veränderung der Produktionsstruktur, um die beschlossene Hauptaufgabe erfüllen zu können. Dabei ist konsequent von den ökonomischen Gesetzen des

[7] K. Marx: Das Kapital, Erster Band, in: Marx/Engels, Werke, (im folgenden MEW), Bd. 23, S. 386.
[8] Ebenda.

Sozialismus und der damit verbundenen Erkenntnis auszugehen, daß die Proportionalität eine entscheidende Grundlage für Stabilität und Effektivität der ökonomischen Entwicklung ist.

Der Strukturwandel – der vor allem durch den wissenschaftlich-technischen Fortschritt ausgelöst wird – ist Gegenstand der Prognosetätigkeit und der Planung, da die Partei eine wissenschaftlich begründete, den Anforderungen der sozialistischen ökonomischen Integration entsprechende Strukturpolitik fordert. Die wissenschaftlich fundierte Strukturpolitik ist wiederum Bestandteil der einheitlichen Wirtschaftspolitik von Partei und Staat. Es gibt m. E. deshalb keinen zwingenden Grund, den Begriff Struktur durch „Gefüge" zu ersetzen oder völlig auf ihn zu verzichten.

Ähnlich ergeht es in den Thesen jenen qualitativen Veränderungen in den Produktivkräften der Gesellschaft, die einhellig als wissenschaftlich-technische Revolution gekennzeichnet werden. Gerade in der langfristigen Planung orientieren die sowjetischen Genossen übereinstimmend darauf, die Richtung der anzuwendenden Ergebnisse der wissenschaftlich-technischen Revolution zu fixieren. Die sozialökonomischen Aspekte der Proportionalität sollte man nicht auf die Einkommensentwicklung, das Verhältnis von Kauffonds und Warenfonds und ähnliches beschränken. Die sozialökonomischen Aspekte der Proportionalität sind weit vielfältiger. Sie ergeben sich vor allem aus der erweiterten Reproduktion der Arbeitskraft und der Persönlichkeitsentwicklung. Bekanntlich vollziehen sich mit der sozialistischen Rationalisierung und dem mit ihr verbundenen wissenschaftlich-technischen Fortschritt grundlegende Veränderungen im Inhalt der Arbeit. Gerade die Rolle des Menschen als Hauptproduktivkraft, seine schöpferische Arbeit, die weitere Vergesellschaftung der Arbeit, Probleme der Qualifizierung, sind der Ausgangspunkt bei der Analyse der Entwicklung der Produktivkräfte der Gesellschaft.

Viele sozialökonomische Aspekte der Proportionalität resultieren auch aus der Reproduktion der sozialistischen Produktionsverhältnisse und ihrer zunehmenden Reife. Erinnert sei hier lediglich an die große Bedeutung der planmäßigen Verbesserung der Arbeits- und Lebensbedingungen. Auch das Wechselverhältnis zwischen Produktion – Territorium – Umwelt wird sich verändern, womit viele soziale Probleme verbunden sind.

Ein letzter Wunsch für die Überarbeitung der Thesen: Sie sollten insgesamt „gesetzesfreundlicher" werden! In den vorliegenden Thesen wird wenig Bezug auf die ökonomischen Gesetze des Sozialismus genommen, obwohl es bei der Planung darum geht, ihren objektiven Erfordernissen zu entsprechen, die ökonomischen Gesetze bewußt auszunutzen. Dabei erfordert die notwendige Komplexität der Planung, vom System ökonomischer Gesetze des Sozialismus auszugehen.

Prof. Dr. Siegfried Tannhäuser

Zur Weiterentwicklung der Grundfondsplanung

Die vorgelegten Thesen bieten eine große Zahl von Diskussionsproblemen. Ausgehend von dem auf dem VIII. Parteitag der SED ausgesprochenen Grundgedanken, eine konsequente bedürfnis- und bedarfsorientierte Planung der Volkswirtschaft zu entwickeln, sollen einige Fragen der Planung der Grundfonds behandelt werden.

Die gegenwärtige Grundfondsplanung wird durch zwei grundlegende Einflüsse berührt:

1. durch die Übereinstimmung bzw. Nichtübereinstimmung zwischen materieller und finanzieller Planung und
2. durch die notwendige innere Verbindung zwischen den einzelnen Teilen der materiellen Planung.

Zum ersten Einfluß. Meines Erachtens sind die für die Grundfondsreproduktion volkswirtschaftlich verfügbaren Geldfonds zur Zeit größer als das vorhandene materielle Aufkommen an Investitionsgütern und den erforderlichen Montagekapazitäten. Das ist unter anderem auf eine zu starke Gewinnorientierung und dadurch vernachlässigte Senkung der Selbstkosten zurückzuführen. Untersuchungen in Chemiebetrieben an einem Produktionsvolumen von rund 2 Mrd. M über acht Jahre haben zum Beispiel gezeigt, daß in diesem Zeitraum der Gewinn um 128 auf 228% gestiegen ist, während innerhalb dieses Zeitraumes die Selbstkosten nur um 1,3% gesenkt wurden. Diese 1,3% Selbstkostensenkung machten als absoluten Betrag nur 7% des Gewinnzuwachses aus. Die enorm gewachsenen Geldfonds müssen sich aber durch materielle Produkte oder Leistungen wieder realisieren. Es bleibt also die Frage, wie sich zu dem für Investitionen vorgesehenen Gewinnanteil volkswirtschaftlich die materiellen Investitionsgüter und Montageleistungen entwickelt haben. Offensichtlich nicht übereinstimmend, obwohl in diesem Zeitraum von 8 Jahren Investitionspreiserhöhungen nicht zu übersehen sind. Die Nichtübereinstimmung von materieller und finanzieller Planung schafft offensichtlich Voraussetzungen für gewisse spontane Elemente im Wirken des Wertgesetzes.

Die Neuwertmasse einer Volkswirtschaft ist stets abhängig von der Größe des fungierenden gesellschaftlichen Arbeitsvermögens. Diese Größe gegeben, hängt die Masse der Gebrauchswerte, mit denen die gesellschaftlichen Bedürfnisse befriedigt werden können, vom Niveau der Arbeitsproduktivität oder, was damit identisch ist, vom gesellschaftlich notwendigen Arbeitsaufwand je Gebrauchswerteinheit ab. Je niedriger der gesellschaftlich notwendige Arbeitsaufwand je Gebrauchswerteinheit, desto mehr gesellschaftliche Bedürfnisse können befriedigt werden.

Wenn die vorgelegten Thesen den Versuch unternehmen, das Zielkriterium der volkswirtschaftlichen Entwicklung darzustellen, so stimme ich zunächst mit der Aussage überein, daß das Nationaleinkommen, zumindest so, wie wir es praktisch messen können, dafür nicht geeignet ist. Aber die Größe des Konsumtionsfonds plus dem Dienstleistungsbereich zuzüglich der nichtproduktiven Konsumtion kann auch noch nicht das Zielkriterium sein, weil darin nicht zum Ausdruck kommt, welche Menge an Bedürfnissen mit diesen Gesamtfonds befriedigt werden. Diese Aussage ist nur möglich unter Berücksichtigung des gesellschaftlichen Arbeitsaufwandes zur Herstellung der Gebrauchswerteinheiten. Die praktisch deutlichste Aussage dafür bieten die Selbstkosten je Gebrauchswerteinheit. Senkung der Selbstkosten ist im volkswirtschaftlichen Maßstab identisch mit Vergrößerung der Gebrauchswertmasse und damit identisch mit besserer Bedürfnisbefriedigung. Deshalb halte ich es für notwendig, das Zielkriterium im Zusammenhang mit den in der Diskussion erhobenen Einwänden nochmals zu durchdenken und durch die weitere Senkung der Selbstkosten der herzustellenden Gebrauchswerte zu ergänzen.

Für die Planung der Reproduktion der Grundfonds ergeben sich zwei Probleme:

1. Die Reproduktion der Grundfonds muß vor allem zur Senkung der Selbstkosten beitragen,
2. Der Planansatz der Grundfondsreproduktion muß in Übereinstimmung der verfügbaren Geldfonds mit dem materiellen Aufkommen bestimmt werden.

Zur Lösung des zweiten Problems bedarf es einerseits einer größeren Langfristigkeit in der Planung der Reproduktion der Grundfonds und andererseits einer gut fundierten Iteration des Planungsprozesses zwischen dem Aufkommen an Investitionsgütern und Montagekapazitäten einerseits sowie dem Reproduktionsbedarf der Kombinate und Betriebe andererseits. Unser gegenwärtiges Bilanzsystem ist für die Lösung dieser Aufgabe noch nicht geeignet. Ich sehe folgende Bedingungen, die unser Planungssystem künftig erfüllen muß:

1. Der Planungszeitraum für die Reproduktion der Grundfonds muß

sich über einen durchschnittlichen Reproduktionszyklus der wichtigsten Grundmittel (bestimmende Produktionsinstrumente) erstrecken. In der chemischen Industrie wurde als durchschnittlicher Reproduktionszyklus für Chemieanlagen ein Zeitraum von zwanzig Jahren ermittelt. Dieser Zeitraum muß auch der langfristigen Planung zugrunde liegen. Dabei ist eine solche prognostische Arbeit Voraussetzung, die geistig bereits die nächstfolgende Anlagengeneration hinreichend sicher bestimmt. Das ist deshalb notwendig, weil die heute zu errichtenden Anlagen

- mit den sukzessiv weitergehenden Reproduktionsmaßnahmen,
- mit der Generalbebauung des Kombinates,
- mit der Generalverkehrsplanung sowie
- der Energieentwicklung

übereinstimmen müssen.

2. Der Investitionsbedarf der Kombinate und Betriebe muß konsequent aus den sich entwickelnden gesellschaftlichen Bedürfnissen und dem Bedarf abgeleitet werden.

3. Aufkommen und Bedarf für die Grundfondsreproduktion müssen durch eine langfristige Bilanzierung in Übereinstimmung gebracht werden. Die gegenwärtige Bilanzierung bietet viel zu wenig zeitlichen Vorlauf. Zahlreiche Investitionsvorentscheidungen und Grundsatzentscheidungen werden mit hohem Aufwand erarbeitet, ohne daß die für die Entscheidung Verantwortlichen eine hinreichende Sicherheit über die volkswirtschaftliche Realisierbarkeit der Vorhaben besitzen. Natürlich gibt es in dieser Vorbereitungsphase keine hundertprozentige Sicherheit. Aber ohne jede volkswirtschaftliche Orientierung derartige Arbeiten zu betreiben, bedeutet, viele Wunschvorstellungen in die Investitionsplanung zu tragen.

4. Die langfristige Planung der Reproduktion der Grundfonds muß auf eine mehrfache, oft zu wiederholende Iteration aufgebaut sein. Das ist Bedingung, um einerseits die ständige Anpassung von Aufkommen und Bedarf *im Vorlauf* (und nicht wie gegenwärtig operativ während der Realisierung) und andererseits die für das Ende des Planungszeitraumes vorgesehenen Vorhaben präzisieren zu können. Diese Iteration wäre im zweijährigen Rhythmus nach folgendem Schema (s. Abbildung 1) möglich:

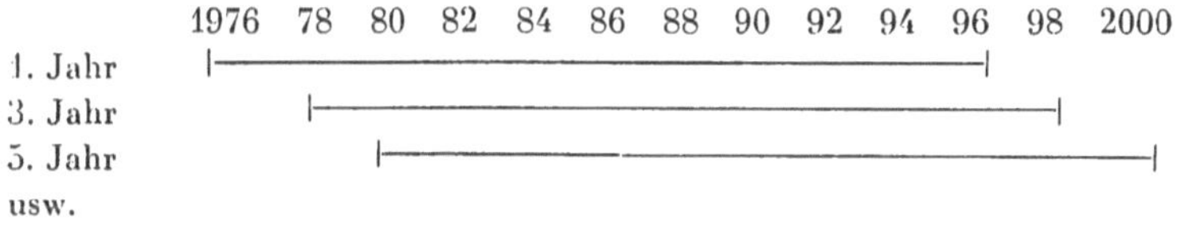

Abb. 1

Dabei könnten die jeweils beiden ersten Jahre die Präzision heutiger Jahresvolkswirtschaftspläne erlangen. Auf diese Weise fielen die gegenwärtig festzustellenden und oft sehr einschneidenden Zäsuren zwischen den einzelnen Fünfjahrplänen weg. Der Bilanzzeitraum müßte jeweils mindestens 10 Jahre umfassen.

Mit solchen Planansätzen kann der Gesamtumfang der Investitionen und seine Struktur auch in Übereinstimmung mit den gesellschaftlichen Bedürfnissen und unter Berücksichtigung der Preisdynamik bestimmt und ständig präzisiert werden. Was aber noch wesentlicher ist, es werden eindeutige Aussagen über notwendige Entwicklung der Proportionen in der Investitionsgüter- und -montageindustrie mit hoher Sicherheit möglich. Die Tatsache, daß bestimmte Montagegewerke, wie beispielsweise Rohrleger und Isolierer, seit vielen Jahren Engpässe bilden und de facto das volkswirtschaftliche Investitionsvolumen bestimmen, während andere Gewerke nicht voll ausgelastet oder für ein ständig wachsendes Volumen unvollendeter Investitionen eingesetzt werden, muß mit der künftigen Planung ausgeschlossen werden. Wenn wir heute noch oft nach dem Grundsatz verfahren müssen, den Investitionsbedarf an das Aufkommen anzupassen, so muß dem in den Thesen deutlich ausgesprochenen Grundsatz entsprechend vor allem das Aufkommen von Investitionsgütern und Montagekapazitäten an den Bedarf gewährleistet werden. Das sind langfristige Prozesse, die bis in das Bildungswesen (Lehrlingsausbildung, Fach- und Hochschulausbildung) hineinragen. Gerade deshalb ist die langfristige Bilanzierung nicht nur eine Voraussetzung für volkswirtschaftlich richtig orientierte Investitionsentscheidungen, sondern gleichermaßen auch für eine dynamische volkswirtschaftliche Proportionierung der Aufkommensseite.

Zum Einfluß der notwendigen inneren Verbindung zwischen einzelnen Teilen der materiellen Planung.

Das betrifft sowohl die Verbindung zwischen Bedürfnissen, Bedarf, Produktion und Grundfondsreproduktion als auch zwischen den verschiedenen Formen der Reproduktion der Grundfonds. „Die verschiedenen Seiten der Reproduktion der Grundfonds, wie Ausnutzung, Instandhaltung, Aussonderung, Erneuerung und Erweiterung müssen als einheitliches Ganzes geplant und geleitet werden.“ [1]

Die planerische Konzeption der Grundfondsreproduktion muß von folgender Wirkungskette ausgehen (s. Abbildung 2).

Das ist gegenwärtig nicht gewährleistet. Deshalb ist es bisher nicht gelungen, die im GBl. Teil II Nr. 1/1971 geforderte Einheit der Reproduktionsformen

[1] Entschließung des VIII. Parteitages der SED zum Bericht des Zentralkomitees, in: Dokumente des VIII. Parteitages der SED, Berlin 1971, S. 26.

gesellschaftliche Bedürfnisse*

↓

Bedarf

↓

Produktion

↓

Produktionskapazität

↓

Grundfondsreproduktion

* einschließlich Arbeits- und Lebensbedingungen der Werktätigen

Abb. 2

in der Grundfondsplanung zu wahren. In den Kombinaten und Betrieben bestehen überwiegend getrennte Investitions-, Aussonderungs- und Reparaturpläne.

Das zentrale Problem, diese unbefriedigende Situation zu überwinden, ist darin zu sehen, die produzierenden Einheiten und nicht das einzelne Inventarobjekt zum bestimmenden Objekt der Planung, Abrechnung und Kontrolle der Grundfondsreproduktion zu machen. In den Chemiebetrieben sind das die Produktionsanlagen (siehe Tabelle auf S. 126).

Eine so ausgerichtete Planmethodik, die mit vielen neuen inhaltlichen Problemen verbunden ist, kann mit dem wiedergegebenen Schema erläutert werden. Prof. Steeger hatte in seinen einleitenden Ausführungen zur heutigen Diskussion sehr nachdrücklich eine bessere und exaktere Bestimmung der Ziele der Planung gefordert. Diesen Gedanken möchte ich für die Grundfondsreproduktion unbedingt unterstreichen, weil wir nicht übersehen können, daß die Grundfondsplanung und besonders die Investitionsplanung noch zu oft um ihrer selbst willen betrieben werden. Mit dem wiedergegebenen Schema soll vor allem die Zielsetzung der Grundfondsreproduktion und ihrer Planung methodisch erläutert werden: Es geht um die Bedarfsdeckung unter höchstmöglicher Nutzung vorhandener Produktionskapazitäten mit minimalem gesellschaftlichen Arbeitsaufwand. Dabei kann die zu planende Reproduktionsform nicht a priori bestimmt sein, sondern muß sich aus dem gesetzten Ziel unter Berücksichtigung des Aufkommens und der vorhandenen Kapazitäten ergeben. Die Einheit von Bedarf, Produktion, Produktionskapazität, Selbstkosten und Reproduktionsformen muß hergestellt werden. Das kann nur erreicht werden, wenn die produzierende Einheit auch die Planungseinheit ist.

Eine noch nicht gelöste Problematik ist dabei die Umsetzung der Bedürfnisse in den Bedarf. Diese nicht nur für die Grundfondsplanung rele-

Schema des Planes der Grundfondsreproduktion

Grundfondseinheiten	Bedarf		Prod.-Kapazität	Mögliche Auslast. der Prod.-Kap.	Ist-Prod. im Basisjahr	Ist-SK im Basisjahr	Erhöhung der Auslastung	
	gegenwärtig	perspektivisch					Veränderung der Prod.	Veränderung der SK
Produzierender Bereich								
Anlage 1								
Anlage 2								
.								
.								
.								
Anlage n								
Nichtproduzierender Bereich								
Werkstatt 1								
Rohrnetz								
Straßennetz								
Kantine 1								
Kinderkrippe								
Klubhaus								
usw.								

vante Frage gilt es weiter zu untersuchen. Was den Bedarf anbelangt, so stimme ich nicht mit der in These 7 gegebenen Definition überein, wenn es hier heißt, der Bedarf ist die Gesamtheit der in einer bestimmten Entwicklungsetappe zu befriedigenden gesellschaftlich anerkannten Bedürfnisse. Diese Definition enthält die Notwendigkeit der Quantifizierung durch ein Planungs- oder Leitungsorgan. Damit wird der Bedarf zu einer weitgehend subjektiv bestimmten Kategorie, was mit der Realität nicht übereinstimmt. Der Bedarf ist eine objektive Kategorie.

Ohne Zweifel kann es bei einer Bedarfsdefinition nur um die der sozialistischen Gesellschaftsordnung adäquaten Bedürfnisse gehen. Insofern ist der qualitativen gesellschaftlichen Anerkenntnis der Bedürfnisse voll zuzustimmen. Wenn aber die gesellschaftliche Anerkennung der Bedürfnisse mit der Definition auch quantitativ ausgedrückt werden soll, so ist Subjektivismus unvermeidlich, der zu politischem Schaden führen kann. Ob der Bedarf gedeckt wird, kann nur aus der objektiven gesellschaftlichen Realität abgeleitet werden. Und bei dieser Quantifizierung haben nun einmal, ob es uns paßt oder nicht, die Masse des Aufkommens an Gebrauchswerten,

Investitionen			Aussonderung			Reparaturen			Plan-Prod.	Plan-SK
Auf-wand	Veränd. der Prod.	Veränd. der SK	Auf-wand	Veränd. der Prod.	Veränd. der SK	Auf-wand	Veränd. der Prod.	Veränd. der SK		

ihre Struktur, der zu ihrer Herstellung notwendige gesellschaftliche Arbeitsaufwand, ausgedrückt in Preisen, und auch die vorhandenen Geldfonds bei der Bevölkerung, den Betrieben und Einrichtungen Einfluß. Bei Knappheit bestimmter Erzeugnisse schichtet sich Bedarf auf andere Erzeugnisse oder Dienstleistungen um, dasselbe findet sich bei niedrigen oder hohen Preisen.

Den Bedarf nur auf jenen Teil der Bedürfnisse zu reduzieren, der in einer bestimmten Entwicklungsetappe befriedigt werden soll, öffnet dem Subjektivismus Tür und Tor bei der Bestimmung bedarfsdeckender Produktionsziele und bei der Einschätzung des Grades der Bedarfsdeckung. Die Produktion bestimmt dann, was Bedarf ist, und Mangelerscheinungen sind dann keine Bedarfsunterdeckungen mehr, sondern überspitzte Bedürfnisse, die in der jeweiligen Entwicklungsetappe noch gar nicht befriedigt werden sollten. Ich argumentiere bewußt extrem, damit die in These 7 gegebene Definition noch einmal durchdacht und weiter diskutiert wird. Dafür stelle ich folgende Definition zur Diskussion:

Der Bedarf sind die durch das Aufkommen an Gebrauchswerten und Dienstleistungen, seine Struktur und seinen Arbeitsaufwand sowie durch die verfügbaren Geldfonds bei den Betrieben und Einrichtungen und durch das Arbeitseinkommen bei der Bevölkerung quantifizierten gesellschaftlich anerkannten Bedürfnisse.

Im dargestellten Schema des Planes der Grundfondsreproduktion wird jedenfalls davon ausgegangen, daß der Bedarf als objektive Kategorie behandelt wird, auch dann – und gerade dann, wenn Bedarfsdeckung noch nicht erreicht wird. Diese Differenz schonungslos aufzuzeigen, wird zur Grundbedingung einer bedarfsorientierten Grundfondsplanung.

Die zweite wichtige Ausgangsgröße ist die vorhandene Produktionskapazität. Sie ist zwar nicht unmittelbar Grundlage der Produktionsplanung für das kommende Jahr, aber die Differenz zum perspektivischen Bedarf macht die Lücke deutlich, die durch entsprechende Reproduktionsmaßnahmen zu schließen ist. Leider liegen zur Zeit kaum brauchbare Kapazitätsangaben in den Betrieben und Kombinaten vor. Sowohl Theorie als auch Praxis waren vor fünfzehn Jahren auf diesem Gebiet weiter als gegenwärtig. Das macht es erforderlich, künftig eine Kapazitätsplanung einzuführen. Das begriffliche Instrumentarium liegt im wesentlichen seit anderthalb Jahrzehnten vor. Es gibt keine Ursache heut im grundsätzlichen davon abzuweichen. Aber Kapazitätsermittlungen sind aufwendig. Das Versäumte kann nicht schlagartig nachgeholt werden. Man muß sich vor einer Kampagne hüten, aber es muß wieder ein Anfang gemacht werden. Dabei kann man Kapazitätsstudien, die beispielsweise auch Verfahrensdurchrechnungen einschließen, nicht hoch genug einschätzen, weil sie Engpässe aufdecken, verfahrenstechnische, technologische und arbeitsorganisatorische Schwächen aufdecken und damit viele Ziele für die sozialistische Rationalisierung und auch für die Forschung und Entwicklung zur Produkt- und Verfahrenspflege bieten. Aus praktischer Erfahrung gehe ich sogar so weit zu sagen, eine wissenschaftlich begründete Rationalisierungskonzeption ist ohne exakte Kapazitätsstudien unmöglich.

Weitere Differenzen, die Ansätze zur Reproduktionsplanung enthalten, sind die zwischen möglicher Kapazitätsausnutzung sowie Ist-Produktion zu den Bedarfsgrößen.

Alle diese Differenzen sind durch Reproduktionsmaßnahmen während des Planungszeitraumes zu schließen. Das ist nicht mit Investitionen identisch. Vielmehr sind dazu verschiedene Maßnahmen geeignet, die im allgemeinen folgendes Effektivitätsgefälle aufweisen:

1. Maßnahmen zur besseren Auslastung vorhandener Grundmittel
   - Vermeidung bzw. Senkung von Stillständen,
   - Einhaltung des wissenschaftlichen Betriebsregimes durch gute operative Lenkung,
   - Übergang zu mehrschichtiger Auslastung

2. Reparaturen in der anfänglichen und mittleren Nutzungsphase der Grundmittel mit dem Ziel der Verkürzung der Reparaturzeiten und der Verlängerung der Reparaturzyklen
3. Maßnahmen zur Modernisierung der Grundmittel, Vervollkommnung der Verfahren und Erzeugnisse (im allgemeinen gemeinsam mit 2.)
4. Erweiterungsinvestitionen zur Beseitigung von Kapazitätsengpässen
5. Aussonderung und Ersatz von Grundmitteln, sowohl einzelner Grundmittel als auch kompletter Anlagen.
6. Erweiterung des Grundmittelbestandes durch Aufbau neuer Anlagen in vorhandenen Betrieben,
7. Erweiterung des Grundmittelbestandes durch Aufbau neuer Betriebe
8. Reparaturen zum Erhalt der Funktionsfähigkeit der Grundmittel über die normative Nutzungsdauer hinaus

In einer solchen Reihenfolge müssen die möglichen Reproduktionsmaßnahmen für die einzelnen produzierenden Einheiten durchgearbeitet werden, um zu den Plangrößen zu gelangen. Dabei ist es wesentlich, daß die Grundfondsplanung nicht nur die Aufwandsgrößen, wie jetzt meist üblich, aufnimmt, sondern auch den Einfluß der Reproduktionsmaßnahmen auf die Höhe der Produktion und die Höhe der Selbstkosten je Mengeneinheit der in den Anlagen herzustellenden Erzeugnisse. Erst auf diesem Wege ist ausgehend von der produzierenden Einheit (Anlage) über Bedarf und Produktion die Einheit der verschiedenen Reproduktionsformen herstellbar. Das muß die künftige Planmethodik gewährleisten. Der Aufbau des Grundfondsplanes nach produzierenden Einheiten hat aber noch einen weiteren Aspekt. Er gestattet, auch in überbetrieblichen Verflechtungssystemen eine auf die volkswirtschaftlichen Finalprodukte abgestimmte proportionale Entwicklung der Teilkapazitäten zentral unter Kontrolle zu halten. Dazu muß die Verflechtungsmodellierung weiterentwickelt werden. Das ist dringend notwendig, denn mehr und mehr werden komplexe volkswirtschaftliche Aufgaben ähnlich dem Polyurethanprogramm zu lösen sein.

Die Diskussion um die weitere Vervollkommnung der volkswirtschaftlichen Planung kann nicht das System der Abrechnung, das ja ebenfalls viele Planungsunterlagen bereitstellen muß, unberücksichtigt lassen. Betrachtet man aber unsere Grundmittelrechnung, so wird sie den Erfordernissen der Leitung und Planung der Grundfondsreproduktion in keiner Weise gerecht. Sie erfüllt heut lediglich die Funktion des Vermögensnachweises – und das, wenn man an die Praxis der Aktivierung denkt, auch nur unzureichend. Es ist eine Tatsache, daß bei heut zutreffenden Reproduktionsentscheidungen nicht auf entsprechende Aussagen der Grundmittelrechnung zurückgegriffen werden kann. Die meisten Grundmittelkennzahlen sind nur für den Gesamtbetrieb und nicht für die einzelnen produzierenden Einheiten feststellbar. Andere Informationen für die Entscheidung, wie Stillstandszeiten, Material- und Energieausbeute, Anzahl der Arbeitskräfte für die Bedienung, Schichtauslastung, sind in der Grundmittelrechnung überhaupt nicht enthalten.

Die Grundmittelrechnung muß gestatten, die Informationsbedürfnisse zur Leitung und Planung des Prozesses der Reproduktion der Grundfonds zu decken. Damit muß Übereinstimmung zwischen dem Entscheidungsobjekt und der in der Grundmittelrechnung geführten Grundmitteleinheit bestehen. Zur Zeit ist diese Einheit das Inventarobjekt. Aber Entscheidungen darüber fallen im Regelfall nur auf den untersten Leitungsebenen (Meister, Betriebsingenieur), alle anderen Entscheidungen betreffen die produzierenden Einheiten in ihrer Gesamtheit. Deshalb muß die Grundmittelrechnung für die produzierenden Einheiten die entsprechenden Kennzahlen in einer anderen Struktur als gegenwärtig ausweisen. Das verlangt gänzlich andere Gliederungsgesichtspunkte. Ohne die Gliederung nach Grundmittelarten aufheben zu wollen, wird doch der wichtigste Gliederungsgesichtspunkt in den produzierenden Einheiten (Anlagen) gesehen. Wenn schon die Anlage nicht als komplexes Inventarobjekt definiert wird, so muß doch die Grundmittelrechnung die anlagenweise Aggregation aller für Reproduktionsentscheidungen erforderlichen Informationen gestatten. Neben den üblichen Informationen wie Bruttowert, Nettowert, Wertberichtigung, Jahresabschreibung gehören dazu:

– normative Nutzungsdauer der Gesamtanlage
– Bindung von Arbeitskräften für die Bedienung der Anlage,
– Reparaturaufwand,
– Stillstandszeitenanalyse,
– Material- und Energieausbeute,
– Schichtauslastung,
– Flächenbedarf u. a.

sowie qualitative Kennzahlen wie

– Grundfondsquote
– Grundfondsrentabilität
– Reparaturquote
– Verschleißkoeffizient.

Das bedeutet, mit der althergebrachten Vorstellung zu brechen, die Grundmittelrechnung sammle nur Vermögensangaben. Das ist ein Gesichtspunkt, den wir allzu kritiklos noch aus der kapitalistischen Zeit übernommen haben. Benötigt wird eine Grundmittelrechnung, die den Vermögensnachweis mit technisch-ökonomischen Angaben über die Nutzung des Vermögens je produzierender Einheit und die dabei erreichte Effektivität ausweist. Die elektronische Datenverarbeitung bietet dafür alle Voraussetzungen. Da beispielsweise in der chemischen Industrie an einem EDV-Basissystem Grundmittelrechnung gearbeitet wird, ist jetzt gerade der richtige Zeitpunkt erreicht, um diesen Erfordernissen zu entsprechen. Auch für die Statistik eröffnen sich nach einer neugestalteten Grundmittelrechnung völlig neuartige Aspekte zur volkswirtschaftlichen Analyse des Reproduktionsprozesses der Grundfonds.

Bei der Vervollkommnung der Planung der Volkswirtschaft besitzen zweifellos die sozialen Prozesse die größte Bedeutung. Da aber die Arbeitsproduktivität des Menschen von den zur Verfügung stehenden Arbeitsmitteln abhängt, muß auch der Leitung und Planung der Grundfondsreproduktion große Aufmerksamkeit geschenkt werden.

Wolfram Krause

Die weitere Durchführung der Beschlüsse des VIII. Parteitages der SED über die Planung, Bilanzierung und wirtschaftliche Rechnungsführung

Mit den Beschlüssen des VIII. Parteitages der SED wurden den Gesellschaftswissenschaftlern der Deutschen Demokratischen Republik bei der weiteren Gestaltung der entwickelten sozialistischen Gesellschaft verantwortungsvolle Aufgaben übertragen. In seiner Rede auf dem Parteitag sprach der 1. Sekretär des ZK der SED, Genosse Erich Honecker, die Erwartung aus, daß die Gesellschaftswissenschaftler der DDR einen immer größeren Beitrag zur Erforschung der qualitativ neuen Erscheinungen unserer gesellschaftlichen Entwicklung durch schöpferische Anwendung des Marxismus-Leninismus, als der revolutionärsten und fortgeschrittensten Wissenschaft unserer Zeit, leisten. Er hob dabei die besondere Verantwortung der Wirtschaftswissenschaftler hervor, die objektiven ökonomischen Gesetze des Sozialismus in ihrer gegenseitigen Beziehung gründlicher zu erforschen, ihre komplexe Wirkungsweise tiefgründiger aufzudecken und die konkreten Bedingungen herauszuarbeiten, um sie in der Wirtschaftspolitik und Wirtschaftspraxis konsequenter auszunutzen. Es wird deshalb eine erstrangige Aufgabe des wissenschaftlichen Rates für Planung und wirtschaftliche Rechnungsführung sein, die konkreten Erfordernisse der ökonomischen Gesetze, insbesondere des ökonomischen Grundgesetzes und des Gesetzes der planmäßigen proportionalen Entwicklung der Volkswirtschaft zu erforschen. Dabei sollte größter Wert auf die gründliche Auswertung der theoretischen und umfangreichen praktischen Erfahrungen der UdSSR gelegt werden.

Der VIII. Parteitag der SED betonte besonders die allseitig ausgewogene wissenschaftliche Begründung unserer wirtschaftspolitischen Zielsetzung. Für die erfolgreiche Lösung der vom Parteitag beschlossenen Hauptaufgabe ist deshalb auch die ständige Erhöhung des wissenschaftlichen Niveaus der Leitung und Planung der Volkswirtschaft ausschlaggebend. Im Vordergrund steht hierbei die hohe Qualität der Pläne der Entwicklung unserer Volkswirtschaft, denn die Qualität des Planes beeinflußt nicht nur alle Seiten der ökonomischen Tätigkeit, sondern auch das Vertrauen der Werktätigen in die sozialistische Planwirtschaft. So besteht eine enge Wechselbeziehung zwischen der wissenschaftlich-begründeten Wirtschaftspolitik der Partei und des Staates und der Initiative der Werktätigen. Diese enge Wechselbeziehung muß sich auch in der wirtschaftswissenschaftlichen Forschung widerspiegeln, indem ausgehend vom Primat der Politik die dialektische Einheit von Politik und Ökonomie als ständiger Grundsatz der Forschungstätigkeit verwirklicht wird. Ein solches Herangehen an die Aufgaben der ökonomischen Forschung bietet dann auch die Gewähr für eine hohe praktische Wirksamkeit der Forschungsergebnisse bei der Gestaltung der entwickelten sozialistischen Gesellschaft entsprechend den Beschlüssen der Partei und Regierung.

Auf dem VIII. Parteitag wurde hervorgehoben, daß die Wirksamkeit des ökonomischen Systems des Sozialismus in der DDR daran gemessen werden muß, wie es dazu beiträgt, Millionen Werktätige nach den demokratischen Prinzipien unserer Gesellschaftsordnung zu hohen Arbeitsergebnissen zu führen, ihr sozialistisches Bewußtsein zu festigen, sie anzuregen sich politisch, ökonomisch und fachlich weiterzubilden und ihre Verantwortung für die Leitung und Planung der Volkswirtschaft immer sachkundiger und wirksamer wahrzunehmen. Damit ist zugleich auch eine wichtige politisch-ideologische Orientierung für die Tätigkeit des wissenschaftlichen Rates gegeben.

Dem wissenschaftlichen Rat für Fragen der Planung und wirtschaftlichen Rechnungsführung wird die wissenschaftliche Leitung und Koordinierung auf einem *Hauptgebiet* der wirtschaftwissenschaftlichen Forschung übertragen.

Die Existenz des wissenschaftlichen Rates und seine leitende und koordinierende Funktion sollen zu keinerlei Einschränkungen der Verantwortung der einzelnen Institutionen, die auf dem Gebiet der Planung und wirtschaftlichen Rechnungsführung arbeiten und im Rat vertreten sind, führen. Bedeutend verstärkt werden soll aber die *gemeinsame* Verantwortung, durch thematische Konzentration und rationellen Einsatz der Kräfte schneller zu hohen wissenschaftlichen Leistungen zu kommen, die von der Wirtschaftspraxis genutzt werden können.

Bei der Lösung dieser Aufgaben muß es vor allem darum gehen, wissenschaftliche Leistungen in zwei grundlegenden Richtungen zu erbringen:

1. in Form von gründlichen Analysen der realen Wirtschaftsprozesse und mit Ausarbeitungen wissenschaftlicher Vorschläge und Empfehlungen zur Zielstellung der Wirtschaftsentwicklung sowie zur Erhöhung der Effektivität und Sicherung der proportionalen Entwicklung der Volkswirtschaft der DDR,

2. in Form von neuen Lösungen für wissenschaftliche Grundlagen und Methoden der Leitung und Planung, der Handhabung ökonomischer Kategorien in der Planung und wirtschaftlichen Rechnungsführung, also der ständigen Verbesserung des Wirtschaftsmechanismus auf allen Ebenen.

Selbstverständlich sind beide Richtungen eng miteinander verbunden. Bisher überwog in der ökonomischen Forschung der DDR dennoch die „Methodenforschung", während die Erforschung der realen ökonomischen Prozesse vernachlässigt wurde.

Vorlauf für die langfristige Planung der Entwicklung der Volkswirtschaft

Eine vorrangige Aufgabe des wissenschaftlichen Rates für Fragen der Planung und wirtschaftlichen Rechnungsführung ist darin zu sehen, einen wichtigen Beitrag für die *langfristige Planung* der Entwicklung unserer Volkswirtschaft zu leisten. In der langfristigen Planung stehen wir in erster Linie vor der Aufgsbe, jene Möglichkeiten und Vorzüge des Sozialismus umfassender zu nutzen, die sich aus den allgemeinen Grundtendenzen seiner ökonomischen Entwicklung beim heutigen und künftigen Niveau der Produktivkräfte und Produktionsverhältnisse ergeben.

Eine solche Grundtendenz besteht offensichtlich darin, daß in den nächsten Jahren – bei Sicherung des Vorlaufes für das zukünftige Wachstum der sozialistischen Wirtschaft – die gesamte Wirtschaft noch stärker auf die *Hebung des materiellen und kulturellen Lebensniveaus des Volkes* und die Schaffung *günstiger Bedingung für die allseitige Entwicklung der Fähigkeiten der Menschen ausgerichtet werden muß.* Das erfordert eine immer engere Verbindung der Erhöhung des Lebensstandards mit der Organisation der Arbeit der Werktätigen und der Steigerung der Arbeitsproduktivität.

Eine andere Grundtenednz besteht darin, *immer besser die wachsenden Möglichkeiten für die Erhöhung der Effektivität der gesellschaftlichen Produktion zu realisieren,* die der wissenschaftlich-technische Fortschritt bietet, d. h. die Vorzüge des Sozialismus organisch mit den Errungenschaften der wissenschaftlich-technischen Revolution zu verbinden.

Schließlich muß in der langfristigen Planung eine solche Grundtendenz in Rechnung gestellt werden, daß durch die sozialistische ökonomische Integration *die Produktivkräfte in der entwickelten sozialistischen Gesellschaft nach einer progressiven Struktur entwickelt werden können und müssen,* damit die Ressourcen für die Gewährleistung der volkswirtschaftlichen Proportionalität immer beser gesichert und erweitert werden können.

Diese Proportionalität muß sich vor allem dadurch auszeichnen, daß sie bei Aufrechterhaltung eines hohen ökonomischen Wachstumtempos eine immer bessere Kombination der Zweige, eine komplexe und harmonische Entwicklung der Wirtschaft gewährleistet.

Allen diesen Grundtendenzen der ökonomischen Entwicklung im Sozialismus liegt die *zunehmende sozialistische Vergesellschaftung der Arbeit* zugrunde.

Das hohe und stetig steigende Niveau der Vergesellschaftung der Arbeit konfrontiert die Planung schärfer mit der Aufgabe, den gesellschaftlichen Bedarf zu bestimmen, der sich durch große Vielfalt und Dynamik auszeichnet.

Die zunehmende sozialistische Vergesellschaftung der Arbeit stellt uns auch vor die Frage, das Verhältnis zwischen zentraler Planung und Eigenverantwortung der wirtschaftenden Organe immer besser zu gestalten.

Diese Grundtendenzen machen deutlich, daß die praktischen Fragen der langfristigen Planung zugleich große theoretische und wissenschaftliche Fragen sind und für ihre Lösung die enge Zusammenarbeit von Wirtschaftswissenschaft und Wirtschaftspraxis unumgänglich ist.

Die genannten allgemeinen Tendenzen unterstreichen, daß die Arbeiten für ein höheres wissenschaftliches Niveau der Volkswirtschaftsplanung vor allem mit einer tiefgehenden Analyse des Standes der Ökonomie sowie der Tendenzen der gesellschaftlichen Entwicklung zusammenhängen.

Deshalb muß die Arbeit des wissenschaftlichen Rates darauf gerichtet sein, *die konkreten Erfordernisse der zunehmenden Planmäßigkeit unserer gesellschaftlichen Entwicklung zu erforschen und langfristig wirkende Effektivitätsfaktoren und -quellen zu erschließen.* Je besser das gelingt, um so sicherer wird es und gelingen, die Direktive des Fünfjahrplanes bis 1975 zu erfüllen und die weitere Entwicklung bis 1990 langfristig zu planen. Dabei müssen wir die positiven Tendenzen nutzen, die in der Plandurchführung 1972 sichtbar wurden und die zeigen, daß wir um so besser und sicherer vorankommen, je genauer wir von den Realitäten und den objektiven Erfordernissen der gesellschaftlichen Entwicklung ausgehen.

Die weitere Erhöhung der Qualität der Planung auf allen Ebenen als Kernstück der Leitung der sozialistischen Volkswirtschaft ist eine wichtige Bedingung, um die schöpferische Aktivität der Arbeiterklasse, der Klasse der Genossenschaftsbauern, der sozialistischen Intelligenz und aller Werktätigen immer vollständiger zu entfalten.

Die wissenschaftliche Arbeit auf diesem Gebiet ist deshalb darauf zu richten, auf der Grundlage des Prinzips des demokratischen Zentralismus die zentrale staatliche Planung weiter zu festigen und gleichzeitig das Interesse und die Verantwortung der Betriebe für die vollständige Ausnutzung der Produktions- und Leistungsreserven sowie für die im Fünfjahrplan vorgesehene Erhöhung der Effektivität der gesellschaftlichen Produktion und der Arbeitsproduktivität weiter zu heben.

Der VIII. Parteitag der SED stellte deshalb für die weitere Qualifizierung der Planung und Bilanzierung die Aufgabe, die Grundlagen und Methoden auszuarbeiten, um

– in der Planung von den Bedürfnissen der Menschen auszugehen und den Bedarf der Bevölkerung, der Produktion und der Außenwirtschaft konsequenter als eine entscheidende Ausgangsgröße zum Maßstab für die Entwicklung und den Einsatz der Produktionskapazitäten, der Rohstoffe, Materialien, Rationalisierungsmittel und des gesellschaftlichen Arbeitsvermögens zu nehmen;

- die Faktoren zur Intensivierung und Erhöhung der Effektivität der gesellschaftlichen Produktion sowie zur Steigerung der Arbeitsproduktivität zu einer weitaus größeren ökonomischen Wirksamkeit zu bringen und dazu vor allem die Planung des wissenschaftlich-technischen Fortschritts, der Grundfondswirtschaft, der Materialökonomie und des rationellen Einsatzes des gesellschaftlichen Arbeitsvermögens zu verbessern;
- durch die Planung und Plandurchführung ständig die proportionale Entwicklung der Volkswirtschaft zu sichern, und dafür vor allem die Berechnung der Verflechtungen, die Koordinierung der Zweig- und Territorialentwicklung und die Bilanzierung der Pläne auf der Grundlage wissenschaftlich-technisch und ökonomisch begründeter Normen und Kennziffern entscheidend zu verbessern;
- die Vorzüge der sozialistischen ökonomischen Integration entsprechend dem Komplexprogramm der Länder des RGW immer besser auszunutzen und die Effektivität der Außenwirtschaftsbeziehungen auf der Grundlage der langfristigen Abkommen, insbesondere mit der UdSSR, weiter zu erhöhen;
- in der Ausarbeitung und Durchführung der Pläne auf allen Ebenen die Einheit von materieller Planung und Preis-, Finanz- und Kreditpolitik zu festigen und im Interesse einer bedarfsgerechten Produktion und Versorgung die Übereinstimmung von Wert- und gebrauchswertmäßiger Planung und Plandurchführung besser zu sichern;
- die Einheit von Planung und wirtschaftlicher Rechnungsführung zu festigen und die wirtschaftliche Rechnungsführung selbst so zu vervollkommnen, daß sie in der Plandurchführung die allseitige Erfüllung und gezielte Übererfüllung des Volkswirtschaftsplanes sowie die ständige Selbstkostensenkung wirksam stimuliert;
- den Planungs- und Bilanzierungsprozeß durch Nutzung bewährter Methoden ökonomisch-mathematischer Berechnungen und der Verflechtungsbilanzierung qualitativ zu verbessern sowie durch den Einsatz der elektronischen Datenverarbeitung weiter zu rationalisieren; dabei sind die Planung und Abrechnung in Übereinstimmung zu bringen und der Arbeitsaufwand bei der Planausarbeitung und Abrechnung zu reduzieren, die Planungs- und Abrechnungsmethodik zu stabilisieren und die Planung für die Werktätigen überschaubar zu gestalten.

Entsprechend diesen Grundrichtungen des VIII. Parteitages der SED wurden bereits bei der Durchführung des Volkswirtschaftsplanes 1971

Schlußfolgerungen für die Planung und Bilanzierung gezogen und weitere Verbesserungen für die Durchführung und Ausarbeitung der Volkswirtschaftspläne 1972 und 1973 sowie des Fünfjahrplanes vorgenommen.

Indem die seit dem VIII. Parteitag vollzogenen Veränderungen in der Planung mit den neuen Schritten in der Finanz-, Preis- und Kreditplanung, den neuen Festlegungen für die materielle Interessiertheit in der Produktion sowie für die Bildung und Verwendung des Prämienfonds der Betriebskollektive verbunden wurden, konnten auch Fortschritte bei der Überwindung einseitiger Orientierungen auf den Gewinn und die globalen Kennziffern der Warenproduktion als alleiniger Leistungsmaßstab erreicht werden. Das wirkt sich zunehmend positiv auf die wirtschaftliche Entwicklung, die Versorgung der Bevölkerung, eine schrittweise Verringerung bestehender Disproportionen sowie die Verstärkung der Kontinuität und Stabilität der Wirtschaftsprozesse aus.

Einige ausgewählte Probleme der weiteren Vervollkommnung der Planung, Bilanzierung und wirtschaftlichen Rechnungsführung

Ausgehend von vielen Beratungen und Aussprachen, die in Betrieben, Kombinaten, VVB und mit den Ministern im Prozeß der Vorbereitung der Planaufgaben für 1973 geführt wurden, konzentrieren sich die jüngsten weiteren Maßnahmen vor allem darauf, unmittelbar das Ringen um eine bedarfsgerechtere Produktion und um höhere Leistungsentwicklung unserer Volkswirtschaft zu unterstützen. Die Erfahrungen der UdSSR in der Planungsmethode zeigen die Notwendigkeit, auch in den planmethodischen Grundlagen eine langfristige Stabilität zu sichern und nur schrittweise solche Veränderungen einzuführen, die gut vorbereitet und erprobt sind und eine wirkliche Verbesserung der Planung bringen. Mit den seit dem VIII. Parteitag eingeleiteten und durchgeführten Maßnahmen wurden bewährte Planungsmethoden aus der Praxis der vergangenen Jahre und aus der langjährigen sowjetischen Planungspraxis wieder fester bei uns verankert.

Die Durchführung des Planes 1972 wie auch die Ausarbeitung des Planes 1973 bestätigen deutlich, daß die bisher getroffenen Maßnahmen – insbesondere auf dem Gebiet der materiellen Bilanzierung, der Investitionsplanung und der Versorgungsplanung – zur Festigung der staatlichen Planung und Bilanzierung und der Betriebsplanung beitragen.

Die Planungspraxis für 1972 und auch für 1973 sowie das Studium sowjetischer Erfahrungen zeigen aber auch, daß weitere Verbesserungen auf wichtigen Gebieten unbedingt notwendig sind, damit Planungsverfahren und Planungsmethoden ständig zum Förderer effektiverer Lösungen im Plan werden.

Mit der Formulierung der Hauptaufgabe wurde, wie Gen. Erich Honecker auf der 2. Tagung des ZK der SED sagte, der entscheidende Rang gekennzeichnet, *den die Bedürfnisse der Menschen in der sozialistischen Planwirtschaft einnehmen.* Um diesem entscheidenden Rang der Bedürfnisse der Menschen in der sozialistischen Planwirtschaft Rechnung zu tragen, müssen wir auf der Grundlage exakter Analysen und mit klarem Blick in die Zukunft planen.

Die Ziele, auch die langfristigen Ziele, dürfen dabei nicht einseitig aus der Prognose der wissenschaftlich-technischen Entwicklung, sondern müssen immer von den Bedürfnissen der Werktätigen, insbesondere denen der Arbeiterklasse, und den Möglichkeiten zu ihrer Realisierung abgeleitet werden.

Diese Problematik ist außerordentlich vielschichtig und stellt uns vor eine Reihe neuer Aufgaben, für die gründliche theoretische Arbeit erforderlich ist. Die Problematik reicht von der Herausarbeitung der sozialpolitischen Zielstellung für den langfristigen Plan bis 1990 bis zur ständigen konkreten Gestaltung der Arbeits- und Lebensbedingungen in jedem Betrieb. Die Erarbeitung des sozialpolitischen Programms, das die Zielstellung für eine lange Planungsperiode beinhaltet und einen Komplex aufeinander abgestimmter sozialpolitischer Maßnahmen enthält, muß wissenschaftlich begründet sein. Am Anfang muß hier eine gründliche Analyse des erreichten Niveaus der Arbeits- und Lebensbedingungen unter Berücksichtigung seiner sozialen Differenziertheit stehen. Damit ist die Ermittlung der Entwicklungstendenzen der Bedürfnisse der Menschen, insbesondere der Arbeiterklasse, verbunden. Hierbei geht es nicht nur um die Grundbedürfnisse Ernährung, Bekleidung, Wohnen usw., sondern um solche Probleme, wie die Beseitigung der körperlich schweren Arbeit, weitere Erleichterungen für die Hausarbeit, die vollständige Gleichberechtigung der Frau sowie die verbesserte Sorge um die Menschen, die nicht mehr im Arbeitsprozeß stehen.

Hierbei ist zu beurteilen:

Welche Bedürfnisse sind in der gegebenen Periode am dringlichsten zu befriedigen?

Die Befriedigung welcher Bedürfnisse hat eine besonders hohe gesellschaftliche Bedeutung und eine hohen gesellschaftlichen Nutzen?

Welches ist im gegebenen Fall vom gesellschaftlichen Standpunkt her die rationellste Form der Bedürfnisbefriedigung?

Damit wird das Problem der *Rang- und Reihenfolge der Bedürfnisbefriedigung* angesprochen, für dessen Lösung objektive Kriterien gefunden werden müssen. Diese Kriterien müssen es in Abhängigkeit vom Grad der Realisierbarkeit in der jeweiligen Etappe ermöglichen, die Konsequenzen im voraus einzuschätzen, die bei der Verwirklichung dieser oder jener sozialpolitischen Maßnahme bzw. bei zeitweiliger Nichtrealisierung sozialpolitischer Probleme eintreten.

Das erfordert die Forschungsarbeit auf konkrete Analysen, Schlußfolgerungen und Vorschläge für den Zeitraum der langfristigen Planung zu konzentrieren.

Gleichzeitig sind für die Forschungsarbeit damit auch grundsätzliche methodische Fragen der Planung gestellt:

- die Gestaltung der Planung ausgehend vom Endprodukt
- die Beherrschung des komplexen Herangehens an die Lösung großer volkswirtschaftlicher Fragen
- die Planung der Entwicklung des Lebensstandards in seiner Komplexität
- die konkrete Erfassung der Beziehungen zwischen der Planung der Bedürfnisse und der Planung des Bedarfs
- die Gewährleistung einer bedarfsgerechten Produktion und Verteilung über den Plan in Einheit mit der wirtschaftlichen Rechnungsführung.

Zunächst ist die Erkenntnis voll durchzusetzen, daß die *Ermittlung des Bedarfs* eine der entscheidenden Tätigkeiten im Rahmen des Planungsprozesses ist. Bei der Produktion von Konsumgütern zum Beispiel muß im Interesse einer stabilen Versorgung der Bevölkerung das Problem gelöst werden, wie ein sich schnell verändernder Bedarf mit der Stabilität der Planziele und der Kontinuität von Produktion und Versorgung in Einklang gebracht werden kann.

Eine weitere wichtige Frage ist, wie gesichert werden kann, daß die Produktion eines bedarfsgerechten Sortiments – auch mit entsprechenden Anteilen niedriger Preisgruppen – den Interessen des Betriebes nach einem günstigen ökonomischen Ergebnis nicht entgegenwirkt. Wir müssen die gegenwärtig gesammelten Erfahrungen mit der Anwendung von Toleranzen bei der Plandurchführung sehr sorgfältig auswerten, um die wirkungsvollste Lösung zu finden, die mit der Weiterentwicklung der wirtschaftlichen Rechnungsführung in vollem Einklang steht.

Eine Grundvoraussetzung, um die Hauptaufgabe zu realisieren, ist die *Sicherung einer hohen Effektivität unserer wirtschaftlichen Entwicklung.* Wir müssen die Pläne der Volkswirtschaft, der Zweige und Betriebe so ausarbeiten und durchführen, daß dem objektiven und gesellschaftlichen Erfordernis zur Intensivierung der gesellschaftlichen Produktion, zur Erhöhung ihrer Effektivität, zur Beschleunigung des wissenschaftlich-technischen Fortschritts und der ständigen Steigerung der Arbeitsproduktivität umfassender und konsequenter Rechnung getragen wird. In der Planung sind dazu die entscheidenden Faktoren der Intensivierung sowohl qualitativ als auch quantitativ besser herauszuarbeiten, zu berechnen und vom Plan her stärker zur Wirkung zu bringen. Ausgehend vom Plan müssen wir mit der wirtschaftlichen Rechnungsführung unter Nutzung der Ware-Geld-Beziehungen im Sozialismus gewährleisten, daß die umfassende Nutzung dieser Faktoren im Interesse der Gesellschaft durch die materielle Interessiertheit der Werktätigen und der Produktionskollektive dauerhaft stimuliert wird.

In erster Linie ist die *Planung des wissenschaftlich-technischen Fortschritts* als Hauptfaktor zur Intensivierung mit dem Ziel weiter zu entwickeln, die Aufgaben und Ergebnisse des wissenschaftlich-technischen Fortschritts mit den Leistungskennziffern des Planes organischer zu verbinden und ihre ökonomische Wirksamkeit zu erhöhen.

Die Grundlage zur qualifizierten Planung des wissenschaftlich-technischen Fortschritts muß immer mehr die rechtzeitige und langfristig angelegte Ausarbeitung einer *einheitlichen technischen Politik* des jeweiligen Betriebes, Kombinates und Zweiges zur Verbesserung der Technologie und zur Erhöhung des technischen Niveaus und der Qualität der Erzeugnisse sein. In dieser einheitlichen technischen Politik sehen wir den Ausgangspunkt für die Planung der Forschungs- und Entwicklungsaufgaben und der schnellen Überleitung ihrer Ergebnisse in die Produktion, für die Verbesserung der Grundfondsökonomie, der Materialökonomie und des rationellen Einsatzes des gesellschaftlichen Arbeitsvermögens.

Dabei geht es vor allem darum

- dem Plan eine nach Zweigen differenzierte klare technische Politik zugrunde zu legen, die die Richtungen zur Hebung des technischen Niveaus der Produktion und der Erzeugnisse zeigt;
- eine schnelle Überleitung neuer Erkenntnisse – Erzeugnisse und Verfahren – in die produktive Nutzung durch komplexe Planung und Bilanzierung der Überleitungsbedingungen, einschließlich der dazu erforderlichen materiellen Interessiertheit zu sichern;
- die Neuererbewegung und den sozialistischen Wettbewerb einzubeziehen;
- die technisch-ökonomischen Kennziffern mit der Linie der technischen Politik und den Kennziffern der Produktivität und Effektivität zu verbinden;
- die Effektivität der wissenschaftlich-technischen Forschung zu verbessern.

Ein Schwerpunkt ist die weitere Verbesserung der *Planung*, *Messung und der Abrechnung der Arbeitsproduktivität.* Das ist eine wichtige wirtschaftspolitische Frage, um die Produktionsleistungen der Werktätigen exakt zu planen, auszuweisen und richtig zu stimulieren.

Von entscheidender Bedeutung ist dabei eine qualifiziertere *Planung der Faktoren, die auf die Steigerung der Arbeitsproduktivität einen entscheidenden Einfluß haben.* In der Praxis fängt das Problem aber bereits mit der Anwendung aussagefähiger Berechnungsmethoden der Steigerung der Arbeitsproduktivität an. Die auf der Warenproduktion beruhenden Berechnungen bringen nicht genügend die tatsächlichen Leistungen jedes Betriebskollektivs zum

Ausdruck und können daher nicht als geeignete Grundlage zur Stimulierung der Leistungsreserven dienen. Zur exakteren Widerspiegelung der tatsächlichen Leistungen der Betriebe, Kombinate und VVB ist mit dem Beschluß des Ministerrates vom 19. Februar 1972 für die Planung ab 1972 die Berechnung der Arbeitsproduktivität auf der Basis der Eigenleistungen wieder eingeführt worden. Die Messung der Arbeitsproduktivität auf der Basis der Eigenleistung ist weiter zu festigen und vor allem durch eine gleichbleibende Preisbasis die Leistungskennziffern auch über mehrere Jahre vergleichbar zu machen. Die Einführung einer vergleichbaren Preisbasis für längere Planungszeiträume bedarf noch gründlicher Überlegungen. Wir sind der Auffassung, daß man darüber hinaus zweigspezifische Kennziffern auf der Grundlage von Naturalkennziffern erarbeiten, erproben und schrittweise in die Praxis einführen muß. Es sind danach auch Lösungen zu erarbeiten, die die Verbindung zwischen den volkswirtschaftlichen und zweigspezifischen Kennziffern der Messung der Arbeitsproduktivität gestatten.

Als entscheidend sehen wir aber nicht die methodischen Seiten der Messung der Arbeitsproduktivität an, sondern vor allem die notwendigen Schritte, um die *Planung wichtiger Faktoren zur Steigerung der Arbeitsproduktivität*, wie z. B. den wissenschaftlich-technischen Fortschritt, immer besser in die Hand zu bekommen. Das betrifft auch die Vorschläge zur Kapazitätsplanung, in der neben der Normativbasis eines der wichtigsten Elemente gesehen wird, das wir im Planungssystem ausbauen und festigen müssen. Bei der Lösung dieser langfristigen Aufgaben kommt es darauf an, die Erfahrungen der UdSSR richtig zu nutzen. Gerade auf diesem Gebiet der Messung der Arbeitsproduktivität und der gesamten Arbeitsökonomie sollte vom wissenschaftlichen Rat eine enge Zusammenarbeit mit dem wissenschaftlichen Rat für Arbeitsökonomie organisiert werden, besonders bei der Durchführung der Erprobungen in Betrieben und Kombinaten zur Planung der Steigerung der Arbeitsproduktivität nach Hauptfaktoren.

Ein grundsätzliches Erfordernis besteht darin, die *Bilanzierung und Verflechtung nach Gebrauchswerten weiter zu vervollkommnen.* In dieser Richtung haben sich die Festlegungen in der Bilanzierungsverordnung über die Verantwortung der einzelnen Organe und ihrer Rolle bei der Bilanzierung bewährt. Damit erhält der Plan von der Seite der Bilanz bereits eine bessere Fundierung.

Die *bessere Begründung des Bedarfs und des Aufwandes an materiellen Fonds* zur Produktion erweist sich immer wieder als eine Hauptfrage zur Erhöhung der Qualität der Planung und Bilanzierung.

Ausgehend davon ist bei der Ausarbeitung der Planentwürfe 1973 auf allen Ebenen der Volkswirtschaft die gebrauchswertmäßige Berechnung und Bilanzierung der entscheidenden Reproduktionsbeziehungen weiter zu verbessern. Das erfolgt insbesondere durch die Ausarbeitung und Bestätigung der Bilanzen der Energie, Rohstoffe, Materialien, Ausrüstungen und Konsumgüter sowie für das Bauvolumen und die Arbeitskräfte. Wir gehen davon aus, daß eine hohe Qualität der Pläne eine Vervollkommnung des Systems der Bilanzen als Hauptinstrument der Planung voraussetzt und daß ihre exakte Berechnung und Begründung von besonderer Bedeutung ist. Eine sich dynamisch entwickelnde Wirtschaft stellt hohe Anforderungen an die Beherrschung der Proportionalität. Ein wesentliches Anliegen der Wissenschaft und der Praxis muß es deshalb sein, die *Verflechtungsbilanzierung* zu einem wirksamen Instrument zu entwickeln, um bereits in den Planansätzen die hauptsächlichsten Verflechtungen zwischen den Zweigen und Bereichen der Volkswirtschaft sowie zwischen den Zweigen und der territorialen Entwicklung besser zu erfassen.

Darin besteht ein entscheidender Vorzug sozialistischer Planung, der durch die zielstrebige Entwicklung und Anwendung der Verflechtungsbilanzierung immer besser zur Geltung gebracht werden muß. Dabei übersehen wir nicht, daß die Anwendung der Verflechtungsbilanzierung ein langfristiger Prozeß ist und noch wesentliche Voraussetzungen für die praktische Nutzung dieser Bilanzierungsmethode schrittweise geschaffen werden müssen.

Eine große wissenschaftliche Aufgabe besteht dabei darin, ständig die Ergebnisse des wissenschaftlich-technischen Fortschritts in den Verflechtungsbilanzen und Verflechtungsrechnungen wirksam zu machen. Die Voraussetzung für die Lösung dieser Aufgabe ist in der weiteren Qualifizierung der Arbeit der VVB und Kombinate nach dem Erzeugnisgruppenprinzip zu sehen, um die materiellen Verflechtungen im Detail immer sachkundiger erfassen und planen zu können.

Die exaktere *Bestimmung des Bedarfs anhand von Normen* und die allseitige Ausarbeitung und Berechnung der Verflechtungen müssen immer bessere Voraussetzungen zur wirksameren Anwendung der Bilanzierung als der Hauptmethode der Planung von Proportionen schaffen. Dabei geht es insbesondere um die bessere Beherrschung der Verflechtungen zwischen Investitionen, Bau, Ausrüstungen und Arbeitskräften.

Aus den Grundtendenzen der ökonomischen Entwicklung des Sozialismus zur zunehmenden Vergesellschaftung der Produktion ergibt sich auch die theoretische und praktische Aufgabe, bei der Planung der Proportionen der Volkswirtschaft und der Struktur der Produktion, die zunehmenden Verflechtungen der Volkswirtschaft der DDR mit der UdSSR und den anderen Ländern des RGW im Rahmen der *sozialistischen ökonomischen Integration* umfassend zu berücksichtigen.

Die entscheidende Richtung für die Qualifizierung der Bilanzierung ist die Schaffung einer qualifizierten *Normativbasis.* Das betrifft die Begründung des Aufwandes an Material und Rohstoffen ebenso wie an Ausrüstungen, Investitionen, Arbeitskräften und die Selbstkosten. Um hier zu besseren Grundlagen zu kommen, wurde beschlossen, Schritt für Schritt die *Normativbasis* in der Planung auszubauen. Dort, wo dafür schon gute Ansätze vorhanden sind – wie zum Beispiel im Ministerium Erzbergbau, Metallurgie und Kali – hat sich das bei der Planung bereits ausgezahlt. Die Aufgabe besteht darin, nunmehr für weitere entscheidende Materialien und Rohstoffe zu bestätigten und somit verbindlichen Normativen für die Planung und Bilanzierung zu kommen. Im weiteren muß das auch auf Normen für die Grundfondsausnutzung und den Arbeitsaufwand ausgedehnt werden. Wir müssen allmählich dazu kommen – wie es in der Sowjetunion bereits praktiziert wird – daß die Planausarbeitung mit der Präzisierung der Normative beginnt. Das gilt für alle Ebenen, denn ohne wissenschaftlich begründete Normen gibt es keinen realen Plan.

Zwischen der Festigung der Bilanzmethode und der Entwicklung der Normativbasis der Planung sehen wir einen festen Zusammenhang:

Wird durch die Bilanzierung die Herstellung der Proportionen ermöglicht, so gewährleistet die Normativmethode der Planung die Einhaltung der planmäßig festgelegten Proportionen. Wir betrachten die Normen als ein Mittel zur wirksamen Kontrolle über die Produktion und die Konsumtion und als einen wirksamen Hebel zur Erreichung höchstmöglicher Ergebnisse bei minimalem Aufwand. Mit den Normativen werden zugleich die ingenieurtechnischen und ökonomischen Berechnungen mit den Bilanzen verbunden. Bei der Lösung dieser Aufgaben, bei denen wir jetzt erste Schritte in Angriff genommen haben, sehen wir für den wissenschaftlichen Rat in Zusammenarbeit mit den Instituten und Einrichtungen der Industrie ein breites Betätigungsfeld.

Wir halten es für sehr wichtig, daß im wissenschaftlichen Rat die Fragen der Planung und wirtschaftlichen Rechnungsführung in engem Zusammenhang gesehen und bearbeitet werden. Dem ökonomischen System des Sozialismus muß ein ausgewogenes Verhältnis von zentraler staatlicher Leitung und Planung und der Eigenverantwortung der Kombinate und Betriebe zugrunde liegen. Die Entwicklung des demokratischen Zentralismus beinhaltet die weitere Stärkung der Rolle der zentralen Planung bei gleichzeitiger Vervollkommnung der wirtschaftlichen Rechnungsführung und ihrer wirkungsvolleren Verbindung mit dem Plan. Das sind notwendige Voraussetzungen, um die Kollektive der Betriebe im volkswirtschaftlichen Gesamtinteresse zu orientieren und ihre Initiative zu stimulieren.

Wir haben in der jüngsten Zeit Fortschritte bei der Überwindung der einseitigen Orientierung auf den Gewinn als Leistungsmaßstab für die Arbeit der Betriebe erzielt. Natürlich ist der Gewinn auch weiterhin ein wichtiger Gradmesser, weil er die Quelle für die Finanzierung der erweiterten Reproduktion im Betrieb, die Quelle für die Bildung des Prämienfonds und des Kultur- und Sozialfonds und nicht zuletzt entscheidende Quelle für die Finanzierung von Staatsausgaben ist.

Die wirtschaftliche Rechnungsführung muß jedoch in der Richtung vervollkommnet werden, daß die Betriebe dann den höchsten Gewinn erzielen und ihre Fonds dann erhöhen können, wenn ihre Erzeugnisse und Leistungen dem volkswirtschaftlichen Bedarf in Menge, Sortiment, Qualität und Kosten entsprechen. Dieser Grundsatz erfordert, daß in Zukunft die Planung der Selbstkosten und der Selbstkostensenkung eine größere Rolle spielen muß.

Dafür müssen durch die Weiterentwicklung der Rechnungsführung und Statistik entscheidende Grundlagen geschaffen werden. Ein kompliziertes Problem der wirtschaftlichen Rechnungsführung, das noch intensiver Forschungsarbeit bedarf, besteht darin, die Normative und Kennziffern der wirtschaftlichen Rechnungsführung und der materiellen Interessiertheit so zu gestalten, daß die Einheit zwischen materieller und finanzieller Planung besser gewährleistet wird und die Betriebe aufgrund hoher Leistungen und der Steigerung der Arbeitsproduktivität stärker an einer Zunahme des Gewinns interessiert werden.

Das ist eng mit der weiteren Ausarbeitung der wissenschaftlichen Grundlagen für die Preisplanung verbunden. Mittels des Preises, als der entscheidenden Erscheinungsform des Wertes, muß vor allem ein Druck auf höhere Effektivität erreicht werden. Von wesentlicher Bedeutung sind dafür die Probleme der Preisbildung für neue Erzeugnisse und der Nutzung der Preise als Stimulus der Produktion und Anwendung von moderner Technik.

Wir kommen hier an eine Grundfrage der Entwicklung unseres Planungssystems, die auch mit der Einführung der Wirtschaftsreform in der Sowjetunion gestellt worden ist:

Wie können wir das Planungssystem unter Nutzung moralischer und materieller Stimuli so gestalten, daß die Betriebe und Einrichtungen daran interessiert sind, Pläne aufzustellen, die voll das Leistungsvermögen der Kollektive widerspiegeln und generell das Interesse an einem hohen Beitrag zum Nationaleinkommen fördern. Die gewachsene Initiative der Arbeiterklasse nach dem VIII. Parteitag zeigt uns, daß das nicht nur eine Frage der Entwicklung materieller Stimuli, sondern der richtigen Verbindung zwischen moralischem und materiellem Anreiz ist. Hinsichtlich der Wirkungsweise unseres gesamten Planungssystems und einzelner Regelungen brauchen wir ständig gründliche Analysen mit Verallgemeinerungen von hohem Niveau und konkrete Vorschläge, um diese Verbindung mit der fortschreitenden Entwicklung immer neu zu gewährleisten.

Vor dem wissenschaftlichen Rat steht auch die Aufgabe, einen wirksamen Beitrag bei der Weiterentwicklung der *territorialen* Planung zu leisten.

Ausgehend von den Bedürfnissen der Menschen ist die Territorialplanung so zu vervollkommnen, daß die Ressourcen in den Territorien voll für die Entwicklung des materiellen und kulturellen Lebensniveaus und die Intensivierung der gesellschaftlichen Produktion genutzt werden.

Zum rationellen Einsatz der territorialen Ressourcen sind vor allem die Berechnungen zur Entwicklung der Produktivität und der Effektivität der Grundfondsausnutzung der Betriebe weiterauszubauen. Das erfordert bei der Vorbereitung der Pläne, daß Vorschläge zur Rationalisierung und Koordinierung der Investitionen gemeinsam in den Territorien erarbeitet werden.

Dafür ist die Territorialplanung so komplex zu gestalten, daß die örtlichen Organe der Staatsmacht und die wirtschaftsleitenden Organe, Kombinate und Betriebe mit der Ausarbeitung und Durchführung der Pläne gewährleisten, daß die Einrichtungen und die Grundfonds zur Entwicklung der Arbeits- und Lebensbedingungen durch die Werktätigen in den Betrieben und die Bürger in den Wohngebieten mehrfach genutzt und neue Einrichtungen gemeinsam abgestimmt durch die Betriebe und örtlichen Organe der Staatsmacht geschaffen werden.

Ein wichtiges Gebiet der Forschung für die Planungspraxis ist die Ausarbeitung einer *Planungsordnung* für den Zeitraum von 1976–1980.

Ausgehend von den Grundgedanken, *in den Betrieben, Kombinaten, VVB sowie in den territorialen und staatlichen Organen eine rationelle Planungs-, Bilanzierungs- und Abrechnungstätigkeit* zu gewährleisten, steht die Aufgabe, *eine längerfristige Stabilität der planmethodischen und Abrechnungsgrundlagen zu sichern.*

Selbstverständlich setzt Stabilität im Planungssystem auch voraus, daß die langfristig anzuwendenden Kennziffern und Verfahren in der Planung gut begründet sind und qualifiziert der Lösung der inhaltlichen Aufgaben des Planes dienen. Stabilität darf nicht „Starrheit" im Planungssystem bedeuten. Neue und bessere Erkenntnisse muß das Planungssystem immer in sich aufnehmen können. Doch eine solche Flexibilität darf nicht jährlich zu umfangreichen Änderungen führen. Die Erfahrungen der UdSSR bestätigen, daß es rationell ist, die Ordnung und die Methodik zur Ausarbeitung der Volkswirtschaftspläne und Betriebspläne vor Beginn einer Fünfjahrplanperiode gründlich auszuarbeiten und im Verlaufe eines Fünfjahrplanes im wesentlichen nicht zu verändern. Das muß auch in sich einschließen, daß die Betriebe und Kombinate in die Lage versetzt werden, durch einen jährlich im Prinzip gleichbleibenden terminlichen Ablauf der Planausarbeitung, ihre Planungsarbeit und die Abstimmung mit den Kooperationspartnern, Bilanzorganen und örtlichen Staatsorganen rechtzeitig vorzubereiten und rationell zu organisieren. Dazu gehört auch ein ausreichender Zeitfonds, der die Aufschlüsselung der staatlichen Aufgaben auf die Betriebsabteilungen, Meisterbereiche und Brigaden und somit eine gut organisierte Plandiskussion der Werktätigen gewährleistet. Diesem Anliegen wird mit der Planausarbeitung 1973 bereits besser entsprochen.

Die Erfahrungen in der Planausarbeitung 1973 müssen von uns gründlich genutzt werden, um weitere Schritte zur Stabilisierung der planmethodischen Grundlagen zu gehen. Es ist vorgesehen, bis Ende 1973 eine von den besten Erfahrungen der Betriebe und Kombinate getragene *Rahmenrichtlinie zur Betriebsplanung* auszuarbeiten. Sie soll eine Anleitung zum praktischen Handeln geben und dazu dienen, die schöpferische Teilnahme der Werktätigen an der Planung weiter zu entfalten und eine in den Grundsätzen einheitliche Ordnung der Betriebsplanung zu verwirklichen.

Die weitere Qualifizierung der Betriebsplanung muß gleichzeitig durch eine über einen längeren Zeitraum stabile Ordnung für die Ausarbeitung des Volkswirtschaftsplanes ermöglicht werden.

Zur weiteren Vervollkommnung der Planung wird dazu die Aufgabe gestellt, *bis 1974 eine Planungsordnung zur Ausarbeitung der Volkswirtschaftspläne auszuarbeiten*, die für einen Fünjahrplanzeitraum gelten soll. Es ist ein Grundanliegen dieser Planungsordnung, die auf dem demokratischen Zentralismus beruhende Einheit von zentraler staatlicher Planung und Betriebssowie Territorialplanung weiter zu festigen. Bei der Ausarbeitung einer solchen Planungsordnung sollen die Ergebnisse und Erfahrungen aller in Durchführung der Beschlüsse des VIII. Parteitages getroffenen Maßnahmen zur Planung und Bilanzierung gründlich ausgewertet werden. Vor allem sollen alle in jahrelanger Praxis bewährten Planungsmethoden in der Ordnung fest verankert werden. Das ist ein lohnendes Vorhaben echter wissenschaftlicher und zugleich praxisorientierter Gemeinschaftsarbeit von Wirtschaftswissenschaft und Wirtschaftspraxis.

Als entscheidendes Mittel zur Rationalisierung der Planungsarbeiten und zur Qualifizierung der Planberechnungen betrachten wir die *elektronische Datenverarbeitung.*

Der VIII. Parteitag hat sich auf diesem Gebiet für reale und lösbare Aufgaben ausgesprochen, die einen praktischen Nutzen haben. Datenverarbeitung, Modelle und mathematische Verfahren in Planung und Bilanzierung helfen uns z. B. im schnellen Aufbereiten von Planvorschlägen, von Planinformationen, in der Erfassung und Bilanzierung vielfältiger Verflechtungen bei zentralen Aufwands- und Nutzensberechnungen, zur Bestimmung des Bedarfs ausgewählter Rohstoff- und Materialpositionen und bei der Berechnung der volkswirtschaftlichen Grundbilanzen. Der Nutzen, den wir durch die Anwendung mathematischer Verfahren und durch die Anwendung der elektronischen Datenverarbeitung erreichen werden, wird um so größer sein, je besser wir es vermögen, aufgrund einer wissenschaftlich fundierten Einschätzung ihrer Rolle, ihre Vorteile zu nutzen, und aber auch die Grenzen erkennen.

Die Möglichkeiten, sie zur Planung und Bilanzierung zu nutzen, sind größer, als die dafür bereits im Planungssystem organisierte Anwendung. Es sind dafür größere Anstrengungen und mehr organisatorische Leistungen auf allen Ebenen der Planung erforderlich. Intensiver müssen die reichen Erfahrungen der UdSSR bei der Schaffung automatisierter Systeme der Leitung und Planberechnungen umgesetzt werden. Dabei gilt es, eine stärkere Konzentration auf Schwerpunkte vorzunehmen, die in Bedarfs- und Bilanzrechnungen, der Optimierung der materiellen und finanziellen Ressourcen und in der Berechnung der ständig zunehmenden Verflechtungsbeziehungen zu sehen sind. Eine entscheidende Voraussetzung dafür ist die *zielstrebigere Entwicklung einer entsprechenden Informations- und insbesondere Normativbasis* für die Planung, vor allem in einer erzeugnisbezogenen Art. Die Erfahrungen unterstreichen immer wieder, daß der Nutzen aus der Datenverarbeitung für die Planung am größten ist, wenn sie auf jenen Informationen aufbaut, die dem Planungsprozeß sozusagen selbst „innewohnen". Abstrakte Modelle und Datenverarbeitungsprojekte, die neben der Planungstechnologie stehen, erzeugen nur umfangreiche zusätzliche Informationen, für deren Erarbeitung bei den Werktätigen und den Planungskadern kein Verständnis vorhanden sein kann. Ebenso bleibt der qualifizierten Planberechnung durch EDV „die Tür verschlossen", wenn die Mühen zur Erarbeitung einer für bessere Bedarfs- und Verflechtungsrechnungen notwendigen, insbesondere erzeugnisbezogenen, Informations- und Normativbasis gescheut werden.

Das Feld schöpferischer Arbeit an der weiteren kontinuierlichen Vervollkommnung der Planung und Bilanzierung ist groß. Die Beschlüsse des VIII. Parteitages der SED haben auch auf diesem Gebiet neue Initiative geweckt und vor allem eine der Wirtschaftspraxis nahe Arbeitsweise gefördert. Die intensive Auswertung und Nutzung der Erfahrungen der UdSSR, die Ausschöpfung und Festigung der bewährten Planungspraxis in unserer Republik gepaart mit einer stets aufgeschlossenen Haltung zur Anwendung und systematischen Einführung neuer Erkenntnisse der Wirtschafts- und Planungswissenschaft – darin liegen weitere Fortschritte in der genannten Vervollkommnung des Planungssystems. Es gibt noch viel zu tun. Erfolgreiche Arbeit erfordert deshalb auch Konzentration auf Schwerpunkte.

Die beste Gewähr für eine effektive Forschungsarbeit ist eine klare gezielte Aufgabenstellung, bei der die komplexe Lösung der Schwerpunkte im Mittelpunkt steht. Das Vorhaben des Rates für Planung und wirtschaftliche Rechnungsführung, *Gemeinschaftsprojekte* in den Vordergrund zu stellen, halten wir für den richtigen Weg. Hierdurch erzielen wir mit konzentriert eingesetzten Kräften einen höheren Effekt der Forschung und das ist ja das Ziel dieser Organisationsform der Forschung, die sich auch auf Erfahrungen unserer sowjetischen Genossen stützt.

Die Lösung dieser Aufgaben stellt an Forscher und Wirtschaftspraktiker die Anforderung, stets den Blick auf die weitere *Vervollkommnung des ganzen Planungssystems* in untrennbarer Einheit mit der weiteren Vervollkommnung der wirtschaftlichen Rechnungsführung und ökonomischen Stimulierung zu richten.

Die Initiativen der Werktätigen zur Lösung der Hauptaufgabe, die sich in den Verpflichtungen im sozialistischen Wettbewerb zur allseitigen Erfüllung und gezielten Übererfüllung des Planes 1972 widerspiegelt und in der Plandiskussion 1973 zur weiteren Mobilisierung volkswirtschaftlicher Reserven führt, verpflichtet somit zur weiteren Festigung der Planmäßigkeit unserer volkswirtschaftlichen Entwicklung, In der Planmäßigkeit liegt eine entscheidende Garantie zur kontinuierlichen Erhöhung des materiellen und kulturellen Lebensniveaus unseres Volkes. Mit den Beschlüssen des VIII. Parteitages der SED über die Planung und Bilanzierung wird allen Leitungskadern in Staat und Wirtschaft und den Wissenschaftlern die Aufgabe gestellt, die Planung immer besser als schöpferische Tätigkeit von Millionen Menschen unserer Republik zum Wohle aller Werktätigen zu entwickeln.

Prof. Dr. Herbert Luck

Zu einigen Fragen der Planungspraxis

Aus manchen Gründen, die hier nicht zu erörtern, weil sie bekannt sind, wurde in den zurückliegenden Jahren die theoretische Diskussion zur Vervollkommnung der Planung vernachlässigt. Durch den VIII. Parteitag ist hier wie auf vielen Gebieten ein grundsätzlicher Wandel eingetreten.

Die sozialistische Planung – der größte Vorzug der sozialistischen Gesellschaftsentwicklung – ist allgemein und in ihrer Gesamtheit die Umsetzung der theoretisch gesicherten Erkenntnisse der Politischen Ökonomie des Sozialismus. Da das Leben ständig neue Forderungen an die Theorie stellt, wird es verständlich, warum manche Lücken in der theoretischen Analyse gesellschaftlicher Entwicklungsprozesse sich auch in einer gewissen Unvollkommenheit der Planungspraxis zeigen.

Als Leiter eines Kollektivs von Planern muß ich auch sagen, daß es nicht leicht ist, „von heute auf morgen“ in den Planungsablauf einzugreifen.

Veränderungen in der Planungspraxis müssen stets sorgfältig vorbereitet werden. Selbst manchmal kleine methodische Veränderungen können zu Wirkungen führen, die erst nach geraumer Zeit sichtbar werden und sich dann als richtig oder als weniger durchdacht darstellen. Ebenso muß man sagen, daß insgesamt die sozialistische Planung ständig an Wirksamkeit gewinnt. Die Pläne werden sicherer und die Bilanzierung der Hauptbeziehungen der Volkswirtschaft wird zunehmend besser beherrscht. Selbstverständlich muß man auch davon ausgehen, daß die Planung und der Plan selbst nicht mit Perfektionismus gleichgesetzt werden sollten.

Mit der eingangs erwähnten Bemerkung über Lücken in der Theorie der Politischen Ökonomie und Unvollkommenheiten in der sozialistischen Planung meine ich nicht die Gleichsetzung der Theorie der Politischen Ökonomie mit der sozialistischen Planung. Ich halte es für notwendig, der sozialistischen Planung eine gewisse eigenständige theoretische Basis zu geben und folglich auch einen bestimmten abgrenzbaren Gegenstand der sozialistischen Planung herauszuarbeiten.

Damit will ich keine „Gegenstandsdefinition“ führen. In bezug auf die vorliegenden Thesen wäre es aber von Nutzen, darüber nachzudenken und die Stellung der Planung als *Wissenschaft* anzusprechen.

Die sorgfältige Beachtung eines bestimmten Gegenstandsbereiches der sozialistischen Planung und somit Eigenständigkeit dieser wissenschaftlichen Disziplin hat große Bedeutung. Beispielsweise wird in den zur Diskussion stehenden Thesen sinngemäß gesagt: Die Vervollkommnung der Planung hängt entscheidet davon ab, wie es gelingt, die Gesamtheit der ökonomischen Gesetze des Sozialismus in ihrem komplexen Zusammenwirken bewußt auszunutzen.

Solche Formulierungen sind nach der einen Seite hin sehr weit angelegt, andererseits wird deutlich, warum über den Gegenstand der Planung nachgedacht werden sollte.

Ich werde zu einigen inhaltlichen Fragen der Planung sprechen. Meine Bemerkungen können nicht dieser oder jener Formulierung in den vorliegenden Thesen zugeordnet werden. Das ist wohl auch nicht der Sinn der Diskussion.

Verschiedentlich – auch in den Thesen – wird vom Gesamtsystem und dem Wirkungsmechanismus der ökonomischen Gesetze gesprochen. Ich weiß nicht, ob die Forderung, die ökonomischen Gesetze unter einem sehr betonten Aspekt des Gesamtsystems zu erforschen usw., richtig ist. Ich stelle die Frage, bringt die Erforschung des Gesamtsystems der ökonomischen Gesetze den entsprechenden anwendbaren Nutzen für die Praxis? Abgesehen davon, daß in den vorliegenden Thesen nur drei ökonomische Gesetze angesprochen werden (Grundgesetz, Gesetz der planmäßigen proportionalen Wirtschaftsentwicklung, Gesetz der Arbeitsproduktivität), halte ich es für fragwürdig, alle Triebkräfte und Interessen, die in der sozialistischen Gesellschaftsformation wirken. unbedingt in einem Geamtsystem und auf der Basis des Wirkungsmechanismus aller ökonomischen Gesetze erfassen zu wollen.

In der sowjetischen Theorie und Praxis ist seit geraumer Zeit (Gruppe Federenko) über das System der komplexen Planung gesprochen worden. Diese Arbeiten sollten wir sehr genau verfolgen.

Ich meine aber, daß das von sowjetischen Ökonomen konzipierte System der komplexen Planung nicht eine Gleichsetzung oder Umsetzung eines Systems der Gesamtheit der ökonomischen Gesetze des Sozialismus zum Inhalt hat.

Das von sowjetischen Ökonomen konzipierte System der komplexen Planung, einschließlich der Datenerfassung und Datenverarbeitung mittels der modernen Rechentechnik ist ein bestimmter Algorithmus, der die verschiedenen Planungsebenen und -zeiträume miteinander verknüpft und Abhängigkeiten zwischen der langfristigen Planung, der mittelfristigen Planung und der Jahresplanung zuordnet.

Deshalb sollten wir nicht solche Orientierung geben, unbedingt ein Gesamtsystem ökonomischer Gesetze zu konstruieren, für viel wichtiger halte ich nämlich die Erforschung einzelner Gesetze und eine generelle anschauliche Aussage darüber, warum und wieso ökonomische Gesetze stets und immer unter Bedingungen begrenzter Ressourcen wirken.

Mit dem qualitativen und quantitativen Wachstum des ökonomischen Potentials der sozialistischen Länder werden die Ressourcen größer. Aber sie bleiben auch auf wachsender Stufenleiter begrenzt. Insofern kennt die sozialistische Wirtschaft weder eine Überflußproduktion noch eine solche der -konsumtion.

Das Wirken ökonomischer Gesetze des Sozialismus unter begrenzten Ressourcen scheint mit eine wesentliche Seite zur Erforschung der Erfordernisse des ökonomischen Grundgesetzes und des grundlegenden Entwicklungswiderspruches der sozialistischen Gesellschaftsformation zu sein.

Die Vervollkommnung der Planung muß deshalb in eine solche Grundrichtung gelenkt werden, daß die Planung selbst immer besser zu einer den Bedürfnissen und dem Bedarf untergeordneten Ressourcenplanung wird und die Rangfolgebestimmung der Bedürfniskomplexe und des Bedarfs in den Vordergrund tritt.

In den Thesen und in manchen Veröffentlichungen klingt mitunter an, als stehe das sozial-politische Programm neben, unter, oder außerhalb der Planung und des Planes. Das ist nicht richtig und kann in der Praxis zu Fehleinschätzungen führen. Das sozial-politische Programm ist eine Konkretisierung des höchsten Zieles der gesellschaftlichen Produktion im Sozialismus.

Es konkretisiert den Inhalt der Hebung des materiellen und kulturellen Lebensniveaus der Bevölkerung unter jeweils bestimmten Bedingungen und berücksichtigt vorhandene Unterschiede in der sozialen Lage innerhalb der Arbeiterklasse und Gruppen von Werktätigen.

Nach meiner Auffassung handelt es sich bei der Vorgabe von sozial-politischen Zielen durch die marxistisch-leninistische Partei um solche politische Aufgaben, die aus der gesamtgesellschaftlichen Entwicklung abgeleitet für die Planung bestimmend sind und überhaupt den ersten Variantenrechnungen zur Bestimmung eines mittelfristigen oder langfristigen Planungszeitraumes zugrunde gelegt werden. Solche notwendigen Maßnahmen, beispielsweis die Überwindung unzulässiger Einkommensdifferenzierungen, stehen selbstverständlich nicht außerhalb der Einheit und gegenseitigen Bedingtheit von Produktion und Konsumtion.

Ich halte es für einseitig, wenn in den Thesen eine gewisse Entwertung der Kategorie des Nationaleinkommens vorgenommen wird. Tscherkowez hat die Frage nach der Quantifizierung des Grundgesetzes gestellt. Das ist richtig. Für falsch halte ich die Herausnahme der Dienstleistungen aus der Konsumtion. Das Nationaleinkommen ist eine zentrale Kategorie der sozialistischen Gesellschaft. In der Zusammensetzung und Verteilung des Nationaleinkommens und in seiner Entwicklung kreuzen sich alle ökonomischen Prozesse der Produktion, der Zirkulation, der Distribution und Konsumtion.

Es ist sicher richtig, wenn das Nationaleinkommen nicht schlechthin nur unter dem Aspekt seiner Gliederung in Akkumulations- und Konsumtionsfonds gesehen wird. Aber das darf nicht zu vereinfachten Auffassungen über die Vielschichtigkeit dieser Kategorie selbst führen.

Ein Beispiel: Als Folge der sozial-politischen Maßnahmen kam es im Bezirk Rostock zu Mietsenkungen für rund 26000 Mieter. Das sind etwa 96% aller Familien, die nach 1967 eine Neubauwohnung erhielten.

Für diesen Personenkreis führte die Mietpreissenkung zu einer Erhöhung des Reallohn-Familieneinkommens. Das ist die eine, positive Seite. Auf der anderen Seite sind aber Mieten Einnahmen im Staatshaushalt, es sind Fonds, die u. a. für die Kreditierung des Wohnungsneubaus eingesetzt werden. Gehen solche Fonds unkontrolliert zurück und tritt keine Kompensation durch andere Fonds, beispielsweise durch Senkung der Wohnungsbaupreise oder durch andere Zuführungen aus dem Nationaleinkommen an den Staatshaushalt ein, dann führt das zur Verringerung der Akkumulationsquellen, die für den Wohnungsneubau vorgesehen sind. Die gleiche Wirkung zeigt sich übrigens auch auf einem anderen Gebiet. Obwohl eine Verbesserung erkennbar ist, gehen nach wie vor nicht wenig Störungen von den unvollendeten Investitionen aus. Investitionen, die über mehrere Jahre hinweg Akkumulation binden ohne produktionswirksam zu werden, verteuern den Aufwand je Einheit erzeugtem Nationaleinkommen. Besonders gravierend wirken auch die Verteuerungen der Investitionen. In der Planung wird bei Investitionsentscheidungen von Nominalinvestitionen ausgegangen; in der Investitionsdurchführung und -abrechnung haben wir es dann mit Aufwendungen zu tun, die erheblich größer als die geplanten Investitionssummen sind.

Die Differenz zwischen Real- und Nominalakkumulation ist ein Faktor, der die Planung stark belastet.

In den letzten Jahren wurde deutlicher die Stellung und die Beziehungen der Territorialplanung zur volkswirtschaftlichen Gesamtplanung herausgearbeitet. Das ist ein großer Fortschritt. Trotzdem gibt es gerade hier eine Vielzahl von Reibungspunkten und Widersprüchen, die wir noch nicht beherrschen.

Vereinfacht kann ein solches Problem wie folgt dargesellt werden:

Die Hauptbeziehungen der volkswirtschaftlichen Entwicklung, die für die DDR als Ganzes geplant werden und nach dem „Gesetz der großen Zahlen" sicher auch als Ganzes stimmen, sind nicht damit gleichzusetzen, daß sie auch für alle Teile des Ganzen, für die Bezirke und Kreise, stimmen müssen. Dieses Problem wird faktisch auf jeder Komplexberatung sichtbar.

Ich muß aus meiner Kenntnis sagen, daß wir noch nicht den Weg gefunden haben, um die Entwicklung in den Territorien in Übereinstimmung mit den geplanten Hauptbeziehungen der volkswirtschaftlichen Gesamtreproduktion zu bringen.

Theoretisch ist das alles klar. Zum Verhältnis von Zweig- und Territorialplanung hat beispielsweise W. I. Lenin in der Resolution zum 9. Parteitag der Kommunistischen Partei Rußlands folgenden Hinweis gegeben:
„Die organisatorische Aufgabe besteht heute darin, den vertikalen Zentralismus der Hauptverwaltungen zu erhalten und auszubauen und ihn mit der horizontalen Koordinierung der Betriebe nach Wirtschaftsgebieten zu verbinden, in denen Betriebe verschiedener Industriezweige und verschiedener wirtschaftlicher Bedeutung auf die gleichen lokalen Rohstoffquellen, auf die gleichen Transportmittel, die gleichen Arbeitskräfte usw. angewiesen sind.“[1]

Wir verstehen heute die Territorialplanung als die Gesamtheit von Standortsplanungen, von Ressourcenplanung einschließlich gesellschaftlichem Arbeitsvermögen und infra-struktureller Prozesse und als Planung des Siedlungsnetzes.

Zwischen diesen Teilen besteht eine Vielzahl von Beziehungen. Sie zu beherrschen, wird eine wesentliche Voraussetzung dafür sein, mit welcher Qualität und Zuverlässigkeit wir die langfristige Planung vornehmen und zu einem Generalplan der gesellschaftlichen Entwicklung für die nächsten 15 Jahre kommen.

Es wäre zweckmäßig, darüber eine gesonderte Beratung zu führen. Ich bin der Meinung, daß wir besonders auf diesem Gebiet große und ernste Probleme zu lösen haben.

[1] W. I. Lenin, Sämtliche Werke, Bd. XXV, Verlag für Literatur und Politik; Wien/Berlin 1930, S. 663.

Dr. Lothar Hummel

Zur Leitung und Planung sozialer Prozesse

In jüngster Zeit haben die Probleme der Leitung und Planung sozialer Prozesse in den Betrieben, Kombinaten und Territorien ein verstärktes Interesse in Praxis und Theorie gefunden. Erst unlängst wies Gen. Stoph in seiner Rede an der Hochschule für Ökonomie auf die Notwendigkeit hin, technisch-ökonomische und soziale Prozesse als Einheit und in ihrer Wechselwirkung zu betrachten und die sowjetischen Erfahrungen bei der Leitung und Planung der sozialen Entwicklung gründlich auszuwerten. Ich möchte mich in meinem Beitrag mit einigen Aspekten der Sozialplanung beschäftigen:

1. Zunächst muß meines Erachtens darauf hingewiesen werden, daß die soziale Entwicklung in den vergangenen Jahren keineswegs losgelöst vom Reproduktionsprozeß erfolgte.

Entscheidende betriebliche Dokumente und Planteile wie die Planteile Arbeitskräfte, Arbeitsproduktivität und Lohn, Arbeits- und Lebensbedingungen, die Kaderprogramme, Wettbewerbskonzeption und vor allem der BKV, der Frauenförderungsplan der Jugendförderungsplan u. a. haben zweifellos einen solchen planenden Charakter.

Und dennoch halten wir es für berechtigt, der Planung sozialer Prozesse in Zukunft eine erhöhte Aufmerksamkeit zu schenken. Wir lehnen uns dabei an eine Reihe wertvoller theoretischer Gesichtspunkte und praktischer Erfahrungen sowjetischer Genossen an. Die soziale Planung als ein in gewisser Hinsicht neues und selbständiges Element der Planung zu betrachten ist u. E. auf der Grundlage folgender Gesichtspunkte berechtigt:

a) Mit der Entwicklung der reifen sozialistischen Gesellschaft treten die Prozesse der Persönlichkeits- und Kollektiventwicklung verstärkt in den Mittelpunkt der sozialistischen Leitungstätigkeit und bedürfen der Planung sowohl ihres Zieles als auch ihrer objektiven Bedingungen. Insofern entstand auch die soziale Planung in der UdSSR im Ergebnis des bisher erreichten Standes beim Aufbau des Kommunismus, der Errichtung seiner materiell-technischen Basis und der Notwendigkeit auf dieser Grundlage das Bewußtsein der Menschen planmäßig zu gestalten.

b) Die sozialistischen Betriebe sind nicht nur technisch-ökonomische, sondern große soziale Einheiten, die sowohl die Produktion und Ökonomie als auch die sozial-politische und kulturell-erzieherische Entwicklung der Menschen planen und durchführen. Sie werden immer mehr zu Zentren sozialen und geistigen Lebens der Werktätigen.

c) Die wissenschaftlich-technische Entwicklung erhöht zugleich das Tempo der Veränderungen sozialer Strukturen und der damit verbundenen Bedürfnisstrukturen der Werktätigen. Die starke Verflechtung sozialer Erscheinungen sowie die Vielfalt und die Veränderlichkeit der sozialen Bedürfnisse der Menschen im Reproduktionsprozeß verlangen notwendig eine stärkere planmäßige Regulierung der sozialen Prozesse im Rahmen der einzelnen Wirtschaftseinheiten und auch Territorien.

d) Sowjetische Wissenschaftler weisen besonders darauf hin, daß bestimmte Entwicklungstendenzen in der sozialistischen Gesellschaft das Gewicht sozialer Faktoren als Grundlage der Verhaltensweisen der Menschen verstärken.

Fajnburg z. B. leitet die Notwendigkeit der sozialen Planung nicht zuletzt gerade von langfristigen Entwicklungstendenzen ab. Er zählt darunter u. a. die Veränderungen im Arbeitsinhalt, die Verschiebungen in der Struktur der Stimulierung und Motivierung der Arbeit aber auch die Veränderungen sowohl der gesellschaftlichen als auch der persönlichkeitsgebundenen Kriterien des sozialen Fortkommens. Er kennzeichnet die Herausbildung der Bedingungen der Lebenstätigkeit im ganzen als eine der Hauptaufgaben der Sozialplanung. Nach seiner Auffassung wird die Gesamtheit der Eigenschaften der Menschen, von denen erhebliche Teile früher nur außerhalb des Bereiches der materiellen Produktion wirksam wurden in zunehmendem Maße zu einem der entscheidenden Faktoren seines effektiven Funktionierens in der materiellen Produktion.[1] Eine unmittelbare Notwendigkeit, die Leitung und Planung sozialer Prozesse der Persönlichkeitsentwicklung zu qualifizieren, ergibt sich aus der Tatsache, diesen Prozeß rationeller zu gestalten und den objektiv gegebenen Verflechtungen dieser Prozesse besser Rechnung zu tragen, den überwiegend subjektiven Charakter sozialer Entscheidungen zu überwinden.

2. Zum Herangehen an die soziale Planung

Obwohl wir die Dringlichkeit der Sozialplanung betonen, warnen wir zugleich davor, daraus eine besondere Kampagne zu machen. Schon gar nicht ist der Sache gedient, den Planteil „Arbeits- und Lebensbedingungen" eineinfach in „Sozialplan" umzubenennen. Vielmehr ist – das lehren auch die

[1] Z. I. Fajnburg, Sovremennyj etap naučno-techničeskoj revoljucii i social'noe planirovanie, in: Voprosy Filos. Moskva, 10/1971, S. 28–38.

sowjetischen Erfahrungen – eine gründliche analytische vor allem soziologische Arbeit erste Voraussetzung für eine wirksame Sozialplanung. Es wäre verhängnisvoll, wollte man die Planung der sozialen Entwicklung von Betriebskollektiven formal aus dem Reproduktionsprozeß herauslösen, sie neben andere Planteile stellen. Vielmehr geht es um die Verwirklichung des Reproduktionsprozesses in der Einheit seiner materiell-technischen, ökonomischen, sozialen, kulturellen und politischen Ziele. Auf dem 6. Plenum des ZK der SED wies Gen. Kurt Hager darauf hin, daß die Entwicklung der sozialistischen Persönlichkeiten von einer Vielzahl Faktoren abhängt, die sowohl materieller als auch geistig-kultureller Natur sind. So ist das Anwachsen des schöpferischen Gehalts der Arbeit planmäßig mit einer wirkungsvollen Kombination von körperlicher und geistiger Tätigkeit zu verbinden. Gleichermaßen verlangen höhere Forderungen an die Arbeitsdisziplin und die Auslastung des Arbeitstages zugleich eine kontinuierliche Materialbereitstellung, vertragsgebundene Warenproduktion, gesicherte Organisation der Überleitung neuer Erzeugnisse in die Produktion sowie flüssigen Produktionsdurchlauf. Verpflichtungen, die die Werktätigen in ihren Kultur- und Bildungsplänen eingehen, müssen übereinstimmen mit dem durch die Produktionsentwicklung erforderlichen Wissen.

Es handelt sich also nicht nur um die Planung einzelner Faktoren, sondern um ein eng verflochtenes Netz sich gegenseitig bedingender Elemente, die durch die Planung zu erfassen sind.

Es wäre auch sehr vereinfacht – und leider zeichnet sich das in der Praxis etwas ab – allein durch die Bildung eines neuen Direktorats diese Aufgabe lösen zu wollen. Die soziale Entwicklung eines Betriebskollektivs kann nicht in den Verantwortungsbereich einzelner Direktoren delegiert werden! Entscheidend ist vielmehr, die sozialökonomischen Veränderungen in den Betrieben bewußt in allen Bereichen zu leiten. Die Erfahrungen in Schwedt, Schwarza, Mansfeld, der Neptunwerft, in weiteren Betrieben und Kombinaten weisen nach, daß dazu unter Leitung der Parteiorganisation vor allem viele ideologische Voraussetzungen zu schaffen sind, um manche einseitig technisch-ökonomische Auffassung von betrieblichen Vorgängen zu überwinden.

Hierbei muß jedoch beachtet werden, daß sich die betriebliche Planung in Übereinstimmung mit den gesellschaftlichen und betrieblichen Möglichkeiten befindet. Unlängst machten sowjetische Genossen in einem Erfahrungsaustausch darauf aufmerksam, daß eine Übernahme aller Wünsche der Werktätigen in einen Perspektivplan der sozialen Entwicklung die Gefahr in sich birgt, daß Vorstellungen und Erwartungen genährt werden, deren Nichterfüllung dann zur Enttäuschung führt oder daß betriebliche Maßnahmen sehr schnell in Widerspruch zu gesellschaftlichen Zielen geraten können, wenn beispielsweise lohnpolitischen Maßnahmen des Staates einseitig vorgegriffen wird.

Auch die sowjetischen Wissenschaftler, die sich im besonderen Maße mit der Planung sozialer Prozesse beschäftigen, wie Kerimov, Polozov, Kogan, Škaratan, Fajnburg u. a. weisen auf den engen Zusammenhang von ökonomischer und sozialer Planung und ihrer wechselseitigen Bedingtheit hin. Dessen ungeachtet treten spezifische Aufgaben des betrieblichen Reproduktionsprozesses hervor, die eine besonders starke soziale Prägung besitzen und die sich auch in entsprechenden Planteilen niederschlagen. In Übereinstimmung mit wesentlichen Elementen des in Betrieben der UdSSR erarbeiteten „Komplexplanes der sozialen Entwicklung" sind das nach unserer Auffassung:

a) Die planmäßige Entwicklung der sozialen Struktur des Betriebskollektivs einschließlich der Aus- und Weiterbildung der Werktätigen und der planmäßigen Einflußnahme auf die Erhöhung des Anteils der Stammarbeiter.

b) Die Arbeitsbedingungen der Werktätigen in engem Zusammenhang mit der wissenschaftlichen Organisation der Arbeit und den sich aus dem wissenschaftlich-technischen Fortschritt ergebenden Anforderungen an die Werktätigen.

c) Die wirksame Gestaltung des Arbeitseinkommens und der ideellen Stimuli auf die Persönlichkeits- und Kollektiventwicklung.

d) Die Verbesserung der sozialen und kulturellen Betreuung der Werktätigen einschließlich Arbeiterberufsverkehr, Wohnungswesen, Ferien und Naherholung.

e) Die planmäßige Entwicklung der gesellschaftlichen Aktivitäten der Werktätigen.

Wesentliche Grundlage der Pläne der sozialen Entwicklung sind umfangreiche soziologische Analysen, die die typischen Interessen – und Motivstrukturen einzelner sozialer Gruppen im Betrieb erfassen und damit der Vorbereitung von Leitungsentscheidungen, insbesondere zur Herstellung der Interessenübereinstimmung von Gesellschaft – Kollektiv und Persönlichkeit beitragen.

3. Zu einigen wissenschaftlichen Voraussetzungen für die weitere Entwicklung der Sozialplanung

Obwohl der Gedanke und die Praxis der sozialen Planung in der UdSSR weitgehend öffentliche Anerkennung gefunden haben und bedeutende Fortschritte machen[2] betonen die sowjetischen Wissenschaftler zugleich aber auch die Notwendigkeit, die theoretische und praktische Tätigkeit auf diesem

[2] W. I. Kasakov, Planung sozialer Prozesse in Leningrader Betrieben, Einheit 4/72, S. 532ff.

Gebiet ständig zu vervollkommnen.[3] Eine Analyse der zugänglichen sowjetischen Literatur sowie Gespräche, die in der UdSSR mit leitenden Kadern der Partei, der Gewerkschaft, mit Wissenschaftlern und Praktikern geführt wurden, lassen eine Reihe von Problemen deutlicher werden, die auch für unsere Arbeit von außerordentlicher Bedeutung sind. Dabei sind theoretische und praktische Fragen eng miteinander verbunden.

So überschätzen die sowjetischen Wissenschaftler keineswegs den bisher erreichten theoretischen und wissenschaftlich-methodischen Vorlauf.

Wiederholt wird darauf aufmerksam gemacht, daß die Erkenntnis der Wirkungsweise objektiver Gesetze im sozialen Bereich noch nicht weit genug gediehen ist. Der jetzige Stand erlaube zwar die komplexe soziale Planung in Angriff zu nehmen, aber der Wirkungsmechanismus im subjektiven Bereich sei bei weitem noch nicht genügend erschlossen.

„Als gesellschaftliche freie Betätigung entstanden, besitzt die Planung der sozialen Entwicklung von Kollektiven noch keine tiefgründige erprobte Theorie oder Gesamtkonzeption".[4] Das bezieht sich auch auf das Verhältnis von Langfristigkeit und Allmählichkeit des Eintretens wesentlicher qualitativer Veränderungen und deren Konsequenzen für Analyse und Planung. Polozov stellt u. a. fest, daß „es noch viele ungelöste Fragen der Aufdeckung qualitativer Charakteristiken der Merkmale und Eigenschaften" gibt, die in ihrer Gesamtheit die sozialen Unterschiede erfassen. Die unzureichende Untersuchung der objektiven Gesetzmäßigkeiten der sozialen Entwicklung führt nicht selten zur Benutzung solcher unbestimmter Termini bei der Lösung sozialer Probleme, wie „erhöhen", „angleichen", „annähern", „verringern" usw. anstelle klarer und genauer Kennziffern und Normative.[5]

Er gelangt schließlich zu dem Ergebnis, daß es noch immer nicht gelungen sei, ein System eindeutiger Kennziffern zu erarbeiten, „die sowohl den Zustand als auch die Veränderung der sozialen Stellung der verschiedenen Gruppen von Arbeitern in der gesellschaftlichen Produktion kennzeichnen."[6,7]

In diesem Zusammenhang verweist Škaratan darauf, daß die Beziehungen zwischen ökonomischer und sozialer Planung und ihre gegenseitige Durchdringung nach wie vor bestimmte Diskussionen auslöst. Er spricht sich für eine gewisse theoretische Eigenständigkeit als Voraussetzung für

3 Vgl. A. S. Paškov, V. R. Polozov, Kompleksnoe planirovanie social'nogo razvitija kollektivov predprijatij, Materialien der II. Leningrader Konferenz für soziale Planung, Leningrad 1970, Leninzdat.

4 A. S., Paškov, V. R., Polozov, a. a. O., S. 3

5 V. R. Polozov, Die Effektivität der Pläne der sozialen Entwicklung der Betriebskollektive, in: Wirtschaftswissenschaft 3/72, S. 372.

6 V. R. Polozov, ebenda, S. 372.

7 L. N. Kogan, Soziale Planung: Arbeit, Bildung, Lebensweise, Berlin 1971, S. 23.

praktische Koordinierung aus. „Eine wissenschaftlich begründete Koordinierung der materiellgegenständlichen, ökonomischen und eigentlich sozialen Faktoren, der Aufgaben und Ziele der Entwicklung ist nur möglich durch die Schaffung einer fundamentalen Theorie und einer relativ selbständigen Praxis der eigentlichen sozialen Planung, die keine ‚Zugabe' ist, sondern wichtiger Bestandteil der komplexen Planung auf allen ihren Ebenen."[8]

Als eine der schwierigsten Aufgaben bezeichnet er die Auswahl der Ziele: „Das Problem besteht darin, daß nicht das fortzusetzende Heutige zu planen ist, sondern das wissenschaftlich begründete Zukünftige. Zur Lösung einer solchen Aufgabe muß die Möglichkeit der Wertung von Alternativen möglich sein. Eine langfristige Planung ist nicht beschränkt auf die Extrapolation von Tendenzen der Gegenwart unter Berücksichtigung des wissenschaftlich-technischen, ökonomischen und sozialen Fortschritte."[9]

Koslova und Kusnezov weisen darauf hin, daß die Ausarbeitung konkreter, Pläne der sozialen Entwicklung eine äußerst komplizierte Aufgabe sei „da der Wirkungsbereich der sozialen Faktoren außerordentlich weit ... und der Stand der technischen Ausrüstung der Industriebetriebe außerordentlich unterschiedlich ist", es in den Betrieben unterschiedliche Formen der Organisation, der Produktion, der Kooperation und Arbeitsteilung gibt.[10,11]

Gerade die Bestimmung der Ziele aber unter den spezifischen Bedingungen der Betriebe, Städte und Gemeinden, die Beachtung der unterschiedlichen Wirkungen von Maßnahmen auf die verschiedenen Gruppen von Menschen ist eine der kompliziertesten Aufgaben für die Sozialplanung überhaupt.[12]

Es sind daher in den Betrieben die notwendigen Voraussetzungen für eine ständige Analyse der Bedürfnisse der Werktätigen und eine qualifizierte Umsetzung der durch die Partei und die Regierung gesetzten gesellschaftlichen Aufgaben und Normen in den Betrieben zu gewährleisten.

Höhere Anforderungen ergeben sich auch an die Beherrschung der Komplexität und wechselseitigen Durchdringung der Elemente der sozialen Planung. Insbesondere kommt es darauf an, die Wirkungen sozialer Maß-

[8] O. I. Škaratan, Probleme der sozialen Planung, Vortrag vor den Kursanten des 24. Kurzlehrgangs und Mitgliedern des Arbeitskreises „Sozialplanung" am ZSW, Oktober 1972.

[9] O. I., Škaratan, a. a. O.

[10] O. W., Koslova, I. N. Kusnezov, Die wissenschaftlichen Grundlagen der Leitung der Produktion. Schriften zur sozialistischen Wirtschaftsführung, Berlin 1971, S. 187.

[11] L. N. Kogan, a. a. O., S. 39/40.

[12] Diese Auffassung wurde auch von Škaratan in einem Vortrag am ZSW zu Fragen der Sozialplanung und ihren Problemen vertreten. (ZSW, Oktober 1972)

nahmen sicherer vorauszubestimmen und dabei die Differenziertheit der sozialen Gruppen im Betrieb, deren Bedingungen und die Tendenzen der Entwicklung ihrer Bewußtheit, ihrer Motive und Haltungen besser zu erfassen.[13,14] In ähnlichem Zusammenhang weist Nowikow darauf hin, daß eine der kompliziertesten Fragen die Sicherung der Proportionalität der Entwicklung auf sozialem Gebiet ist.[15]

In diesem Zusammenhang wird als ein wesentliches Moment der rationellen Leitung und Planung der sozialen Prozesse im Betrieb die Ausarbeitung einer einheitlichen Methodik angesehen.[16] Škaratan[17] weist darauf hin, daß es z. Z. in der UdSSR eine Vielzahl von Methodiken gibt, die im Anfangsstadium der Sozialplanung entstanden, noch nicht genügend erprobt sind, in nächster Zeit aber durch umfassende Auswertung der praktischen Ergebnisse und ihrer theoretischen Verallgemeinerung eine Überprüfung erfahren müssen.

Noch unbefriedigend ist die Koordinierung der Pläne der sozialen Entwicklung von Betrieben und dem jeweiligen Territorium.[18] Das ist aber eines der wichtigsten Gebiete einer langfristigen Planung der sozialen Entwicklung.

Sowjetische Parteikader und Wissenschaftler weisen dabei darauf hin, daß das nicht nur eine organisatorische oder planungstechnische (methodische) Frage ist. Vielmehr verbergen sich dahinter sowohl Probleme des wissenschaftlichen Vorlaufs (also einer Prognose der komplexen territorialen Entwicklung) als auch Probleme der materiellen und finanziellen Absicherung sozialer Maßnahmen. Nicht zuletzt sind es theoretische und ideologische Fragen der Stellung von Betrieb und Territorium zueinander, der Verantwortung beider für die soziale Entwicklung und deren Abgrenzung, die es zu bewältigen gilt.[19] Schließlich sei noch darauf verwiesen, daß es noch unterschiedliche Auffassungen zur Abgrenzung von BKV und komplexem Plan der sozialen Entwicklung gibt. Während Kogan, Škaratan, Polozov, Paškov, Kasakow u. a. die Meinung vertreten, daß der Plan der sozialen Entwicklung Teil des Betriebsplanes ist, vertritt Nowikow die Ansicht: der rechtliche Status des Planes der sozialen Entwicklung sollte dem eines langfristigen Betriebskollektivvertrages zwischen den Gewerkschaften und

[13] A. S. Paškov, V. R. Polozov, a. a. O., S. 7.

[14] O. I. Škaratan: a. a. O.

[15] A. V. Novikov, Die Sozialplanung in sowjetischen Betrieben. Vorlesungen und Schriften der Parteihochschule „Karl Marx" beim ZK der SED, Juni 1972, S. 7.

[16] A. V. Novikov, a. a. O., S. 18.

[17] O. I. Škaratan, a. a. O., S. 18.

[18] A. V. Novikov, a. a. O., S. 18; O. I. Škaratan: a. a. O.

[19] Solche Probleme wurden ebenfalls sichtbar in Aussprachen mit Gen. Bogdanov, Sektretär der Gebietsleitung Leningrad der KPdSU, die 1970 geführt wurden.

der Betriebsleitung entsprechen.[20] Er schließt dabei eine spätere Entwicklung als Bestandteil des Betriebsplanes nicht aus.

Ungeachtet dieser Probleme und Schwierigkeiten wurden in den sowjetischen Betrieben bereits beachtliche Ergebnisse in der praktischen Realisierung der Leitung und Planung sozialer Prozesse erreicht, die auch wesentlich zur Steigerung der Arbeitsproduktivität und zur Verbesserung des sozialen Klimas im Betrieb beitragen.

Nach unserer Auffassung kommt es jetzt darauf an, in den Betrieben der DDR verstärkt die sozialen Aspekte in der Leitungs- und Planungstätigkeit zu berücksichtigen, die analytische Arbeit auf sozialem Gebiet zu verstärken und die vorhandenen Plandokumente sozial anzureichern. Darüber hinaus jedoch erhebt sich die Notwendigkeit, in einzelnen ausgewählten Betrieben das komplexe Herangehen an die Planung sozialer Prozesse entsprechend den sowjetischen Erfahrungen zu erproben, um daraus Schlußfolgerungen für planmethodische Maßnahmen für den Zeitraum 1976–1980 abzuleiten. Außerdem ergibt sich diese Aufgabe nach unserer Auffassung aus dem Ziel einer systematischen Angleichung unseres Planungssystems an das der sowjetischen Wirtschaft.

20 A. V. Novikov: a. a. O., S. 19.

4. Schlußwort

Prof. Dr. Helmut Koziolek

Schlußwort zur 4. Tagung des wissenschaftlichen Rates für die wirtschaftswissenschaftliche Fortschung

Die auf der vierten Tagung des Wissenschaftlichen Rates behandelte Problematik hat eine große Bedeutung und hohe Aktualität sowohl für die Planungswissenschaft als auch die Planungspraxis. Der Wissenschaftliche Rat hat damit in der wissenschaftlichen Diskussion aktueller Fragen der Planungspraxis in der DDR einen guten Schritt nach vorn getan und zur weiteren Entwicklung des wissenschaftlichen Meinungsstreites auf dem Gebiet der Wirtschaftswissenschaften beigetragen.

Das Jahr 1973 ist – das wurde in der Diskussion deutlich – ein besonderer Knotenpunkt bei der weiteren Vervollkommnung unseres Planungssystems, weil es einerseits das entscheidende Jahr bei der Erfüllung der Ziele des Fünfjahrplanes 1971–1975 und andererseits das Jahr des Übergangs zur Ausarbeitung des langfristigen Planes ist. Mit Nachdruck möchte ich die Notwendigkeit unterstreichen, die Qualifizierung der Planung stets untrennbar mit der Lösung der vom VIII. Parteitag der SED beschlossenen Hauptaufgabe zu verknüpfen. Das Anliegen der Ratstagung bezieht sich daher auf die Rolle der Planung bei der systematischen Bedürfnisbefriedigung auf dem Wege der intensiv erweiterten Reproduktion und der Leistungsentwicklung unserer Volkswirtschaft.

Die Intensivierung stellt die Frage nach dem Effekt, d. h. der Erhöhung des Volkswohlstandes auf der Grundlage der Vergrößerung des Mehrproduktes. In der Dialektik von notwendigem und Mehrprodukt im Sozialismus wird der Sinn des Intensivierungs- und Ökonomisierungsprozesses als eines gesellschaftlichen Entwicklungsfaktors ausgedrückt. Durch die Intensivierung muß das Mehrprodukt immer wieder vermehrt, müssen die Möglichkeiten zur systematischen Erhöhung der Akkumulation und Konsumtion geschaffen werden. Damit verbunden sind Kernprobleme der heutigen Ratstagung: Die steigende Bedürfnisbefriedigung als Ziel der Leistungssteigerung und Ausgangspunkt der Volkswirtschafts-, insbesondere der langfristigen Planung.

In diesem Zusammenhang wurden in der Diskussion zu Recht einige Problemkreise angesprochen, die unter heutigem Blickwinkel neu zu durchdenken und entsprechend ihrer Bedeutung in der wirtschaftswissenschaftlichen Forschungsarbeit einen entsprechenden Platz erhalten müssen. Das betrifft solche Fragen wie die wissenschaftlich-technische Revolution, die volkswirtschaftliche Strukturentwicklung, die Rolle ökonomischer Kategorien, Fragen der Terrirorialplanung u. a. m. Besonders zu unterstreichen ist die Notwendigkeit, die Demographie in ihrem volkswirtschaftlichen Bezug in einem sehr umfassenden Sinne, insbesondere im Zusammenhang mit der eingeleiteten langfristigen Planung, zu entwickeln und aufzubauen.

Es war richtig, daß in der Diskussion folgende Grundfragen eingehend erörtert wurden:

- die Ziel-Mittel-Relation der Hauptaufgabe und die sich aus ihr für die Planung und die weitere Vervollkommnung des Planungssystems ergebenden Konsequenzen noch deutlicher sichtbar zu machen. Das betrifft insbesondere die zu erreichende Komplexität der Planung und die Stellung der Effektivitätsproblematik in der Planung;
- ein wohlausgewogenes Verhältnis zwischen bewährten Methoden der Planungspraxis und neuen Erkenntnissen der Planungswissenschaft zu sichern. Die Verantwortung der Wissenschaft für die Erarbeitung neuer Methoden der sozialistischen Planung, als der Hauptform der bewußten Ausnutzung der ökonomischen Gesetze des Sozialismus, ist klar sichtbar zu machen. Hierbei handelt es sich u. a. darum,

  den notwendigen Vorlauf bei den Kennziffern der Planung auf allen ihren Ebenen zu schaffen,

  die Planungsprozesse konsequent mit der Rechentechnik auf der Grundlage von ökonomisch-mathematischen Modellen zu durchdringen;
- in der Planung konsequent die Erfodernisse des Prinzips des demokratischen Zentralismus zu verwirklichen. Eine der aktuellen Fragen betrifft die richtige Verbindung zwischen der zentralen staatlichen Planung und der weiteren Entwicklung und Tätigkeit der großen Wirtschaftseinheiten (Kombinate). Der Kern der Frage besteht darin, nicht einfach eine zentrale Planung zu sichern, sondern vor allem darin, die Volkswirtschaft effektiver zu gestalten. Das erfordert, über die Stufen Volkswirtschaft – Zweige – Betriebe die zentralen Entscheidungen mit Hilfe der Betriebe, Kombinate (und Territorien) umzusetzen. Dazu ist eine weitere Qualifizierung der Leitung mittels ökonomischer Regelungen erforderlich. Eine verstärkte Nutzung ökonomischer Kategorien schließt gleichzeitig die Erkenntnis ein, daß es nicht möglich ist, unsere Wirtschaft „automatisch zu regeln“.

Im folgenden wende ich mich einigen Problemkreisen zu, die in den Thesen und in der weiteren Diskussion theoretisch stärker untermauert werden müssen.

1. Zum Problem der Bedürfnisse als Ausgangspunkt der sozialistischen Planung

Karl Marx hat in seiner Reproduktionstheorie den untrennbaren Zusammenhang von Produktions- und Konsumtionsmittelproduktion und -austausch nachgewiesen und gezeigt, daß die Produktion letzten Endes der Konsumtion dient und im Interesse der Konsumtion erfolgt. Lenin hat, um die Stufen der Beziehungen zwischen der Produktion von Produktionsmitteln und der Produktion von Konsumtionsmitteln unter den Bedingungen des technischen Fortschrittes sichtbar zu machen, die stoffliche Zusammensetzung der Abteilung I in die Produktion von Produktionsmitteln für Produktionsmittel und in die Produktion von Produktionsmitteln für Konsumgüter untergliedert.[1] Hierin besteht ein wichtiger Ansatzpunkt der Analyse der Beziehungen zwischen der Produktions- und Konsumtionsmittelindustrie in der DDR. Ausgehend von der Notwendigkeit, entsprechende Ressourcen für die Bedürfnisbefriedigung und die Realisierung des von der 8. Tagung des ZK der SED beschlossenen Konsumgüterprogrammes zu schaffen, ist grundsätzlich zu vermeiden, daß eine Trennung zwischen der Konsumgüterproduktion und ihren Voraussetzungen entsteht. Bei der Lösung der Aufgabe, eine bedarfsgerechte Produktion von Konsumgütern zu sichern und die ihr vorgelagerten Stufen zu erfassen, kommt der Ressourcenplanung eine steigende Bedeutung zu.

2. Zum Entwicklungsverhältnis der Abteilungen I und II und ihrer Austauschproportionen

Beim Entwicklungsverhältnis der Abteilung I und II der gesellschaftlichen Produktion, ihrem jeweiligen Wachstumstempo einerseits und ihren Austauschproportionen andererseits handelt es sich – wie Marx und Lenin ausdrücklich hervorgehoben haben – um zwei inhaltlich verschiedene Fragen. Das hat hinsichtlich unserer Bemühungen, in der Struktur der Volkswirtschaft der DDR einen höheren Anteil der Konsumgüterproduktion zu sichern, eine große theoretische und wirtschaftspolitische Bedeutung. Für uns ist die Vorrangigkeit der Entwicklung der Abteilung I gegenüber der Abteilung II ein unantastbarer Bestandteil der Lehre des Marxismus-Leninismus, sowohl was die entsprechenden Grundfragen des historischen Materialismus als auch die ökonomische Theorie im engeren Sinne betrifft.

[1] Vgl. W. I. Lenin, Zur sogenannten Frage der Märkte, in: Werke, Bd. 1, Berlin 1961. S. 74ff.

Marx erblickte im wachsenden Größenumfang der Produktionsmittel im Vergleich zu der ihnen einverleibten Arbeitskraft den Ausdruck für die wachsende Produktivität der Arbeit.[2] Hierin besteht auch der eigentliche Kern des von Lenin formulierten Gesetzes des vorrangigen Wachstums der Abteilung I gegenüber der Abteilung II. Lenin hob hervor: „Der ganze Sinn und die ganze Bedeutung dieses Gesetzes vom schnelleren Wachstum der Produktionsmittel besteht ja nur darin, daß die Ersetzung von manueller Arbeit durch maschinelle Arbeit – überhaupt der technische Fortschritt bei maschineller Industrie – eine verstärkte Entwicklung der Industriezweige erfordert", die „diese ausgesprochenen ‚Produktionsmittel für Produktionsmittel' gewinnen."[3]

Das Gesetz der Vorrangigkeit der Abteilung I bringt unter unseren Bedingungen vor allem die Notwendigkeit zum Ausdruck, solche Produktionsmittel im Umfang, Struktur und Niveau hervorzubringen und auszunutzen, die die *Durchsetzung des technischen Fortschrittes* im Interesse der systematischen Verbesserung der Arbeits- und Lebensbedingungen ermöglichen. Unter den Bedingungen eines hohen Anteils der Produktion von Produktionsmitteln an der Gesamtproduktion und unter Berücksichtigung der mit dem technischen Fortschritt verbundenen wesentlichen Erhöhung der Effektivität der vergegenständlichten und lebendigen Arbeit, wachsen die Möglichkeiten der sozialistischen Gesellschaft, die Entwicklungstempi beider Abteilungen anzunähern und – wie von der 8. Tagung des ZK der SED beschlossen – das Tempo der Produktion von Konsumtionsmitteln an das der Produktion von Produktionsmitteln heranzuführen.

Demgegenüber handelt es sich bei den Austauschproportionen zwischen den beiden Abteilungen der gesellschaftlichen Produktion um die Frage der Zirkulation des gesellschaftlichen Gesamtproduktes und damit seiner Realisierung. Der Kern besteht dabei darin, das richtige *Verhältnis zwischen Akkumulation und Konsumtion* herauszufinden und zu realisieren.

Wie schon erwähnt, ist heute unter bestimmten Bedingungen eine Angleichung in den Entwicklungstempi von Abteilung I und II möglich. Eine dieser Bedingungen ist die intensive Reproduktion, die von Marx sowohl im Sinne der Steigerung der Arbeitsproduktivität als auch allgemein der Ökonomisierung aufgefaßt wurde. Eine andere dieser Bedingungen stellen die internationalen Beziehungen, speziell der Fortschritt der sozialistischen ökonomischen Integration dar.

Ein kontinuierliches und stabiles Wirtschaftswachstum erfordert, daß die Akkumulation (in der Einheit von Rate und Effektivität) ausreichend

[2] Vgl.: K. Marx, Das Kapital Bd. I, in: MEW Bd. 23, Berlin 1962, S. 651.
[3] W. I. Lenin, a. a. O., S. 96.

ist, um den Konsumtionszuwachs und die dazu erforderlichen produktionsseitigen Voraussetzungen zu gewährleisten sowie die Vorrangigkeit der Abteilung I und damit den Prozeß des technischen Fortschrittes abzusichern.

Für ein dauerhaftes Verhältnis zwischen Akkumulation und Konsumtion, das obiges Erfordernis berücksichtigt, sind folgende vier Ansatzpunkte des Planes bestimmend, die zu einer Optimierung zwingen:

1. Die Struktur des gesellschaftlichen Produktes,
2. die Außenwirtschaftsproblematik,
3. die Investitionstätigkeit,
4. die Nutzung von Wissenschaft und Technik.

Bei der Optimierung des Verhältnisses von Akkumulation und Konsumtion sind Einseitigkeiten in der Richtung, daß die eine oder andere Kennziffer ungebührlich überbetont wird, zu vermeiden. In der Sowjetunion wurden bei der Ausarbeitung des Planes 1971–75 drei verschiedene Berechnungsarten angewendet, um in die Nähe des Optimums zu kommen.

3. *Zur Berücksichtigung der Gesamtheit der Kategorien der marxistisch-leninistischen Reproduktionstheorie*

In den Thesen und bei der weiteren Ausarbeitung der wissenschaftlichen Grundlagen der sozialistischen Planung ist darauf zu achten, daß die Gesamtheit der ökonomischen Kategorien der marxistisch-leninistischen Reproduktionstheorie in ihrer theoretischen Bedeutung und praktischen Beziehung für die sozialistische Planung – beginnend beim Begriff des Nationalreichtums über alle Zwischenglieder bis hin zur Konsumtion – berücksichtigt und ausgenutzt werden. Nur so können Einseitigkeiten vermieden und die wissenschaftliche Begründung für die weitere Vervollkommnung des Planungssystems vertieft werden.

Die marxistisch-leninistische Reproduktionstheorie bietet der sozialistischen Planung eine Vielzahl wesentlicher Grundlagen und Verallgemeinerungen hinsichtlich der Rolle des Nationalreichtums, des gesellschaftlichen Gesamtproduktes, des Nationaleinkommens und der produktiven Arbeit; der stofflichen und wertmäßigen Gliederung des Gesamtproduktes und des Nationaleinkommens sowie ihrer Wachstumsfaktoren; der Erfordernisse der Proportionalität an den reibungslosen Ablauf des gesellschaftlichen Reproduktionsprozesses, dabei vor allem des Verhältnisses der Produktion von Produktions- und Konsumtionsmitteln sowie der Wechselbeziehungen von Produktion, Distribution, Zirkulation und Konsumtion.

In den Thesen wurden hauptsächlich die Produktion und Verwendung in ihrer Beziehung zur weiteren Vervollkommnung des Planungssystems dargestellt. Noch unzureichend berücksichtigt wurden die Distribution und Zirkulation und ihre Bedeutung für die volkswirtschaftliche Effektivitätssteigerung, man denke z. B. nur an die volkswirtschaftliche Materialwirtschaft. Es ist daher notwendig, die Fragen der Proportionalität und Planung des gesellschaftlichen Reproduktionsprozessses nicht nur im Rahmen der Produktion und der Verwendung von Produktionsmitteln und Konsumtionsmitteln zu stellen, sondern den Gesamtkomplex der Wechselbeziehungen zwischen Produktion, Distribution, Zirkulation und Konsumtion zugrunde zu legen. Hierbei handelt es sich um ein Kernproblem der marxistisch-leninistischen Reproduktionstheorie. Ein aktueller Bezug zeigt sich darin, daß die auf eine Produktivitäts- und Produktionssteigerung gerichtete Steigerung der Einkommen entsprechend den Beschlüssen des VIII. Parteitages der SED auch durch eine entsprechende Warendecke abgesichert und auf dieser Grundlage der steigende Wohlstand der Werktätigen als Triebkraft der sozialistischen Produktion wirksam wird.

4. Zum Verhältnis von Planung und Entscheidungsprozeß

Diese in der Diskussion aufgeworfene Frage stellt eine wesentliche Seite der praxiswirksamen Umsetzung der theoretischen Erkenntnisse und der weiteren Qualifizierung der Planungspraxis dar. Sie ist insbesondere auch im Zusammenhang mit der Durchsetzung der sozialistischen Demokratie und der Entfaltung der schöpferischen Initiative der Werktätigen zu sehen. Die Diskussion hat eine Reihe von Anstößen gegeben, wie wir an die Lösung dieser Frage in ihrem komplexen Zusammenhang herangehen müssen. Im Rahmen der weiteren Ausarbeitung der Grundlagen der Planungswissenschaft und zur weiteren Qualifizierung des Planungssystems ist es erforderlich, daß wir uns stärker der Erkenntnisse der Entscheidungstheorie, moderner Methoden der Entscheidungsfindung und der Systemtheorie bedienen. Einen Schwerpunkt stellt dabei die Systemanalyse dar, der auch international, vor allem in der Sowjetunion, eine große Bedeutung beigemessen wird.

Zusammenfassend sind im Ergebnis der 4. Tagung des Wissenschaftlichen Rates *folgende Schlußfolgerungen* zur weiteren Arbeit zu ziehen:

- Vor den Wirtschaftswissenschaftlern – einschließlich den Planungswissenschaftlern – steht die Aufgabe, die Diskussion über den objektiven Charakter und die Wirkungsweise der ökonomischen Gesetze des Sozialismus weiter zu vertiefen und dabei die Erkenntnisse und Erfahrungen der Sowjetwissenschaft immer besser auszunutzen. Nur so wird es möglich, die theoretischen Arbeiten zur Vervollkommnung der Planung auf ein Niveau zu bringen, das den Vorzügen des Sozialismus immer wirksamer gerecht wird.

- Die theoretisch-konzeptionelle Arbeit, insbesondere hinsichtlich der Ausgangspunkte der Planung, der Wechselwirkungen zwischen Planung und sozialistischer ökonomischer Integration, der Sozialplanung, der automatisierten Planberechnung und der Entwicklung automatisierter Leitungssysteme, ist zu verstärken. Dazu ist die noch engere Zusammenarbeit der Räte für die Hauptgebiete der wirtschaftswissenschaftlichen Forschung notwendig. Das betrifft vor allem die politökonomischen Grundlagen, die Verflechtung zwischen politischer Ökonomie des Sozialismus und Planungswissenschaft, die Produktivitäts- und Effektivitätsproblematik, die wissenschaftliche Arbeitsorganisation, die Betriebs- und Kombinatsplanung sowie die Sozialplanung.
- Schlußfolgerungen für die Einbeziehung von Wissenschaftlern in die Ausarbeitung des langfristigen Planes 1976–1980. Der Wissenschaftliche Rat kann an einem solch wichtigen Prozeß nicht vorbeigehen. Welche Vorstellungen gibt es?
  a) Bei der Unterstützung auf methodologischem Gebiet geht es um die Schaffung wissenschaftlicher Grundlagen, wie Instrumente und Methoden der Bedürfnisforschung, die Planung komplexer Aufgaben usw.
  b) Zur Unterstützung bei der Bestimmung der inhaltlichen Ziele und Aufgaben ist besonders die Mitarbeit der Politökonomen erforderlich. Das betrifft vor allem die Fragen der entwickelten sozialistischen Gesellschaft, der Entwicklung der Produktivkräfte, des Gesetzes der Verteilung nach der Leistung sowie der Bedürfnisforschung.
  c) Die nächste Tagung des Wissenschaftlichen Rates zu den Bedürfnisproblemen ist voll auf die Erfordernisse der langfristigen Planung auszurichten.
- Durch die Wissenschaftler aller Hauptgebietsräte ist ihre besondere Verantwortung bei der Ausarbeitung der Planungsordnung für die Jahre 1976–80 wahrzunehmen. Diese bezieht sich auf eine aktive Mitarbeit, die Ausarbeitung und Umsetzung vervollkommneter und neuer praktikabler Lösungen in der Planung auf den vom VIII. Parteitag der SED in den Mittelpunkt gestellten Gebieten.
- Die weitere Ausarbeitung des Lehrbuches „Volkswirtschaftsplanung“ ist vor allem durch gezielte Diskussionen zu theoretischen Problemen der Volkswirtschaftsplanung und den Einsatz von Konsultanten aus der Wirtschaftspraxis zu unterstützen.
- Einige inhaltliche Hauptergebnisse der Ratstagung zur weiteren Vervollkommnung des Planungssystems sind als Empfehlung des Wissen-

schaftlichen Rates für die wirtschaftswissenschaftliche Forschung der Staatlichen Plankommission zu unterbreiten.

- Die in den Thesen und in der Diskussion aufgeworfenen Probleme sind von den Vertretern aus Wissenschaft und Praxis in ihrer Arbeit zu berücksichtigen und in ihren Einrichtungen zum Gegenstand des weiteren wissenschaftlichen Meinungsstreites zu machen.

FSC
www.fsc.org
MIX
Papier | Fördert
gute Waldnutzung
FSC® C083411

Kolibri 360 GmbH
Ferdinand-Jühlke-Straße 7
99095 Erfurt, Deutschland
produktsicherheit@kolibri360.de